DIE LEHRE DES WACHSTUMS
in 3 Bänden

Band 1: C. W. Leadbeater: Astralebene, Mentalebene, Träume, Hellsehen

Band 2: Annie Besant: Der Mensch und seine Körper, Reinkarnation, Karma, Dharma

Band 3: I. K. Taimni: Selbsterziehung und Selbstverwirklichung

Annie Besant

Der Mensch und seine Körper
Reinkarnation
Karma Dharma

F. Hirthammer Verlag München

ISBN 3-921288-61-4

INHALTSÜBERSICHT

DIE LEHRE DES WACHSTUMS (BAND II)

ERSTES BUCH

Annie Besant

Der Mensch und seine Körper

F. HIRTHAMMER VERLAG MÜNCHEN

Einleitung

Es existieren so viele wirre Ansichten über das Bewußtsein und seine Träger, über den Menschen und die Hüllen, die er trägt, daß es ratsam erscheint, den Schülern der Theosophie eine klare Beschreibung der tatsächlichen Wirklichkeit zu geben, so weit sie uns bekannt ist. Wir haben in unseren Forschungen einen Punkt erreicht, auf dem vieles, was zuerst dunkel war, klar geworden ist, vieles, was unbestimmt war, jetzt sichere Gestalt gewonnen hat, und vieles, was als Theorie angenommen wurde, jetzt sichere Erkenntnis ist. Es ist daher möglich, feste Tatsachen in eine bestimmte Ordnung zu bringen, Tatsachen, die immer wieder beobachtet werden können, wenn ein Forscher nach dem anderen seine Beobachtungskraft entwickelt, so daß er von diesen mit derselben Bestimmtheit sprechen kann, wie sie der Physiker empfindet, der über andere beobachtete und registrierte Erscheinungen berichtet.

Aber gerade so wie der Physiker irren kann, kann es auch der Metaphysiker, und wenn die Kenntnisse sich erweitern, dann fällt ein neues Licht auf alle Tatsachen, ihr Zusammenhang wird besser erkannt und sie erscheinen in neuer Beleuchtung; oft deshalb, weil das neue Licht erweist, daß die Tatsache keine ganze, sondern nur eine Teil-Wahrheit aufgedeckt hatte. Es wird für die hier dargelegten Ansichten keine Autorität in Anspruch genommen, sie werden nur von einem Studierenden anderen Studierenden dargeboten, sie sind der Versuch, eine gewisse nur unvollkommen aufgefaßte Lehre wiederzugeben zusammen mit den Resultaten der Beobachtung von Schülern, soweit ihre beschränkten Fähigkeiten ihnen solche zu erlangen gestatten.

Gleich beim Beginn der Studien ist es nötig, daß der Leser hier im Westen den Standpunkt ändert, von dem aus er gewohnt ist, sich selbst zu betrachten, und daß er klar unterscheidet zwischen dem Menschen und den Körpern, in welchen der Mensch wohnt. Wir sind zu sehr gewöhnt, uns mit den äußeren Gewändern, welche wir tragen, zu identifizieren, zu sehr geneigt, von uns so zu denken, als wären wir unsere Körper, und es ist nötig, wenn wir eine richtige Auffassung von unserem Gegenstand gewinnen wollen, daß wir diesen Standpunkt aufgeben und aufhören, uns mit Hüllen zu identifizieren, welche wir für eine gewisse Zeit umtun und dann wieder abwerfen, um neue umzutun, wenn wir solcher Bekleidung wieder bedürfen.

Uns mit diesen Körpern zu identifizieren, welche nur eine vorübergehende Existenz haben, ist in Wirklichkeit töricht und unvernünftig, wie es sein würde, uns mit unseren Kleidern zu identifizieren. Wir sind nicht von ihnen abhängig – ihr Wert steht nur im Verhältnis zu ihrem Nutzen.

Der Fehler, welcher so beharrlich gemacht wird, das Bewußtsein, welches unser Selbst ist, mit den Werkzeugen zu identifizieren, in denen es für den Augenblick funktioniert, kann nur durch die Tatsache entschuldigt werden, daß das wache Bewußtsein, und bis zu einem gewissen Grade auch das Traum-Bewußtsein, in dem Körper lebt und wirkt und dem gewöhnlichen Menschen nur mit diesem Körper verbunden bekannt ist. Und doch kann man ein intellektuelles Verständnis von dem wirklichen Verhältnis gewinnen, und wir sollten uns dazu erziehen, unser Selbst als den Eigentümer unserer Körper zu betrachten. Nach einiger Zeit wird dies durch Erfahrung für uns eine feste Tatsache werden, wenn wir lernen, unser Selbst von seinen Körpern zu trennen, aus unserem Körper herauszutreten und zu erfahren, daß wir außerhalb in weit vollerem Bewußtsein existieren als innerhalb, und daß wir in keinem Sinne von ihnen abhängen. Wenn dies einmal errungen wurde, ist selbstverständlich jede weitere Identifikation unsres Selbst mit unseren Körpern unmöglich, und wir können nie wieder in den Fehler verfallen, anzunehmen, daß wir sind, was wir tragen.

Das klare, intellektuelle Verständnis wenigstens ist für jeden zu erreichen, und wir sollten uns zur gewohnheitsmäßigen Unterscheidung zwischen dem Selbst – dem Menschen – und seinen Körpern erziehen. Indem wir das tun, befreien wir uns von der Täuschung, in welcher die Majorität der Menschen befangen ist, und ändern unsere ganze Stellung zum Leben und zur Welt; wir erheben uns in eine klarere Region „über den Wechselfällen und Zufälligkeiten des sterblichen Lebens“; wir stellen uns über die täglichen kleinlichen Schwierigkeiten, welche dem am Körper haftenden Bewußtsein so wichtig dünken; wir erkennen das wahre Verhältnis zwischen dem ewig Wechselnden und dem verhältnismäßig Dauernden und fühlen den Unterschied zwischen dem Menschen, der wie ein Ertrinkender von den über ihn hinwegschlagenden Wellen hin und her geschleudert und gestoßen wird, und dem Manne, dessen Füße auf einem Felsen stehen, an dessem Grund die Wogen sich gefahrlos brechen.

Mit dem „Menschen“ meine ich das lebende, bewußte, denkende Selbst, die Individualität; mit den „Körpern“ die verschiedenen Hüllen, in welche dieses Selbst eingeschlossen ist, von welchen Hüllen eine jede das Selbst befähigt, in einer bestimmten Region des Alls zu funktionieren. Wie ein Mensch auf dem Lande einen Wagen, auf dem Meere ein Schiff, in der Luft einen Ballon verwenden mag, um von einem Ort zum andern zu gelangen, und er doch in allen Fällen derselbe bleibt, so bleibt das Selbst, der wirkliche Mensch, derselbe, einerlei, in welchem Körper er sich betätigt. Und wie Wagen, Schiff und Ballon nach Material und Anordnung verschieden sind, je nach dem Element, in dem sich zu bewegen sie bestimmt sind, so ist auch jeder Körper verschieden, je nach der Umgebung, in welcher er sich betätigen soll. Der eine ist gröber und dichter als der andere, der eine kurzlebiger als der andere, der eine hat weniger Fähigkeiten als der andere, aber alle haben dies gemein: sie sind im Verhältnis zum Menschen vorübergehend und vergänglich, sie sind seine Diener und Werkzeuge, die ihrer Natur entsprechend sich abnützen und erneuern, und seinen wechselnden Bedürfnissen und seinen wachsenden Kräften angepaßt werden.

Wir wollen sie einen nach dem anderen untersuchen, beginnen mit dem untersten, und nehmen dann den Menschen, der in all diesen Körper sich betätigt.

I. Der physische Körper

Unter dem Ausdruck physischer Körper müssen die beiden niedrigsten Teile oder Prinzipien des Menschen, die in der alten Terminologie Sthûla Scharîra und Linga Scharîra genannt wurden, zusammengefaßt werden, da beide auf der physischen Ebene wirken, aus physischer Materie zusammengesetzt sind, für die Periode eines physischen Lebens geformt sind, beim Tode des Menschen abgeworfen werden und beide in der physischen Welt vergehen, wenn er in die astrale übergeht.

Ein anderer Grund, diese beiden Prinzipien als unseren physischen Körper oder unser physisches Werkzeug zu bezeichnen, ist der, daß, solange wir nicht aus der physischen Welt – oder Ebene, wie wir sie zu nennen gewohnt sind – hinausgelangen können, wir die eine oder die andere, oder beide physische Hüllen gebrauchen. Sie beide gehören zur physischen Ebene wegen ihres Stoffes und können nicht aus ihr hinaustreten. Das Bewußtsein, welches in ihnen arbeitet, ist an ihre physischen Grenzen gebunden und den gewöhnlichen Gesetzen von Raum und Zeit unterworfen. Obgleich teilweise trennbar, trennen sie sich doch selten während des irdischen Lebens, und eine solche Trennung ist auch nicht ratsam. Sie ist stets ein Zeichen eines ungesunden Zustandes oder einer unausgeglichenen Konstitution.

Sie unterscheiden sich durch den Stoff, aus welchem sie bestehen, in den dichten Körper und den ätherischen Doppelgänger. Letzterer ist das genaue Duplikat des sichtbaren Körpers, Teilchen für Teilchen. Er ist das Medium, durch das alle elektrischen und Lebensströme zirkulieren, und von dem die Tätigkeit des Körpers abhängt.

Die physische Materie hat sieben von einander unterscheidbare Unterabteilungen, von denen jede eine weite Mannigfaltigkeit von Kombinationen innerhalb ihrer Grenzen aufweist. Die Abteilungen sind: die feste, die flüssige, die gasförmige und die ätherische, wobei die letztere vier verschiedene Zustände hat, die so bestimmt von einander unterschieden sind, wie flüssig verschieden ist von fest oder gasförmig. Dies sind die sieben (Aggregat-) Zustände der physischen Materie, und jeder Teil solchen Stoffes ist fähig, in irgend einen anderen Zustand überzugehen, obgleich er bei sogenannter normaler Temperatur und normalem Druck den einen oder den andern als seinen verhältnismäßig dauernden Zustand einnimmt;

wie Gold gewöhnlich fest ist, Wasser gewöhnlich flüssig und Chlor gewöhnlich gasförmig.

Der physische Körper des Menschen ist zusammengesetzt aus Materie in diesen sieben Aggregat-Zuständen. Der grobe Körper aus festen, flüssigen und gasförmigen Bestandteilen und der ätherische Doppelgänger aus den vier Unterabteilungen des Äther, bekannt als Äther IV, Äther III, Äther II und Äther I.

Stets, wenn die höheren theosophischen Wahrheiten den Menschen dargelegt werden, beklagen sich die Menschen, daß sie zu sehr in den höheren Regionen schweben, und sie fragen: „Wo sollen wir beginnen? Wenn wir selbst lernen und die Wahrheit der Lehren, welche uns gebracht werden, prüfen wollen, von wo gehen wir aus? Welches sind die ersten Schritte, die wir zu tun haben? Was ist denn nun das Alphabet dieser Sprache, in welcher die Theosophen sich so geläufig unterhalten? Was haben wir zu tun, wir Männer und Frauen, die in der Welt leben, um diese Dinge zu verstehen und deren Wahrheit selbst zu erfahren, anstatt sie auf Treu und Glauben von solchen hinzunehmen, die sagen, sie hätten das Wissen?"

Ich will versuchen, diese Fragen auf den folgenden Seiten zu beantworten, so daß diejenigen, die wirklichen Ernst besitzen, die ersten praktischen Schritte kennen lernen können, die sie zu machen haben – wobei stets vorausgesetzt ist, daß sie im Rahmen eines Lebens erfolgen, dessen moralische, intellektuelle und spirituelle Seite ebenfalls geschult wird.

Nichts, was ein Mensch für seinen physischen Körper allein tun kann, wird ihn zu einem Seher oder einem Heiligen machen, aber da der Körper ein Werkzeug ist, welches wir benutzen müssen, ist eine bestimmte Behandlung des Körpers nötig, um unsere Schritte auf den Pfad lenken zu können. Wenn wir uns nur mit dem Körper befassen, werden wir zwar nie die Höhen erreichen, nach welchen wir streben; aber wenn wir den Körper vernachlässigen, ist es unmöglich, die Stufenleiter zu diesen Höhen überhaupt zu betreten.

Die Körper, in welchen wir zu leben und zu wirken haben, sind die Werkzeuge des Menschen, und das Allererste, was wir einzusehen haben, ist das, daß der Körper für uns existiert und nicht wir für ihn. Der Körper gehört uns, damit wir ihn gebrauchen – wir gehören nicht ihm, damit er uns gebraucht. Der Körper ist ein Werkzeug, welches verbessert werden muß, verfeinert, geschult, trainiert, welches in eine solche Gestalt umgeformt und in eine solche Zusammensetzung gebracht werden muß, daß er bestmöglich geeignet wird, auf der physischen Ebene das Werkzeug für die höchsten Zwecke des Menschen zu werden.

Alles, was in dieser Richtung wirkt, ist zu ermutigen und zu pflegen, alles ist zu vermeiden, was dem entgegensteht. Es ist einerlei, welche Wünsche der Körper haben mag, welche Gewohnheiten er sich in der Vergangenheit angeeignet hat. Der Körper gehört uns, er ist unser Diener, um verwendet zu werden, wie wir wünschen. In dem Augenblick, wo er die Zügel in seine Hand nimmt und beansprucht, den Menschen zu führen, anstatt von ihm geführt zu werden, in diesem Augenblick wird der ganze Zweck des Lebens verfehlt und irgendeine Art des Fortschrittes ist vollständig unmöglich geworden. Dies ist der Punkt, von dem jeder, der es ernst nimmt, ausgehen muß.

Die Natur des physischen Körpers selbst ist von solcher Art, daß es leicht ist, ihn zu einem Diener oder Werkzeug zu machen. Er hat gewisse Eigentümlichkeiten, welche uns beim Trainieren helfen und es verhältnismäßig leicht machen, ihn zu führen und zu formen. Eine dieser Eigentümlichkeiten ist es, daß er, wenn er einmal gewöhnt worden ist, in einer gewissen Richtung tätig zu sein, sehr leicht aus eigenem Antrieb fortfährt, diese Richtung zu verfolgen, und er ist ebenso glücklich bei diesem Tun, wie er es vorher bei dem anderen war.

Wenn man eine schlechte Gewohnheit besitzt, wird der Körper der Abgewöhnung einen beträchtlichen Widerstand entgegensetzen. Aber wenn er gezwungen wird, sich zu ändern, wenn die Hindernisse überwunden sind, welche er in den Weg stellte, und wenn er gezwungen worden ist zu handeln, wie der Mensch es wünscht, dann wird binnen kurzem der Körper von selbst die neue Gewohnheit befolgen, welche der Mensch ihm aufgezwungen hat, und er wird ebenso zufrieden die neue Methode befolgen, wie er die alte befolgte, welche der Mensch sich veranlaßt sah zu bekämpfen.

1. Der dichte Körper

Wir müssen uns eingehender mit der Konstitution dieses Körpers beschäftigen, damit wir verstehen lernen, wie es gemacht werden muß, um auf ihn einzuwirken, ihn zu reinigen und zu schulen. Wir müssen eine Reihe seiner Tätigkeiten ins Auge fassen, die sich größtenteils dem Einfluß des Willens entziehen, und dann jene, die unter diesem Einfluß stehen.

Beide wirken vermittelst eines Nervensystems, aber durch Nervensysteme verschiedener Art. Das eine hält alle Tätigkeiten des Körpers in Gang, welche dessen gewöhnliches Leben aufrechterhalten, durch welche sich die Lungen zusammenziehen, durch welche das Herz pulsiert, durch welche die Bewegungen des Verdauungssystems veranlaßt werden usw. Dies ist aus den unwillkürlichen Nerven zusammengesetzt und wird gewöhnlich das „sympathische System“ genannt.

Einstmals, in längst vergangenen Perioden der physischen Entwicklung, während welcher unser physischer Körper sich herausbildete, war dies System unter der Willensherrschaft des Tieres, dem es gehörte, aber allmählich fing es an, automatisch zu arbeiten. Es entzog sich der Kontrolle des Willens, errang seine eigene, Quasiunabhängigkeit und erhält so jetzt selbständig die normalen Lebenstätigkeiten des Körpers aufrecht. Solange ein Mensch gesund ist, bemerkt er diese Tätigkeiten nicht; er weiß, daß er atmet, wenn das Atmen unterdrückt oder gestört wird; er weiß, daß sein Herz schlägt, wenn das Schlagen heftig und unregelmäßig wird. Aber wenn alles in Ordnung ist, gehen diese Prozesse unbemerkt vor sich.

Es ist jedoch möglich, das sympathische Nervensystem unter die Herrschaft des Willens zu bringen durch lange und mühsame Übung. Eine Klasse von Yogis in Indien – Hatha-Yogis werden sie genannt – entwickeln diese Fähigkeit bis zu einem außerordentlichen Grade, und zwar zu dem Zweck, die niederen psychischen Fähigkeiten zur Entwicklung zu bringen. Es ist möglich, diese (ohne irgendwelche Rücksicht auf geistiges, moralisches oder intellektuelles Wachstum) durch direkte Einwirkung auf den physischen Körper zu entwickeln. Der Hatha-Yogî lernt sein Atmen zu beherrschen bis zu einem solchen Grade, daß er es eine beträchtliche Zeitlang einstellen kann. Er lernt das Schlagen des Herzens zu beeinflussen, die Blutzirkulation nach seinem Willen zu verlangsamen oder zu beschleunigen und durch diese Mittel den physischen Körper in Trance zu bringen und den Astralkörper freizusetzen. Es ist dies keine nachahmenswerte Methode, aber es ist lehrreich für westliche Nationen, welche gewohnt sind, die Natur des Körpers für so zwingend zu halten, wenn sie erfahren, wie weitgehend ein Mensch diese für gewöhnlich automatischen körperlichen Funktionen unter seine Herrschaft bringen kann; wenn sie Kenntnis davon erhalten, daß Tausende von Menschen sich in eine lange und ganz besonders mühsame Zucht nehmen, um sich frei zu machen von dem Gefängnis des physischen Körpers und zu lernen, daß sie leben können, auch wenn die Lebenstätigkeit des Körpers eine Zeit lang aufgehoben ist. Sie haben wenigstens ernste Zwecke und sind nicht mehr Sklaven der Sinne.

Wir gehen jetzt zum willkürlichen Nervensystem über, das für unsere geistigen Zwecke weit wichtiger ist. Dies ist das große System, welches das Werkzeug unsrer Gedanken ist, durch welches wir uns auf der physischen Ebene bewegen und fühlen. Es besteht aus der zerebrospinalen Achse – dem Gehirn und dem Rückenmark – von wo aus nach jedem Teil des Körpers Fäden aus Nervensubstanz ausgehen, die sensorischen und motorischen Nerven – die Nerven, durch welche wir fühlen und die von der Körperoberfläche zur Rückenmark-Achse laufen, und die Nerven, durch welche wir uns bewegen, die von der Achse nach der Oberfläche gehen,

Von jedem Teil des Körpers laufen dieNervenfäden aus, vereinigen sich zu Bündeln, um schließlich in den Rückenmarknervenstrang überzugehen. Dort bilden sie die äußere faserige Substanz und gehen aufwärts nach dem Gehirn, um sich dort zu verzweigen und auszubreiten. Das ist das Zentrum für alles Fühlen und für alle absichtlichen Bewegungen, welche unter der Herrschaft des Willens stehen.

Dies ist das System, durch welches der Mensch seinen Willen ausdrückt und sein Bewußtsein empfindet. Diese haben, so kann man sagen, im Gehirn ihren Sitz. Der Mensch kann auf der physischen Ebene nichts tun ohne Vermittlung des Gehirns und des Nervensystems; wenn diese nicht in Ordnung sind, kann er sich nicht mehr in geordneter Weise ausdrücken.

Diese Tatsache ist es, auf welche der Materialismus seine Behauptung begründet, daß Gedanken und Gehirntätigkeit vollständig voneinander abhängig sind. Hält man sich nur an die physische Ebene, wie dies die Materialisten tun, so ist dies richtig, und es ist notwendig, Kräfte von einer anderen Ebene, der astralen, herbeizuziehen, um zu zeigen, daß Gedanken nicht das Resultat von Nervenbewegungen sind. Wenn das Gehirn durch Drogen oder durch Krankheit oder durch äußere Eingriffe beeinträchtigt wird, kann das Denken des Menschen, dem das Gehirn gehört, nicht mehr seinen richtigen Ausdruck auf der physischen Ebene finden.

Der Materialist wird auch darauf hinweisen, daß bei bestimmten Krankheiten das Denken in ganz besonderer Weise beeinflußt wird. Es gibt ein seltenes Übel, die Aphasie, welches einen bestimmten Teil des Gewebes des Gehirns dicht beim Ohr zerstört. Dadurch schwindet das Gedächtnis, soweit es sich auf W o r t e bezieht, vollständig. Wenn Sie eine Person, welche an diesem Übel leidet, etwas fragen, so kann sie Ihnen nicht antworten; wenn sie Sie nach ihrem Namen fragen, so kann sie Ihnen keinen nennen. Aber wenn Sie ihren Namen aussprechen, wird sie zeigen, daß sie ihn kennt, wenn Sie ihr eine Erklärung vorlesen, so wird sie ihre Zustimmung oder Ablehnung kundgeben: sie ist fähig zu denken, aber nicht zu sprechen. Es scheint, daß der Teil des Gehirns, welcher zerstört ist, mit der physischen Erinnerung an Worte verbunden ist, sodaß mit diesem Verlust der Mensch auf der physischen Ebene das Gedächtnis in Beziehung auf Worte verliert und stumm geworden ist, während er die Fähigkeit zu denken behalten hat und einer Behauptung zustimmen oder sie ablehnen kann. Das materialistische Argument bricht aber sofort zusammen, wenn der Mensch von seinem unvollkommenen Werkzeug befreit wird. Dann ist er fähig, seine Kräfte kundzugeben, obgleich er wieder verkrüppelt ist, wenn er auf physischen Ausdruck beschränkt wird.

Die Wichtigkeit dessen in Bezug auf unsere gegenwärtige Untersuchung liegt nicht in der Richtigkeit oder Unrichtigkeit der materialistischen

Position, sondern in der Tatsache, daß der Mensch in seiner Betätigung auf der physischen Ebene durch die Fähigkeiten seines physischen Werkzeugs begrenzt ist und daß das Werkzeug empfänglich ist für physische Einwirkungen. Wenn diese dasselbe verschlechtern können, können sie es auch verbessern, eine Betrachtung, welche, wie wir sehen werden, für uns von lebenswichtiger Bedeutung ist.

Diese Nervensysteme sind, wie jeder andere Teil des Körpers, aus Zellen aufgebaut, kleinen abgegrenzten Körperchen, die aus einem Inhalt und einer diesen umgebenden Wandung bestehen. Unter dem Mikroskop sind sie sichtbar, und zwar zeigen sie sich verschieden gestaltet, je nach ihren verschiedenen Zwecken. Diese Zellen sind aus kleinen Molekülen zusammengesetzt und diese wiederum aus Atomen, den Atomen des Chemikers, die für diesen die letzten unteilbaren Teilchen der chemischen Elemente bilden. Diese chemischen Atome verbinden sich in unzähligen Kombinationen, um die Gase, die Flüssigkeiten und die festen Bestandteile des dichten Körpers zu bilden. Jedes chemische Atom ist für den Theosophen ein lebendes Ding, das fähig ist, ein unabhängiges Leben zu führen, und jede Kombination solcher Atome zu einem zusammengesetzten Gebilde ist wieder ein lebendes Wesen. Auch jede Zelle hat ein eigenes Leben, und alle diese chemischen Atome und Moleküle und Zellen sind zu dem Zweck zu einem organischen Ganzen, einem Körper, verbunden, um als Träger für eine höhere Art des Bewußtseins zu dienen als irgendeines, das sie in ihren getrennten Leben kennen.

Die Teilchen, aus welchen dieser Körper zusammengesetzt ist, sind fortwährend im Kommen und Gehen begriffen. Diese Teilchen sind Anhäufungen von chemischen Atomen, die zu winzig sind, um mit dem bloßen Auge gesehen werden zu können, obgleich viele von ihnen unter dem Mikroskop sichtbar sind. Wenn wir etwas Blut unter das Mikroskop bringen, sehen wir darin eine Anzahl lebender Körper sich bewegen, die weißen und roten Blutkörperchen. Die weißen sind in Struktur und Tätigkeit sehr ähnlich den gewöhnlichen Amöben. Im Zusammenhang mit manchen Krankheiten findet man auch Mikroben, verschiedene Arten, und die Männer der Wissenschaft erzählen uns, daß wir in unserem Körper freundliche und unfreundliche Mikroben haben; einige, welche uns schaden, und andere, welche sich auf giftige Eindringlinge und ausgenutzte Materie stürzen und sie verschlingen. Manche Mikroben kommen von außen zu uns und zerstören unseren Körper durch Krankheit, während andere seiner Gesundheit förderlich sind. So wechselt unsere Hülle fortwährend ihre Bestandteile, welche kommen, eine Zeit lang bleiben und wieder fortgehen, um Teile von anderen Körpern zu bilden – ein fortwährendes Wechselspiel.

Nun, die große Mehrzahl der Menschheit weiß wenig hiervon und kümmert sich noch weniger um diese Tatsachen, und doch hängt von diesen Dingen die Möglichkeit der Reinigung des dichten Körpers ab und damit die Verbesserung dieses Werkzeugs für den in ihm wirkenden Menschen. Gewöhnlich läßt jeder seinen Körper sich selber irgendwie aus dem Material aufbauen, das ihm geliefert wird, ohne Rücksicht auf dessen Natur, und sorgt nur dafür, daß es schmackhaft sei und seinen Neigungen entspreche, und nicht dafür, ob es geeignet oder ungeeignet ist, eine reine und edle Wohnung für das Selbst, für den wahren Menschen, der ewig lebt, herzustellen. Er übt auch keine Überwachung aus über diese Teilchen, die kommen und gehen, er wählt keine aus, weist keine zurück, sondern läßt alles beim Bau zu, was sich meldet, gleich einem sorglosen Maurer, welcher Kehricht mit als Baumaterial benutzt, etwa sich herumtreibende Wolle oder Haare, Schnitzel, Abfälle und Schmutz aller Art. Der Durchschnittsmensch ist hinsichtlich seiner Körper ein wahrer Bruchbudenmaurer.

Die Reinigung des dichten Körpers wird also in der sorgfältigen Auswahl derjenigen Partikel bestehen, welchen es gestattet sein soll, den Körper zusammenzusetzen. Der Mensch wird als Nahrung die reinsten Bestandteile in sich aufnehmen, die er erhalten kann, und die unreinen und groben wird er zurückweisen. Er weiß, daß durch den natürlichen Stoffwechsel die Partikel, die er in den Tagen des sorglosen Lebens in den Körper hineingebaut hat, allmählich heraustreten werden, längstens in 7 Jahren – obgleich der Prozeß beträchtlich beschleunigt werden kann –, und er beschließt, nichts Unreines mehr zum Bau zu verwenden. In dem Maß, in dem der Mensch die reinen Bestandteile vermehrt, schafft er in seinem Körper eine Armee von Verteidigern, die jedes unreine Teilchen zerstört, das von außen kommen und ohne seine Zustimmung eintreten könnte. Er bewacht ihn ferner durch einen aktiven Willen, daß er rein bleiben solle, welcher Wille durch magnetische Wirkung fortwährend alle unreinen Geschöpfe, die gern in den Körper hineinmöchten, aus seiner Nähe treibt und ihn so vor den Einfällen schützt, denen er sonst ausgesetzt sein würde, während er in einer Atmosphäre lebt, welche mit Unreinheit jeder Art durchsetzt ist.

Wenn ein Mensch so beschließt, seinen Körper zu reinigen und ihn zu einem Werkzeug zu machen, mit welchem das Selbst erfolgreich arbeiten kann, dann tut er den ersten Schritt in der Übung des Yoga; einen Schritt, welcher in diesem oder einem späteren Leben getan werden muß, bevor er ernstlich die Fragen stellen kann: „Wie kann ich lernen, durch eigenes Sehen mich von den Wahrheiten der Theosophie zu überzeugen?" Die Möglichkeit der Erlangung persönlicher Überzeugung von überphysischen Tatsachen hängt ab von der vollständigen Unterwerfung des physischen Körpers unter den Willen des Eigentümers, des Menschen, denn er selbst muß die Nachprüfung vornehmen und er kann diese nicht ausführen, solange er fest an das Gefängnis seines Körpers gebunden ist oder solange dieser Körper unrein ist. Sollte er selbst aus einem früheren, besser disziplinierten Leben teilweise entwickelte psychische Fähigkeiten mit herübergebracht haben, welche sich trotz gegenwärtig ungünstiger Umstände bemerkbar machen, so wird der Gebrauch derselben, während er sich im physischen Körper befindet, behindert, wenn dieser Körper unrein ist; denn er wird die Betätigung dieser Fähigkeiten schwächen und stören und die durch sie erlangten Berichte unvertrauenswürdig machen.

Nehmen wir nun an, ein Mensch beschließt ernstlich, sich einen reinen Körper zu schaffen, und er macht sich entweder die Tatsache zunutze, daß sein Körper sich vollständig in sieben Jahren umsetzt, oder er wählt den kürzeren, aber auch mühevolleren Weg, sich schneller zu verändern. In jedem Falle wird er sofort damit beginnen, die Materialien auszuwählen, aus welchen der Körper aufgebaut werden soll, und die Frage nach der Diät stellt sich ein. Er wird damit anfangen, aus seiner Nahrung alles auszuscheiden, was in seinen Körper unreine und schädliche Partikelchen hineinbauen würde. Er wird allen Alkohol ablehnen und jedes Getränk, das solchen enthält, denn dieser bringt in den physischen Körper Mikroben der unreinsten Art hinein, Produkte der Zersetzung. Diese sind nicht nur ekelhaft an und für sich, sondern sie ziehen zu sich und deshalb auch zu jedem Körper, von dem sie einen Teil bilden, einige der widerwärtigsten der physisch unsichtbaren Bewohner der nächsten Ebene heran. Trinker, welche ihren physischen Körper verloren haben und daher ihre Begierde nach Berauschungsmitteln nicht mehr befriedigen können, umlagern solche Plätze, wo derartige Getränke zu haben sind, und die Menschen, die sie zu sich nehmen. Sie versuchen, sich in die Körper dieser Trinkenden zu versetzen, um so an der niedrigen Lust teilzunehmen, welcher diese sich dort hingeben. Frauen von feinerem Gefühl würden von ihrem Weintrinken zurückschrecken, wenn sie die widerlichen Kreaturen sehen könnten, welche an ihrem Vergnügen teilzunehmen suchen, und wenn sie die enge Verbindung bemerken könnten, in welche sie so mit Wesen der widerlichsten Art geraten.

Üble Elementale umgeben ebenfalls die Trinkenden, nämlich die in Elementalessenz gekleideten Gedanken solcher Alkoholiker, während der physische Körper aus der umgebenden Atmosphäre andere grobe Partikel anzieht, die von trunkenen und heruntergekommenen Körpern ausgehen. Auch diese werden hineingebaut und vergröbern und degradieren den Körper. Wenn wir auf Menschen blicken, die fortwährend mir Alkohol zu tun haben, die Spirituosen, Wein, Bier und andere Sorten unreiner Getränke herstellen oder vertreiben, dann können wir physisch sehen, wie ihre

Körper gröber und roher geworden sind. Brauer, Gastwirte – um nichts von solchen Personen in allen Schichten der Gesellschaft zu sagen, welche übermäßig trinken – zeigen in vollem Maß, was jeder teilweise und allmählich bewirkt, der derartige Partikel seinem Körper einbaut; je mehr davon er einbaut, desto roher wird sein Körper.

Und so mit anderen Gegenständen der Diät: Fleisch von Säugetieren, Vögeln, Reptilien und Fischen, ebenso das von den Krustentieren und Mollusken, die sich von Aas und Unflat ernähren – wie sollten aus solchem Material aufgebaute Körper verfeinert, sensitiv und zart, harmonisch und doch vollkommen gesund sein, gleich der Stärke und Feinheit gehärteten Stahls, so wie sie der Mensch für alle höhere Arten der Arbeit braucht?

Ist es nötig noch einmal die praktische Lehre hinzuzufügen, welche wir aus dem Anblick der Körper jener ziehen können, welche in einer solchen Umgebung leben? Man sehe sich Metzger und Schlächter an und urteile selbst, ob ihre Körper darnach aussehen, die geeignetsten Werkzeuge zur Beschäftigung mit hohen Gedanken und erhabenen geistigen Problemen abzugeben. Und doch sind diese nur die höchstvollendetsten Produkte der Kräfte, welche verhältnismäßig auch in all den Körpern anderer Menschen wirken, welche sich von den unreinen Nahrungsmitteln ernähren, die sie liefern. Es ist richtig, keine noch so große Aufmerksamkeit, welche der Mensch dem physischen Körper widmet, kann allein ihm geistiges Leben geben, aber weshalb sollte er sich an einen unreinen Körper fesseln? Weshalb sollte er gestatten, daß seine Kräfte, seien sie nun groß oder klein, eingeengt, geschwächt, ja gelähmt werden in dem Versuch, sich durch das unnötigerweise unvollkommene Werkzeug zu betätigen?

Es ist auf unserm Wege jedoch noch eine Schwierigkeit vorhanden, welche wir nicht übersehen dürfen. Wir mögen uns mit dem Körper noch so viel Mühe geben und fest entschlossen uns weigern, ihn zu verunreinigen, aber wir leben unter Menschen, welche sorglos sind und welche meistens nichts von diesen Tatsachen der Natur wissen. In einer Stadt wie London oder an einem andern Ort der westlichen Welt können wir nicht durch die Straßen gehen, ohne bei jeder Wendung beleidigt zu werden, je mehr wir den Körper läutern, desto zarter und empfindlicher werden die physischen Sinne und desto mehr müssen wir in einer so groben und tierischen Zivilisation wie der jetzigen leiden. Schreiten wir durch die ärmeren Viertel und die Geschäftsstraßen, wo Schankwirtschaften sich an jeder Ecke befinden, so können wir kaum je dem Dunst der Spirituosen entgehen, da die Ausdünstungen der einen Trinkstätte bis zur anderen reichen; selbst die angeblich feineren Straßen werden damit vergiftet; ebenso müssen wir auch an Schlachthäusern und Schlächterläden vorübergehen.

Man weiß ja freilich, daß man, wenn die Zivilisation ein wenig mehr vorgeschritten ist, bessere Einrichtungen treffen wird, und manches wird schon gewonnen sein, wenn alle diese unreinen Dinge in besondere Stadtteile zusammengelegt werden, wo diejenigen sie aufsuchen können, welche Verlangen danach haben. Aber inzwischen fallen noch solche Partikel aus allen diesen Orten auf unsern Körper und wir atmen sie mit der Luft ein.

Aber wie der normale, gesunde Körper keinen Boden bietet, in welchem Krankheitsmikroben keimen können, so bietet der reine Körper keinen Boden, in dem diese unreinen Partikel zu wachsen vermögen. Außerdem sind, wie wir gesehen haben, Armeen von Lebewesen da, welche fortwährend an der Arbeit sind, unser Blut rein zu halten. Diese Regimenter treuer Leibgarden stürzen sich auf jedes giftige Teilchen, welches in die Burg eines reinen Körpers gelangt, und zerstören und vernichten dasselbe. Es ist an uns zu wählen, ob wir in unserem Blut diese Lebensverteidiger haben wollen oder ob wir vorziehen, es mit Piraten zu bevölkern, welche das Gut plündern und verderben. Je entschlossener wir allem Unreinen den Einlaß zu unserem Körper verweigern, desto mehr werden wir gegen Angriffe von außen gewappnet sein.

Es wurde schon auf den Automatismus im Körper Bezug genommen, auf die Tatsache, daß er ein Gewohnheitsgeschöpf ist, und ich sagte, daß man von dieser Eigentümlichkeit Nutzen ziehen könne. Wenn der Theosoph zu dem Suchenden, welcher gern Yoga üben und Eintritt zu den höheren Daseinsebenen gewinnen möchte, sagt: „Du mußt sofort damit beginnen, den Körper zu reinigen, ehe du den Versuch machen kannst, irgendeinen Yoga zu üben, der des Namens wert ist, denn wirklicher Yoga ist so gefährlich für einen unreinen und ungeübten Körper, wie ein Streichholz für ein Pulverfaß!", wenn der Theosoph so spricht, dann wird der Suchende ihm wahrscheinlich entgegnen, daß seine Gesundheit leiden würde, wenn er einen solchen Weg einschlüge.

Einfache Tatsache ist, daß es dem Körper auf die Dauer ziemlich gleichgültig ist, was man ihm gibt, vorausgesetzt, daß man ihm etwas bietet, was ihn gesund erhält. Er wird sich in kurzer Zeit jeder Form reiner und nahrhafter Kost anpassen, für welche man sich entscheidet. Gerade weil der Körper ein automatisches Geschöpf ist, wird er bald aufhören, nach Dingen zu verlangen, welche ihm stetig vorenthalten werden, und wenn man seine Wünsche nach roherer und üppigerer Nahrung unbeachtet läßt, wird er sich bald angewöhnen, Abneigung dagegen zu empfinden. Gerade wie ein auch nur halbwegs natürlicher Gaumen mit einem Gefühl des Abscheues vor dem haut goût des Wildbrets zurückschaudert, so wird ein reiner Geschmack sich gegen alle unreinen Nahrungsmittel empören. Gesetzt, jemand habe seinen Körper dauernd mit verschiedenen Arten unreiner Dinge genährt, dann wird dieser gebieterisch danach verlangen, und er wird geneigt sein, dem nachzugeben. Aber wenn er keine Rücksicht darauf nimmt und seinen eigenen Weg geht und nicht den des Körpers, so wird er finden, und zwar vielleicht zu seiner Überraschung, daß sein Körper bald seinen Herrn anerkennt und sich seinen Befehlen fügt. Er wird bald anfangen, die Dinge zu bevorzugen, welche sein Herr ihm gibt, und eine Neigung für reine Speisen und Abscheu vor unreinen entwickeln. Abgewöhnung kann als Hilfe wie als Hindernis dienen, und der Körper fügt sich, wenn er merkt, daß der Mensch der Herr ist und nicht dulden wird, daß das Ziel seines Lebens von dem Werkzeug durchkreuzt wird, welches er besitzt, um es zu benutzen.

In Wirklichkeit ist nicht der Körper der Schuldige, sondern Kâma, die Wunschnatur. Der erwachsene Körper hat sich angewöhnt, bestimmte Dinge zu verlangen. Wenn man aber ein Kind beobachtet, wird man finden, daß der Körper des Kindes nicht aus sich heraus nach den Dingen Verlangen trägt, welche erwachsene Körper mit rohem Vergnügen schmausen. Der kindliche Körper schreckt vor Fleisch und Wein zurück, es sei denn, er sei durch besonders schlimme physische Erbschaft belastet. Aber seine Eltern zwingen ihn zum Fleischessen, und Vater und Mutter geben ihm einen kleinen Schluck Wein aus ihren Gläsern beim Essen und sagen ihm: „Nun bist Du ein kleiner Mann!", bis das Kind durch seinen Nachahmungstrieb und durch die Verlockung durch andere auf schlechte Wege gerät. Dann natürlich wird der Geschmack unrein, und vielleicht erwachen alte kâmische Begierden, welche sonst wohl abgestorben wären, und im Körper wird allmählich die Gewohnheit entstehen, die Dinge zu verlangen, mit welchen er genährt worden ist.

Aber trotz der früheren Angewöhnung nehme man den Wechsel vor, und wenn man Partikelchen los wird, welche nach dem Unreinen verlangen, wird man fühlen, wie der Körper seine Gewohnheiten ändert und selbst gegen den Geruch derselben Dinge sich empört, welche ihn früher zu erfreuen pflegten.

Die wirkliche Schwierigkeit auf dem Wege der Umgestaltung liegt im Kâma, nicht im Körper. Dir scheint es kein Bedürfnis, sie vorzunehmen; wenn du es hättest, würdest du es natürlich tun. Du sagst zu dir selbst: „Vielleicht macht es nicht soviel aus; ich habe keine psychischen Fähigkeiten, ich bin nicht entwickelt genug, da macht es keinen Unterschied". Du wirst dich aber nie entwickeln, wenn du dich nicht bemühst, nach dem höchsten Maßstab zu leben, den du erreichen kannst – wenn du der Begierdennatur erlaubst, dein Fortschreiten zu durchkreuzen. Du sagst: „Wie gern möchte ich Blicke ins Astrale werfen, im astralen Körper mich fortbewegen können!", aber wenn es darauf ankommt, ziehst du eine gute Mahlzeit vor. Wenn der Preis für das Aufgeben der unreinen Nahrung am Ende eines Jahres eine Million Pfund wäre, wie rasch würden die Schwierigkeiten schwinden und Wege gefunden werden, um den Körper ohne Fleisch und Wein am Leben zu halten! Aber wenn nur die unschätzbaren Güter des höheren Lebens in Aussicht stehen, sind die Schwierigkeiten unübersteigbar!

Wenn die Menschen wirklich das wünschen würden, was sie zu wünschen vorgeben, würden wir häufiger rasche Wandlungen um uns erblicken, als wir es jetzt tun. Aber die Menschen heucheln, und heucheln so wirksam, daß sie sich selbst mit dem Gedanken betrügen, daß sie es ernst meinen. Sie kommen wieder, Leben nach Leben, und leben in derselben Weise Tausende von Jahren, ohne Fortschritte zu machen; und dann wundern sie sich in einem speziellen Leben, weshalb sie nicht weiterkommen und weshalb irgendein andrer in diesem Leben so rasch weiterkommt und sie nicht. Der Mensch, der es ernst meint, nicht unregelmäßig, sondern mit stetiger Ausdauer, kann jeden Fortschritt machen, den er will, während der Mensch, der nur so tut, noch manches zukünftige Leben in seiner Tretmühle herumlaufen wird.

In dieser Reinigung des Körpers liegt unter allen Umständen die Vorbereitung für alle Yoga-Praxis; sicherlich nicht die ganze Vorbereitung, aber ein wesentlicher Teil. So viel mag einstweilen über den dichten Körper, den niedrigsten Träger des Bewußtseins, genügen.

2. Der ätherische Doppelgänger

Die moderne Wissenschaft hält dafür, daß alle körperlichen Veränderungen, ob in Muskeln, Zellen oder Nerven, von elektrischen Vorgängen begleitet werden. Wahrscheinlich ist dies auch bei den chemischen Veränderungen, welche fortwährend vor sich gehen, der Fall. Umfangreiche Beweise hierfür hat man durch sorgfältige Beobachtungen mit den feinsten Galvanometern gesammelt.

Wo immer elektrische Kraftäußerungen vorkommen, muß Äther zugegen sein, so daß das Auftreten solcher Ströme ein Beweis ist für die Gegenwart von Äther, welcher alles durchdringt, alles umgibt. Kein Partikelchen physischer Materie ist in Berührung mit irgendeinem andern Partikelchen, sondern jedes schwingt in einem Ätherfeld. Die westliche Wissenschaft nimmt als eine notwendige H y p o t h e s e an, was der geschulte Zögling der östlichen Wissenschaft als eine überprüfbare Beobachtung bestätigt; denn tatsächlich ist Äther sichtbar wie ein Stuhl oder Tisch, nur ist eine andere Sehweise als die physische nötig, um ihn zu erblicken.

Wie schon bemerkt existiert der Äther in vier Modifikationen, deren feinste aus den physischen Grundatomen besteht – nicht den sogenannten chemischen Atomen, welche in Wirklichkeit zusammengesetzte Körper sind – sondern den Grundatomen, die bei weiterer Spaltung Astralmaterie ergeben.

Der ätherische Doppelgänger ist aus diesen vier Ätherarten zusammengesetzt, welche die festen, flüssigen und gasförmigen Bestandteile des dichten Körpers durchdringen, wobei sie jedes Teilchen mit einer ätherischen Hülle umgeben und so ein vollkommenes Duplikat der dichten Form darstellen. Dieser ätherische Doppelgänger ist dem geschulten Auge vollkommen sichtbar; er ist violettgrau von Farbe, grob oder fein in seiner Struktur, wie der dichte Körper grob oder fein ist.

Die vier Ätherarten setzen ihn zusammen, wie feste, flüssige und gasförmige Stoffe den dichten Körper zusammensetzen, aber sie können eine gröbere oder feinere Kombination bilden, geradeso wie es die dichteren Bestandteile vermögen. Es ist wichtig, sich zu merken, daß der dichte Körper und sein ätherisches Doppelbild sich in ihrer Qualität g l e i c h - z e i t i g ändern, so daß, wenn der Strebende mit Vorbedacht und bewußt seinen dichteren Körper verfeinert, der ätherische Doppelkörper ihm, ohne daß er es wahrnimmt und ohne zusätzliche Anstrengung, folgt.

Vermittelst des ätherischen Doppelkörpers läuft nun die Lebenskraft (Prâna) den Nerven des Körpers entlang und befähigt sie, sich als die Boten der motorischen Kraft und der Empfindung äußerer Eindrücke zu betätigen. Die Kräfte des Denkens, der Bewegung und des Fühlens wohnen nicht in der physischen oder ätherischen Nervensubstanz. Sie sind Tätigkeiten des Ego, welche in dessen inneren Körpern vor sich gehen. Ihr Ausdruck auf der physischen Ebene wird durch den Lebensatem ermöglicht, der entlang den Nervenfäden und um die Nervenzellen läuft; denn Prâna, der Lebensatem, ist die aktive Energie des Selbst, wie Shrî Shankarâchâryâ gelehrt hat. Die Aufgabe des ätherischen Doppelkörpers ist, dieser Energie als physisches Medium zu dienen. Daher wird in unserer Literatur oft von ihm als dem „Träger des Prâna" gesprochen.

Es mag noch nützlich sein zu wissen, daß der ätherische Doppelgänger besonders empfänglich für die flüchtigen Bestandteile des Alkohols ist.

3. Mit dem physischen Körper zusammenhängende Erscheinungen

Wenn jemand „einschläft", schlüpft das Ego aus dem physischen Körper heraus und überläßt ihn dem Schlummer, damit er dadurch die Kraft für die

Arbeit des nächsten Tages wiedergewinnt. Der dichte Körper und sein ätherisches Doppelbild sind so ihrer eigenen Leitung und dem Spiel derjenigen Einflüsse überlassen, die sie infolge ihrer Veranlagung und ihrer Gewohnheiten anziehen. Ströme von Gedankenformen, die das Ego im täglichen Leben hervorbringt oder in sich einläßt, ziehen im dichten und ätherischen Gehirn ein und aus und mischen sich mit den automatischen Wiederholungen der Schwingungen, welche das Ego im Wachzustand erzeugte, und bringen so die unterbrochenen und wirren Träume hervor, die ja den meisten Menschen bekannt sind.

Diese verzerrten Bilder sind lehrreich, da sie das Wirken des physischen Körpers zeigen, wenn er sich allein überlassen ist. Er kann nur abgerissene Teile früherer Schwingungen ohne vernünftige Ordnung und Zusammenhang wiederholen. Er fügt sie zusammen, wie sie ihm kommen, ob sie auch noch so schlecht zueinander passen, er ist empfindungslos gegen Unsinn und Unvernunft, zufrieden mit seiner Zauberwelt, voll kaleidoskopartiger Formen und Farben, der selbst die Regelmäßigkeit der Spiegelung am Kaleidoskop fehlt.

In dieser Weise betrachtet, lernt man das dichte und ätherische Gehirn bald als Werkzeuge für das Denken, nicht als deren Schöpfer kennen, denn wir sehen, was für Irrlichter ihre Geschöpfe sind, wenn diese Gehirne sich selbst überlassen bleiben.

Im Schlaf schlüpft das denkende Ego aus diesen beiden Körpern aus, oder besser aus diesem einen Körper mit seinem sichtbaren und seinem unsichtbaren Teil, welche beieinander bleiben. Im Tode schlüpft es zum letzten Mal heraus, aber mit dem Unterschied, daß es den ätherischen Doppelgänger mit herauszieht Dieser wird dadurch von seinem dichten Gegenstück getrennt, und ein weiteres Wirken des Lebensatems im letzteren als einem organischen Ganzen wird dadurch unmöglich. Das Ego schüttelt das ätherische Doppelbild bald ab, das ja, wie wir gesehen haben, nicht mit in die astrale Ebene gelangen kann, und läßt es zurück, worauf es sich zugleich mit seinem lebenslänglichen Partner zersetzt und auflöst. Es erscheint manchmal unmittelbar nach dem Tode Freunden in der Nähe des Leichnams, aber es zeigt natürlich wenig Bewußtsein, spricht auch nicht oder vollbringt irgendetwas anderes, als eben zu „erscheinen".

Diese Erscheinung ist, da sie physisch ist, verhältnismäßig leicht zu sehen. Eine kleine Anspannung des Nervensystems macht die Sehkraft scharf genug, um sie zu erkennen. Sie gibt auch die Veranlassung zu manchen „Kirchhof-Gespenstern", da sie über dem Grabe schwebt, in welchem ihr physisches Gegenstück ruht, und ist aus den angegebenen Gründen leichter sichtbar als der Astralkörper. So sind die beiden selbst im Tode räumlich nicht weiter getrennt als wenige Meter.

Beim normalen Menschen tritt diese Trennung nur beim Tode ein, aber bei einigen abnormen, den sogenannten mediumistischen Personen, kann eine teilweise Spaltung des physischen Körpers bei Lebzeiten eintreten. Übrigens eine gefährliche und glücklicherweise verhältnismäßig seltene Abnormität, welche zu vielen nervösen Spannungen und Störungen Veranlassung gibt. Wenn der ätherische Doppelgänger heraustritt, trennt sich dieser selbst in zwei Teile. Er kann sich nicht ganz vom groben Körper trennen, da sonst der Tod einträte, denn für den Umlauf der Lebensströme ist seine Gegenwart nötig. Selbst seine teilweise Zurückziehung versenkt den dichten Körper in einen Zustand der Lethargie und die Lebenstätigkeit ist beinahe aufgehoben. Außerordentliche Erschöpfung folgt der Wiedervereinigung der getrennten Teile und das Medium befindet sich, bis die normale Vereinigung wieder eingetreten ist, in einer beträchtlichen physischen Gefahr. Die Mehrzahl der Phänomene, welche in Gegenwart von Medien vorkommen, ist nicht mit dem Austritt des ätherischen Doppelgängers verbunden, aber einige Medien, die wegen des auffallenden Charakters der Materialisationen, zu deren Zustandekommen sie beitrugen, bekannt sind, bieten Gelegenheit, diese Eigentümlichkeit zu beobachten. Ich habe mir sagen lassen, daß William Eglinton diese merkwürdige physische Spaltung bis zu einem seltenen Grade zeigte und daß man seinen ätherischen Doppelgänger aus seiner linke Seite habe heraustreten sehen können, während sein fester Körper ersichtlich zusammenschrumpfte; und daß dasselbe bei Herrn Husk beobachtet wurde, dessen dichter Körper so zusammenschwand, daß er seine Kleidung nicht mehr ausfüllte. Eglintons Körper war einmal in der Größe so eingegangen, daß eine materialisierte Gestalt ihn heraustrug und ihn denTeilnehmern an der Sitzung zeigte; einer der wenigen Fälle, in welchen beide, das Medium und die materialisierte Form, gleichzeitig sichtbar waren, und zwar in einem genügenden Licht, um eine Untersuchung zu gestatten.

Dieses Zusammenschrumpfen des Mediums scheint auf eine Entnahme eines Teiles der dichteren „wägbaren" Materie des Körpers hinzuweisen – wahrscheinlich von den flüssigen Bestandteilen. Aber soviel ich weiß, sind über diesen Punkt keine Untersuchungen gemacht worden, und es ist daher unmöglich, darüber mit Bestimmtheit etwas zu sagen. Das aber ist sicher, daß dieser teilweise Austritt des ätherischen Doppelgängers viele nervöse Übel zur Folge hat, und daß ein vernünftiger Mensch das daher nicht praktizieren sollte, wenn er bemerkt, unglücklicherweise dazu veranlagt zu sein.

Wir haben nun den physischen Körper in seinen dichten wie in seinen ätherischen Teilen untersucht. Er ist die Kleidung, welche das Ego für sein Wirken auf der physischen Ebene tragen muß; wie Wohnung, die ebenso eine geeignete Werkstätte für sein physisches Wirken sein kann wie Gefängnis, zu dem der Tod allein den Schlüssel besitzt. Wir wissen, was wir bedürfen und was wir uns allmählich schaffen können – einen vollkommen gesunden und starken Körper, der aber gleichzeitig zart organisiert, verfeinert, sensitiv ist. Gesund sollte er sein – und im Osten wird auf Gesundheit als einer Vorbedingung für Schülerschaft bestanden – denn alles Ungesunde im Körper beeinträchtigt ihn als Werkzeug des Ego und entstellt sowohl die nach innen geleiteten Eindrücke als auch die nach außen gerichteten Impulse. Die Tätigkeiten des Egos werden behindert, wenn sein Werkzeug durch schlechte Gesundheit überspannt oder verzerrt ist.

Also gesund, zart organisiert, verfeinert, sensitiv, alle üblen Einflüsse selbsttätig abweisend, für alle guten dagegen empfänglich, so sollten wir unsern Körper mit Bedacht gestalten, und zwar dadurch, daß wir von allem, was uns umgibt, das auswählen, was zu diesem Ziele führt, dessen bewußt, daß diese Aufgabe nur Schritt für Schritt erfüllt werden kann; durch geduldige und stetige Arbeit mit diesem Ziel im Auge. Wir werden es merken, wenn ein auch noch so kleiner Erfolg sich einzustellen beginnt, denn wir werden finden, daß sich in uns aller Art Fähigkeiten der Wahrnehmung zeigen, welche wir vorher nicht besaßen. Wir merken, daß wir empfänglicher werden mit Ohr und Auge, empfänglicher für vollere, sanftere, reichere Harmonien, für zartere, schönere, lieblichere Farbentöne. So wie der Maler sein Auge übt, damit er die zartesten Farbenunterschiede sieht, für welche das gewöhnliche Auge blind ist, wie der Musiker sein Ohr schult und Obertöne hört, für welche gewöhnliche Ohren taub sind, so können wir unsere Körper schulen, so daß sie für die feineren Schwingungen des Lebens empfänglich werden, von denen der gewöhnliche Mensch nichts bemerkt. Es ist wohl wahr, es mag auch manch Unerfreuliches zur Empfindung gelangen, denn die Welt, in der wir leben, ist durch die Menschheit, die in ihr wohnt, roh und grob geworden. Aber andererseits werden sich Schönheiten enthüllen, die uns hundertfach die Schwierigkeiten vergelten werden, auf die wir stoßen, und welche wir überwinden werden.

Wir erreichen dies, nicht um solche Körper für eigennützige Zwecke der Eitelkeit oder des Genusses wegen zu besitzen, sondern damit wir, die Menschen, deren Eigentum sie sind, sie mit nutzbringenderer Kraft zum Dienste verwenden können. Sie werden zu wirkungsvolleren Werkzeugen, um den Fortschritt der Menschheit zu fördern, und dadurch geeigneter für die Aufgabe, die menschliche Entwicklung zu beschleunigen, dem Werk unserer großen Meister, das zu unterstützen, unser Vorrecht sein kann.

Obgleich wir in diesem Teil unserer Betrachtung uns nur auf der physischen Ebene bewegt haben, so können wir doch erkennen, daß dieses Studium nicht ohne Wichtigkeit ist und daß das niedrigste der Werkzeuge unseres Bewußtseins unserer Aufmerksamkeit bedarf und unsere Sorge vergelten wird. Unsere Städte und Länder werden reiner, schöner und besser werden, wenn diese Kenntnisse allgemein geworden sind und nicht nur als intellektuell glaubhaft, sondern auch als Gesetz des alltäglichen Lebens angenommen werden.

II. Der Astral- oder Begierden-Körper

Wir haben den physischen Körper des Menschen kennen gelernt, seinen sichtbaren und seinen unsichtbaren Teil, und wir haben erfahren, daß der Mensch – die lebende bewußte Wesenheit – in seinem „wachen" Bewußtsein, zur Zeit seines Lebens in der physischen Welt, nur soviel von seinem Wissen zeigen und nur soviel von seinen Kräften kundgeben kann, wie er durch seinen physischen Körper auszudrücken imstande ist. Der Vollkommenheit oder Unvollkommenheit seiner Entwicklung entspricht die Vollkommenheit oder Unvollkommenheit seiner Ausdrucksfähigkeit auf der physischen Ebene. Sie beschränkt ihn, während er sich in der niedrigen Welt betätigt, und bildet einen wahrhaft „unüberschreitbaren Ring". Das, was nicht durch ihn hindurch kann, kann sich auf Erden nicht kundgeben, daher seine Wichtigkeit für den sich entwickelnden Menschen.

In derselben Weise kann der Mensch, wenn er ohne den physischen Körper in einer anderen Sphäre des Universums, der astralen Ebene oder Welt, sich betätigt, auf dieser Ebene nur soviel von seinen Kenntnissen und seinen Kräften, kurz von sich selbst, zum Ausdruck bringen, als sein Astralkörper ihn dazu befähigt. Dieser ist zugleich sein Ausdrucksmittel und seine Begrenzung. Der Mensch ist mehr als seine Körper; er hat vieles in sich, was er weder auf der physischen noch auf der astralen Ebene kundgeben kann. Aber das, was er imstande ist, zum Ausdruck zu bringen, kann in dieser speziellen Region des Universums als der Mensch selbst betrachtet werden. Was er von sich selbst hier unten zeigen kann, ist durch den physischen Körper begrenzt; was er von sich selbst in der astralen Welt zeigen kann, ist durch den astralen Körper begrenzt. Wenn wir uns in unserm Studium in höhere Regionen erheben, so werden wir finden, daß mehr und mehr vom Menschen sich kundgeben kann, je mehr er in seiner Entwicklung fortschreitet, und daß er schrittweise höhere und höhere Träger des Bewußtseins zur Vervollkommnung bringt.

Es scheint mir notwendig, den Leser darauf aufmerksam zu machen, daß ich hier keinen Anspruch auf Unfehlbarkeit oder auf vollkommene Fähigkeit der Beobachtung erhebe, wenn wir auf verhältnismäßig selten betretene Gebiete kommen, die den meisten Menschen noch unbekannt sind. Irrtümer der Beobachtung und der Schlußfolgerung können auf den Ebenen über den physischen ebensogut begangen werden wie auf der psychischen. Diese Möglichkeit sollte man stets im Auge behalten. Mit wachsender Kenntnis und anhaltender Schulung wird man immer größere Genauigkeit erreichen und solche Irrtümer werden immer mehr verschwinden. Aber da die Verfasserin selbst nur eine Forscherin ist, sind Fehler, die einer Berichtigung in der Zukunft bedürfen, wahrscheinlich. Sie können sich in Einzelheiten einschleichen, werden aber weder die Grundprinzipien berühren, noch die hauptsächlichen Schlußfolgerungen beeinträchtigen.

Zunächst lassen Sie uns den Begriff Astralebene oder Astralwelt klar fassen. Die Astralwelt ist eine bestimmte Region des Universums, welche die physische umgibt und durchdringt. Sie ist aber nicht wahrnehmbar für unsere gewöhnliche Beobachtung, da sie aus einer anderen Art Materie besteht. Wenn das äußerste physische Atom gespalten, aufgelöst wird, so verschwindet es, soweit die physische Welt in Betracht kommt. Aber man hat gefunden, daß es aus zahlreichen Teilchen der gröbsten Art der Astralmaterie besteht – dem „festen" Stoff der Astralwelt. (Die Bezeichnung „astral", sternenartig, ist nicht gerade eine glückliche, aber das Wort ist seit so vielen Jahrhunderten gebraucht worden, um überphysische Materie zu bezeichnen, so daß es jetzt Schwierigkeiten bereiten würde, es zu beseitigen. Dieser Name wurde seiner Zeit von den Beobachtern wahrscheinlich wegen des im Vergleich zur physischen Materie leuchtenden Aussehens gewählt. Zum eingehenderen Studium wird auf den Abschnitt „Die Astralebene" im ersten Band dieses Werkes verwiesen.) Wir haben sieben verschiedene Aggregatzustände der physischen Materie gefunden – fest, flüssig, gasförmig und vier ätherische – in die alle die unzähligen Kombinationen klassifiziert werden, welche die physische Welt ausmachen. Genauso haben wir sieben Aggregatzustände der astralen Materie, die den physischen entsprechen. In diese können die unzähligen Kombinationen klassifiziert werden, die in ähnlicher Weise die astrale Welt bilden.

Alle physischen Atome haben ihre astralen Umhüllungen, die astrale Materie bildet sozusagen die Matrix der physischen, die physische ist in die astrale eingebettet. Die astrale Materie dient als Träger für Jîva, „das Eine Leben", das alles beseelt, und vermittelst der astralen Materie umfließen, erhalten und nähren Ströme von Jîva jedes Teilchen der physischen Materie. Diese Ströme von Jîva lassen nicht nur das entstehen, was man volkstümlich Lebenskräfte nennt, sondern auch alle elektrischen, magnetischen, chemischen und anderen Energien, Anziehungskraft, Kohäsion, Abstoßung etc., die alle Differenzierungen des „Einen Lebens" sind, in welchen Universen schwimmen wie Fische im Meer. Von der astralen Welt, die so vollständig die physische durchdringt, geht Jîva in den Äther der letzteren über, der so zum Überbringer all dieser Kräfte an die niedrigeren

Aggregatzustände der physischen Materie wird, innerhalb welcher wir ihr Spiel beobachten.

Wenn wir die physische Welt aus dem Dasein uns fortgenommen denken, ohne daß eine andere Änderung eintritt, so würden wir in astraler Materie noch eine vollkommene Kopie von ihr haben, und wenn wir weiter annehmen, daß jedermann mit funktionierenden astralen Fähigkeiten begabt wäre, so würden die Menschen zuerst sich irgendeiner Änderung in ihrer Umgebung gar nicht bewußt werden. „Tote" Menschen, die in den niederen Regionen der astralen Welt aufwachen, befinden sich oft in einem solchen Zustande und glauben, daß sie noch in der physischen Welt leben.

Da die meisten von uns das astrale Sehen in sich noch nicht entwickelt haben, so ist es nötig, die relative Wirklichkeit der astralen Welt als einen Teil des phänomenalen Weltalls zu betonen und sie mit dem Auge intellektueller Erkenntnis zu betrachten, wenn es mit dem astralen nicht geht. Sie ist ebenso wirklich, ja, da sie von der Einen Wirklichkeit nicht ganz so weit entfernt ist, wirklicher als die physische. Ihre Erscheinungen sind der befähigten Beobachtung ebenso zugänglich wie die der physischen Ebene. Geradeso wie hier unten ein Blinder physische Gegenstände nicht sehen kann und wie man manche Dinge nur mit Hilfe von Apparaten, dem Mikroskop, dem Spektroskop etc., beobachten kann, so ist es auf der Astralebene. Astral blinde Menschen können astrale Gegenstände überhaupt nicht sehen, und viele Dinge entziehen sich auch dem gewöhnlichen astralen Sehen oder „Hellsehen".

Aber auf der jetzigen Stufe der Evolution könnten viele Menschen bis zu einem gewissen Grade die astralen Sinne entwickeln, und sie tun dies auch, wodurch sie für die zarteren Schwingungen, die der astralen Ebene eigen sind, empfänglich werden. Solche Personen sind freilich vielen Fehlschlüssen ausgesetzt, wie das Kind Versehen macht, wenn es anfängt, seine physischen Sinne zu benutzen. Aber diese Irrtümer werden, ähnlich wie bei Kindern, bei größerer Erfahrung berichtigt, und nach einiger Zeit können sie auf der astralen Ebene ebenso genau sehen und hören wie auf der physischen. Es ist nicht ratsam, diese Entwicklung durch künstliche Mittel zu forcieren, denn solange nicht ein gewisses Maß an seelischer Kraft entwickelt wurde, ist die physische Welt alles, was einigermaßen beherrscht werden kann, und das Eindringen astraler Gesichte und Töne und sonstiger allgemeiner Phänomene ist geeignet, störend und selbst erschreckend zu wirken. Aber die Zeit kommt, da diese Stufe erreicht und die relative Wirklichkeit des astralen Teils der unsichtbaren Welt dem wachen Bewußtsein offenbar wird.

Hierfür ist es nicht nur nötig, einen Astralkörper zu haben, wie wir alle ihn haben, sondern er muß auch vollständig organisiert und zum Arbeiten tauglich sein, und das Bewußtsein muß gewöhnt sein, in ihm zu wirken und nicht nur durch ihn auf den physischen Körper. Jeder arbeitet fortwährend durch den Astralkörper, aber verhältnismäßig wenige arbeiten in ihm getrennt vom physischen Körper. Ohne das stetige Wirken durch den Astralkörper würde es keine Verbindung zwischen der äußeren Welt und dem Verstande des Menschen geben, keine Verbindung zwischen den Eindrücken auf die physischen Sinne und der Wahrnehmung derselben durch den Verstand. Der Eindruck wird zu einer Empfindung im Astralkörper und wird dann vom Verstande wahrgenommen. Der Astralkörper, in welchem die Zentren der Empfindung sich befinden, wird oft als der astrale Mensch bezeichnet, gerade so, wie wir den physischen Körper den physischen Menschen nennen können. Eigentlich ist er aber nur ein Werkzeug, eine Hülle, wie der Wedantist ihn nennen würde, in welchem der Mensch selbst sich betätigt und durch welches er sein gröberes Werkzeug, den physischen Körper, erreicht und von diesem erreicht wird.

Was die Konstitution des Astralkörpers anbetrifft, so ist er aus Astralmaterie aller sieben Aggregatzustände zusammengesetzt und kann gröbere oder feinere Teile von jedem derselben an sich ziehen. Es ist leicht, sich das Bild eines Menschen in einem wohlgeformten Astralkörper vorzustellen. Man kann sich vorstellen, daß er den physischen Körper ablegt und in einem zarteren, leuchtenderen Abbild desselben aufersteht, dessen Ähnlichkeit, wenn auch nicht dem gewöhnlichen Auge, so doch dem hellseherischen Blick erkennbar ist.

Ich habe gesagt „einen wohlgeformten Astralkörper", denn der Astralkörper eines unentwickelten Menschen ist eine sehr chaotische Erscheinung. Seine Umrisse sind unbestimmt, sein Material ist dunkel, ungeordnet und, wenn vom physischen Körper getrennt, eine gestaltlose, unbestimmte Wolke, augenscheinlich ungeeignet, als ein unabhängiges Werkzeug zu dienen. Er ist in Wirklichkeit eher ein Stück astraler Materie als ein organisierter Astralkörper – eine Masse astralen Protoplasmas von amöbenartigem Typus. Ein wohlgeformter Astralkörper ist das Kennzeichen eines Menschen, der eine einigermaßen hohe Stufe der intellektuellen Kultur oder des spirituellen Wachstums erreicht hat, so daß das Aussehen eines Astralkörpers ein Zeichen für den Fortschritt ist, den sein Eigentümer gemacht hat. Aus der Bestimmtheit seiner Konturen, dem Leuchten seines Materials und der Vollkommenheit seiner Organisation kann man auf die Stufe der Entwicklung schließen, die das Ego erklommen hat, das sich seiner bedient.

In betreff der Frage, wie dieser Körper vervollkommnet werden kann, eine Frage, die für uns alle wichtig ist, muß man dessen eingedenk bleiben, daß die Verbesserung des Astralkörpers einerseits auf der Reinigung des physischen Körpers beruht und anderseits auf der Reinigung und Entwicklung des Intellekts.

Der Astralkörper ist besonders empfänglich für Eindrücke von Gedanken, denn die Astralmaterie reagiert viel rascher als die physische auf jeden Anstoß aus der Welt des Verstandes. Wenn wir in die astrale Welt blicken, finden wir sie zum Beispiel angefüllt mit fortwährend wechselnden Gestalten. Wir finden dort „Gedankenformen", das sind Formen aus Elementalessenz, die von einem Gedanken beseelt sind, und wir bemerken auch große Massen dieser Elementalessenz, aus der fortwährend Gestalten auftauchen und in ihr wieder verschwinden. Wenn wir sorgfältig beobachten, können wir sehen, daß Gedankenströme diese astrale Materie in Schwingung versetzen, daß starke Gedanken daraus Hüllen um sich ziehen und eine lange Zeit als Wesenheiten ihr Dasein behaupten, während schwache Gedanken sich nur schwach umhüllen und bald wieder ausschwingen, so daß infolge von Gedankenimpulsen durch die ganze astrale Welt hindurch sich fortwährend Änderungen und Wechsel vollziehen.

Der Astralkörper des Menschen nimmt, da er aus Astralmaterie besteht, teil an der Leichtigkeit, auf die Eindrücke von Gedanken zu reagieren. Er schwingt entsprechend jedem Gedanken, der ihn trifft, ob der Gedanke von außen, vom Intellekt eines andern Menschen oder ob er von innen kommt, vom Intellekt des Eigentümers.

Lassen Sie uns diesen Astralkörper unter den Eindrücken von innen und von außen studieren. Wir sehen ihn den physischen Körper durchdringen und sich in jeder Richtung über denselben hinaus erstrecken wie eine farbige Wolke. Die Färbung ist verschieden, je nach der Natur des Menschen, mit seiner niedrigen, animalischen, leidenschaftlichen Natur. Der Teil außerhalb des physischen Körpers wird die kâmische Aura genannt, da sie zum Kâma oder Begierdenkörper gehört, der gewöhnlich der Astralkörper des Menschen genannt wird. (Diese Trennung der „Aura" vom Menschen, als wenn sie etwas anderes wäre als er selbst, ist mißleitend, wenn auch vom Standpunkt des Augenscheines aus sehr natürlich. Die „Aura" ist die Wolke, die den Körper umgibt, dem gewöhnlichen Sprachgebrauch gemäß; in Wirklichkeit lebt der Mensch auf den verschiedenen Ebenen in Körpern, die diesen Ebenen entsprechen. Alle diese Körper durchdringen einander. Der niedrigste und schmächtigste wird im besonderen „der Körper" genannt, und die vermischten Bestandteile der anderen Hüllen die „Aura", wenn sie sich über diesen Körper hinaus erstrecken. Die kâmische Aura ist also einfach der Teil des kamischen Körpers, der über den physischen hinausragt.) Denn der Astralkörper ist der Träger des kamischen Bewußtseins des Menschen, der Sitz aller tierischen Leidenschaften und Begierden, das Zentrum der Sinne, wie schon erwähnt, wo alle Empfindungen entstehen. Er wechselt seine Farben fortwährend, wenn er infolge von Gedankeneindrücken vibriert. Wenn ein Mensch seinen Gleichmut verliert, erscheinen Flammenblitze in Scharlach; wenn er Liebe empfindet, strömt Rosa hindurch. Wenn die Gedanken des Menschen hoch und edel sind, bedürfen sie feinerer Astralmaterie, um auf sie zu reagieren, und es zeigt sich diese Einwirkung auf den Astralkörper durch das Verschwinden der gröberen und dichteren Teilchen aus allen Aggregatzuständen der Astralmaterie und deren Ersatz durch schönere und zartere.

Der Astralkörper eines Menschen, dessen Gedanken niedrig und tierisch sind, ist grob, dick, dicht und dunkel von Farbe – oft so dicht, daß die Umrisse des physischen Körpers darin nicht mehr zu erkennen sind, während derjenige eines vorgeschritteneren Menschen schön, klar, leuchtend und hell von Farbe ist, ein wirklich schönes Bild. In diesem Fall beherrscht der Mensch die niederen Leidenschaften und die aussondernde Wirksamkeit des Intellekts hat die astrale Masse verfeinert. Durch edles Denken reinigen wir also den Astralkörper, selbst wenn wir nicht bewußt auf dieses Ziel zustreben. Und das dürfen wir nicht vergessen, dieses innere Arbeiten übt einen mächtigen Einfluß darauf aus, auf welche Gedanken von außerhalb der Astralkörper eine Anziehung ausübt. Ein Astralkörper, der von seinem Eigentümer so gestaltet wurde, daß er gewohnheitsgemäß auf üble Gedanken reagiert, wirkt wie ein Magnet auf ähnliche Gedankenformen in der Nähe, während ein reiner Astralkörper auf solche Gedanken eine abstoßende Wirkung ausübt und nur solche Gedankenformen anzieht, die aus Substanzen, wie der seinige, zusammengesetzt sind.

Wie oben bemerkt steht der Astralkörper auf der andern Seite auch mit dem physischen in Zusammenhang und wird durch dessen Reinheit oder Unreinheit beeinflußt. Wir haben gesehen, daß die festen, flüssigen, gasförmigen und ätherischen Bestandteile, aus denen der physische Körper besteht, grob oder zart sein können. Die Natur dieser physischen Teile wird ihrerseits die Natur der entsprechenden astralen Hülle beeinflussen. Wenn wir unvernünftigerweise um den physischen Körper keine Sorge tragen und in ihn feste Teile unreiner Art hineinbauen, so ziehen wir damit die entsprechende unreine Art dessen heran, was wir das „feste" Astrale nennen wollen. Wenn wir anderseits aber in unsern dichten Körper feste Teile reinerer Art hineinbauen, ziehen wir die entsprechende reinere Art „festen" astralen Stoffes heran.

Wenn wir die Reinigung des physischen Körpers beharrlich fortführen, indem wir ihn durch reine Speisen und Getränke ernähren und verunreinigende Arten von Nahrungsmitteln ausschließen wie Blut von Tieren, Alkohol und andere üble und herabwürdigende Dinge, so verbessern wir nicht nur unseren physischen Bewußtseinsträger, sondern wir beginnen auch den astralen zu reinigen und aus der astralen Welt zartere und feinere Materialien zu seinem Aufbau zu nehmen. Die Wirkung hiervon ist nicht nur in bezug auf das gegenwärtige irdische Leben wichtig, sondern hat auch bestimmte Tragweite für den nächstfolgenden Zustand nach dem Tode, wie wir später sehen werden, für den Aufenthalt in der astralen Welt und ebenso für die Art des Körpers, den wir im nächsten Leben auf der Erde haben werden.

Dies ist noch nicht alles. Üble Nahrungsmittel ziehen zu dem astralen Körper auch schädliche Wesen der astralen Welt heran, denn wir haben es nicht nur mit astraler Materie, sondern auch mit den sogenannten Elementalen dieser Region zu tun. Das sind Wesenheiten höherer und niederer Art, die auf dieser Ebene existieren und durch die Gedanken der Menschen entstanden sind. Ferner gibt es dort in ihrem Astralkörper festgehaltene herabgekommene Menschen, die als Elementargeister bekannt sind. Die werden von Leuten angezogen, deren Astralkörper ihrer Natur ähnliche Materie enthalten, während die Elementargeister naturgemäß diejenigen aufsuchen, die solchen Lastern ergeben sind, denen sie selbst zu Lebzeiten gefrönt haben. Jeder, der mit astralem Gesicht begabt ist, sieht, wenn er durch die Straßen der Städte geht, Horden widerlicher Elementale um die Fleischerläden hocken und sieht in den Bierhäusern und Branntweinstuben Elementargeister sich mit Vorliebe versammeln, die sich an den üblen Ausdünstungen der Spirituosen vergnügen und sich womöglich in die Körper der Trinker selbst drängen. Diese Wesen werden von jenen angezogen, die ihre Körper aus diesem Material bilden, und solche Menschen haben diese Umgebung als Teil ihres astralen Lebens.

So geht es auf jeder Stufe der astralen Ebene weiter; je nachdem wir physische Materie reinigen, ziehen wir reine Teile der entsprechenden Stufe astraler Materie an. Nun hängt natürlich die Leistungsfähigkeit des Astralkörpers in hohem Maße von der Natur der Materie ab, die wir hineinbauen. In dem Maß, in dem wir durch den Prozeß der Reinigung diesen Körper feiner und feiner machen, hört er auf, in Antwort auf niedere Eindrücke zu vibrieren, und fängt an, auf die Einflüsse der höheren astralen Welt zu reagieren. Wir stellen so ein Werkzeug her, das, obwohl es von Natur aus für äußere Einflüsse empfänglich ist, doch allmählich die Kraft verliert, auf die niederen Schwingungen zu antworten, dagegen aber die Kraft gewinnt, auf die höheren zu erwidern – ein Instrument, das so gestimmt ist, daß es nur bei den höheren Noten mittönt.

Wie wir Drahtsaiten dazu verwenden können, sympathische Schwingungen zu erzeugen, und dazu ihren Durchmesser, ihre Länge und ihre Spannung entsprechend wählen, so können wir unsern Astralkörper stimmen, daß er sympathisch mitschwingt, wenn edle Harmonien um ihn her in der Welt tönen. Dies ist nicht nur eine Sache der Spekulation oder der Theorie, es ist eine wissenschaftliche Tatsache. Wie wir hier die Saiten stimmen können, so können wir dort die Saiten des Astralkörpers stimmen; das Gesetz von Ursache und Wirkung gilt dort so gut wie hier. Wir rufen das Gesetz an, wir nehmen Zuflucht zum Gesetz und wir verlassen uns auch auf das Gesetz. Alles, was wir nötig haben, ist Wissen und den Willen, dieses Wissen in die Praxis umzusetzen. Dieses Wissen mag man zuerst, wenn man will, nur als Hypothese annehmen und erproben, die im Einklang mit Tatsachen steht, die uns in der niederen Welt bekannt sind. Später, in dem Maß, in dem man den Astralkörper reinigt, wird die Hypothese sich in Wissen wandeln. Sie wird Gegenstand der unmittelbaren Beobachtung sein, so daß man imstande ist, sich von der Wahrheit der Theorien zu überzeugen, die man ursprünglich nur als Hypothese angenommen hat.

Unsere Fähigkeit, die astrale Welt zu bemeistern und dort wirkliche Dienste zu leisten, hängt daher vor allem von diesem Prozeß der Reinigung ab. Es gibt bestimmte Methoden des Yôga, durch welche die Entwicklung der astralen Sinne in vernünftiger und gesunder Weise gefördert werden kann; aber es hat gar keinen Zweck zu versuchen, diese jemand zu lehren, ehe er nicht diese einfachen vorbereitenden Mittel der Reinigung angewandt hat. Es ist eine allgemeine Erfahrung, daß Menschen sehr darauf aus sind, neue und ungewöhnliche Methoden des Fortschrittes zu versuchen; aber es ist zwecklos, Leute in Yôga zu unterweisen, wenn sie nicht einmal diese vorbereitenden Stufen in ihrem Alltagsleben üben wollen. Gesetzt, jemand finge an, einen gewöhnlichen, unvorbereiteten Menschen irgendeine Form von Yôga zu lehren: dieser würde es eifrig und enthusiastisch aufnehmen, weil es neu und fremdartig ist, weil er auf rasche Erfolge hofft. Bevor er noch ein Jahr nach der Methode gearbeitet hat, würde er aber durch die Schwierigkeiten, die sie im Alltagsleben mit sich bringt, ermüdet und durch den Mangel an unmittelbarem Erfolg entmutig werden. Nicht gewöhnt an dauernde, stetige, Tag für Tag fortgesetzte Anstrengung, würde er versagen und die Übung aufgeben; denn ist die Sache nicht mehr neu, stellt sich bald Gleichgültigkeit ein.

Will oder kann jemand nicht die einfache, verhältnismäßig leichte Pflicht der Reinigung des physischen und des Astralkörpers erfüllen, indem er eine zeitweise Selbstverleugnung ausübt und die Bande schlechter Gewohnheiten beim Essen und Trinken bricht, so ist es zwecklos für ihn, nach schwierigeren Methoden zu verlangen, die nur die Anziehungskraft des Neuen haben und bald als eine untragbare Last abgeworfen würden. Selbst alles Reden von besonderen Methoden ist zwecklos, bis nicht diese gewöhnlichen bescheidenen Mittel durch einige Zeit angewandt worden sind.

Aber mit der Reinigung werden sich neue Möglichkeiten zu zeigen beginnen. Der Schüler wird sehen, daß ihm allmählich Erkenntnis aufgeht. Ein schärferes Sehen wird erwachen, Schwingungen werden ihn von allen Seiten erreichen, auf die er in einer Weise zu reagieren anfängt, wie er es in den Tagen der Blindheit und Stumpfheit nicht gekonnt hätte. Früher oder später, je nach dem Karma infolge seiner Vergangenheit, kommt ihm diese Erfahrung. Wie ein Kind, das die Schwierigkeit des Alphabets zu meistern gelernt hat, dann den Genuß des Buches hat, das es nun lesen kann, so wird der Suchende erfahren, daß ihm Kentnisse kommen und Fähigkeiten, von denen er sich in seinen sorglosen Tagen nichts hätte träumen lassen. Neue Aussichten auf Erkenntnis öffnen sich vor ihm und ein weiteres Universum entfaltet sich nach allen Seiten.

Wenn wir nun kurz den Astralkörper betrachten, wie er sich in schlafendem und wachendem Zustand verhält, so werden wir rasch und leicht die Funktionen verstehen lernen, die er ausübt, wenn er ein vom Körper getrennter Bewußtseinsträger wird. Studieren wir einen Menschen, während er wacht und schläft, dann werden wir eine sehr bemerkenswerte Veränderung in bezug auf den Astralkörper beobachten. Wenn er wacht, betätigen sich die astralen Vorgänge – die wechselnden Färbungen usw. – alle in und unmittelbar um den Körper herum. Aber wenn er schläft, tritt eine Trennung ein, und wir sehen den physischen Körper – den dichten und den ätherischen zusammen – im Bett liegen, während der Astralkörper über ihnen in der Luft schwebt.

Wenn wir einen Menschen von geringem Entwicklungsgrad studieren, dann ist der Astralkörper, wenn er sich vom physischen getrennt hat, jene ziemlich formlose Masse, die wir früher beschrieben haben. Er kann sich nicht weit von seinem physischen Körper entfernen. Als Bewußtseinsträger ist er unbrauchbar, und der Mensch befindet sich in ihm in einem sehr wenig bewußten träumerischen Zustande, da er nicht gewöhnt ist, sich außerhalb seines physischen Körpers zu betätigen. Man kann tatsächlich sagen, er schläft beinahe vollständig, da ihm das Werkzeug fehlt, durch welches er gewohnt ist zu arbeiten. Es ist ihm nicht möglich, bestimmte Eindrücke von der astralen Welt zu empfangen oder sich vermittels des kümmerlich organisierten Astralkörpers klar auszudrücken. Die Zentren der Empfindung darin mögen durch vorüberstreifende Gedankenformen angeregt werden, und er mag darin auf Reizungen reagieren, die die niedere Natur erregen, aber der ganze Eindruck, den er auf den Beobachter macht, ist der der Schläfrigkeit und der Unbestimmtheit. Dem Astralkörper fehlt alle bestimmte Lebendigkeit; er schwebt träg und unentwickelt über der schlafenden physischen Gestalt. Wenn irgendetwas geschieht, was ihn von seinem physischen Partner fortzuleiten versucht, dann erwacht der letztere und der

Astralkörper tritt rasch wieder in ihn ein.

Beobachtet man jedoch einen Menschen, der viel weiter entwickelt ist, sagen wir einen solchen, der gewohnt ist, in der astralen Welt tätig zu sein und den astralen Körper zu diesem Zweck zu gebrauchen, so sehen wir, daß, wenn der physische Körper in Schlaf fällt und der Astralkörper herausschlüpft, wir den Menschen selbst in vollem Bewußtsein vor uns haben. Der Astralkörper ist scharf konturiert und klar organisiert. Er hat Ähnlichkeit mit dem Menschen; der Mensch kann ihn als Werkzeug benutzen, als ein viel geeigneteres als das physische. Er ist vollkommen wach und arbeitet weit tätiger, weit genauer und mit größerem Verständnis, als wenn er im gröberen Körper eingeschlossen ist, und er kann sich frei und mit unglaublicher Geschwindigkeit auf jede Entfernung fortbewegen, ohne dem schlafenden Körper auf dem Bett irgendeine Beunruhigung zu bereiten.

Wenn ein solcher Mensch noch nicht gelernt hat, sein astrales und physisches Werkzeug miteinander zu verbinden, wenn im Bewußtsein noch eine Unterbrechung stattfindet, sobald der Astralkörper beim Einschlafen ausschlüpft, dann wird der Mensch, obwohl er selbst hell wachend und bei vollem Bewußtsein auf der astralen Ebene ist, doch nicht imstande sein, bei seiner Rückkehr in seinen gröberen Körper dem physischen Gehirn die Kenntnis von dem einzuprägen, was er während seiner Abwesenheit getan hat. Unter diesen Umständen wird sein „waches" Bewußtsein, wie wir gewöhnlich die begrenzteste Form unseres Bewußtseins zu nennen pflegen, keinen Teil haben an den Erfahrungen des Menschen in der astralen Welt, nicht weil *er* sie nicht kennt, sondern weil der physische Organismus zu grob ist, diese Eindrücke von ihm zu empfangen.

Manchmal, wenn der physische Körper erwacht, hat er ein Gefühl, als ob er etwas erlebt habe, wovon aber keine Erinnerung geblieben ist. Und doch zeigt gerade dies Gefühl, daß ein Funktionieren des Bewußtseins in der astralen Welt, abseits des physischen Körpers, stattgefunden hat, obgleich sein Gehirn nicht empfänglich genug ist, um auch nur eine flüchtige Erinnerung von dem zu bewahren, was sich zugetragen hat.

Ein anderes Mal, wenn der Astralkörper zum physischen zurückkehrt, kann der Mensch mit Erfolg einen augenblicklichen Eindruck auf den ätherischen und den dichten Körper machen, so daß, wenn der letztere erwacht, eine lebhafte Erinnerung an eine Erfahrung in der astralen Welt vorhanden ist. Aber die Erinnerung verschwindet rasch und weigert sich wieder zurückgerufen zu werden. Jede Bemühung macht den Erfolg unmöglicher, da sie starke Schwingungen im physischen Gehirn erzeugt, durch welche die feineren astralen nur noch mehr übertönt werden.

Manchmal wieder mag es dem Menschen gelingen, neue Kenntnisse dem physischen Gehirn einzuprägen, ohne daß er imstande ist, sich zu erinnern, wo oder wie er diese Kenntnise erlangt hat. In solchen Fällen werden sich im wachen Bewußtsein Gedanken einstellen, als ob sie spontan entstanden wären. Es kommen Lösungen von früher unverstandenen Problemen, und Licht kommt in früher dunkle Fragen. Wenn dies eintritt, ist es ein ermutigendes Zeichen des Fortschrittes, da es zeigt, daß der Astralkörper wohlorganisiert ist und tätig in der astralen Welt funktioniert, obgleich der physische Körper nur teilweise empfänglich ist.

Ab und zu jedoch gelingt es dem Menschen, das physische Gehirn zum Reagieren zu bringen. Dann haben wir das, was wir als einen sehr lebhaften, vernünftigen und zusammenhängenden Traum bezeichnen, eine Art Träume, welcher sich die meisten gedankenreichen Leute gelegentlich erfreuen, in denen sie sich nicht weniger lebendig fühlen, sondern lebendiger als im „Wachen" und in welchen sie manchmal sogar Kenntnisse erlangen, die ihnen im physischen Leben nützlich sein können.

All dies sind Stufen des Fortschrittes, welche die Entwicklung und Vervollkommnung der Organisation des Astralkörpers kennzeichnen.

Aber anderseits ist es gut, wenn man weiß, daß Menschen, die durchgreifende und selbst schnelle Fortschritte im Spirituellen machen, häufig sehr nutzbringend in der astralen Welt tätig sind, ohne dem Gehirn die leiseste Erinnerung von dem Wirken, an dem sie sich beteiligt haben, einprägen zu können, obgleich sie in ihrem niederen Bewußtsein einer immer wachsenden Erleuchtung und erweiterter Kenntnis geistiger Wahrheit gewahr werden. Es gibt eine Tatsache, die allen Suchenden zur Ermutigung dienen kann und worauf sie sich mit vollem Vertrauen verlassen mögen, so leer ihr Gedächtnis auch in Bezug auf überphysische Erfahrungen sein mag. Wenn wir lernen, mehr und mehr für andere zu arbeiten, wenn wir versuchen, der Welt mehr nützlich zu werden, wenn wir stärker und stetiger in unserer Ergebung für die älteren Brüder der Menschheit werden und immer ernstlicher unsern kleinen Teil an ihrem großen Werk zu verrichten suchen, dann entwickeln wir dadurch unausbleiblich diesen astralen Körper und die Fähigkeit, in ihm zu wirken, die uns zu erfolgreicheren Dienern macht. Ob mit oder ohne physische Erinnerung, wir verlassen unser physisches Gefängnis im tiefen Schlaf und wirken tätig und nutzbringend in der astralen Welt. Wir helfen Menschen, die wir sonst nicht erreichen könnten, wir geben Hife und Trost auf Wegen, die wir sonst nicht benützen könnten. Diese Entwicklung schreitet bei denen voran, die reinen Herzens sind und die erhabene Gedanken fassen mit dem Verlangen und dem Wunsch zu dienen. Sie mögen manches Jahr in der astralen Welt wirken, ohne die Erinnerung in ihr niederes Bewußtsein zurückzubringen, und mögen Kräfte ausüben für das Gute in der Welt, die weit über das hinausgehen, wofür sie sich befähigt halten. Ihnen wird, sobald Karma es gestattet, das volle ungebrochene Bewußtsein kommen, das sich willentlich zwischen der astralen und physischen Welt bewegt. Die Brücke wird geschlagen werden, die es der Erinnerung gestattet, ohne Anstrengung von der einen zur anderen Welt hinüberzugehen, so daß der Mensch, der von seiner Tätigkeit in der astralen Welt zurückkehrt, ohne einen Augenblick das Bewußtsein zu verlieren, seine physische Kleidung wieder anlegt.

Dies ist mit voller Sicherheit für alle bereit, die das Leben des Dienens wählen. Sie werden eines Tages dieses ungebrochene Bewußtsein erwerben. Dann wird für sie das Leben nicht länger aus Tagen des Erinnerns und Nächten des Vergessens bestehen, sondern es wird ein zusammenhängendes Ganzes sein. Der Körper wird beiseite gelegt, damit er die ihm nötige Ruhe genieße, während der Mensch selbst seinen Astralkörper benutzt, um sein Werk in der astralen Welt zu tun. Dann können sie ihr Denken ungebrochen erhalten, sie werden sich dessen bewußt sein, wenn sie den physischen Körper verlassen, wenn sie fern von ihm leben und wenn sie zurückkehren und wieder in ihn hineinschlüpfen. So werden sie Woche für Woche, Jahr für Jahr das ununterbrochene, ungeschwächte Bewußtsein aufrecht erhalten, das die absolute Gewißheit der Existenz des individuellen Selbstes gibt: die Gewißheit der Tatsache, daß der Körper nur eine Kleidung ist, die sie tragen und je nach Wunsch an- und ablegen, und nicht ein notwendiges Werkzeug für das Denken und das Leben. Sie werden erfahren, daß, weit entfernt davon, daß er zu beidem notwendig sei, das Leben vielmehr ohne ihn weit tatkräftiger, das Denken weit ungehinderter ist.

Ist diese Stufe erreicht, dann fängt der Mensch an, die Welt und sein eigenes Leben in ihr weit besser als vorher zu verstehen; dann beginnt er, weit mehr von dem, was vor ihm liegt, mehr von den Möglichkeiten der höheren Menschlichkeit zu erschauen. Langsam erkennt er, daß so, wie ein Mensch zuerst physisches und dann astrales Bewußtsein erwirbt, sich über ihm andere und weit höhere Gebiete des Bewußtseins auftun und daß er eins nach dem andern sich aneignen und dadurch auf erhabeneren Ebenen tätig werden und durch weitere Welten streifen, umfassendere Kräfte ausüben kann, und dies alles als Diener der Heiligen zum Nutzen und zum Besten der Menschheit.

Dann fängt das physische Leben an, in ein richtiges Verhältnis zu rücken, und kein Vorkommnis in der physischen Welt kann ihn so beeinflussen wie früher, als er das vollere, das reichere Leben noch nicht kannte. Auch der Tod kann ihm nichts antun, weder ihm selbst, noch in Bezug auf die, welchen er zu helfen wünscht. Das Erdenleben nimmt seinen wahren Platz ein als der kleinste Teil der menschlichen Wirksamkeit, und es kann nie wieder so dunkel werden wie es war, denn das Licht der höheren Regionen scheint herab bis in seine dunkelsten Winkel.

Wenden wir uns nun von dem Studium der Funktionen und Fähigkeiten des Astralkörpers zu der Betrachtung gewisser, mit ihm verbundener Phänomene. Er kann sich anderen Menschen getrennt vom physischen Körper zeigen, sowohl während als auch nach dem Erdenleben. Jemand, der seinen Astralkörper vollkommen meistert, kann selbstverständlich den physischen jeden Augenblick verlassen und zu einem entfernten Freunde gehen. Wenn die so besuchte Person hellsehend ist, d.h. das astrale Sehen entwickelt hat, so kann sie des Freundes Astralkörper erblicken; wenn nicht, so kann der Besuchende leicht seine Hülle dadurch verdichten, daß er aus der Atmosphäre Teilchen physischer Materie heranzieht und sich so genügend „materialisiert", um sich für physische Augen sichtbar zu machen. Dies ist die Erklärung vieler Erscheinungen von fernen Freunden; Phänomene, die viel gewöhnlicher sind, als die meisten Leute glauben, da furchtsame Menschen darüber schweigen, weil sie fürchten, wegen Aberglaubens ausgelacht zu werden. Glücklicherweise nimmt die Furcht ab. Wenn die Leute den Mut und Verstand haben würden zu sagen, was sie als wahr und wirklich erfahren haben, würden wir bald eine große Menge Beweise für die Erscheinungen von Menschen haben, deren physischer Körper sich weit entfernt von den Orten befindet, wo sich ihr Astralkörper zeigt.

Dieser Körper kann unter Umständen von Personen gesehen werden, die für gewöhnlich des astralen Sehens nicht fähig sind, ohne daß eine Materialisation erfolgen muß. Wenn das Nervensystem einer Person überanstrengt und der physische Körper bei schwacher Gesundheit ist, so daß der Lebenspuls schwächer schlägt als gewöhnlich, kann die Nerventätigkeit, die so sehr vom ätherischen Doppelgänger abhängig ist, abnorm aufgestachelt werden, und unter solchen Verhältnissen kann der Mensch vorübergehend hellsehend werden. Eine Mutter z. B., die ihren Sohn in fremden Landen gefährlich krank weiß und die vor Angst um ihn außer sich ist, kann so für astrale Schwingungen empfänglich werden, besonders in den Stunden der Nacht, wo die Vitalität am schwächsten ist. Wenn unter diesen Bedingungen der Sohn an sie denkt und sein physischer Körper bewußtlos ist, so daß er ihm gestattet, die Mutter astral zu besuchen, dann wird sie in der Lage sein, ihn zu sehen.

Häufiger kommt ein solcher Besuch vor, wenn der Mensch im Tode gerade den physischen Körper abgeworfen hat. Diese Erscheinungen sind keineswegs ungewöhnlich, besonders wenn der Sterbende den starken Wunsch hegt, zu jemand hinzugelangen, an den er durch Zuneigung gefesselt ist oder dem er eine spezielle Angelegenheit mitzuteilen wünscht, und gestorben ist, ohne seine Absicht ausgeführt zu haben.

Wenn wir den Astralkörper n a c h d e m T o d e weiter verfolgen, wenn der ätherische sowohl als der dichtere Körper abgeworfen ist, bemerken wir eine Veränderung in seinem Aussehen. Während der Verbindung mit dem physischen Körper ist die astrale Materie der verschiedenen Aggregatzustände vermischt, die dichtere und feinere durchdringen einander. Aber nach dem Tode findet eine neue Anordnung statt, die Partikel der verschiedenen Aggregatzustände trennen sich voneinander, sortieren sich sozusagen nach ihrer verschiedenen Dichtigkeit, wodureh der Astralkörper einen geschichteten Charakter bekommt, zu einer Reihe konzentrischer Schalen wird, von welchen die dichteste sich an der Außenseite befindet.

Hier treffen wir wieder auf die Wichtigkeit, den Astralkörper während des Erdenlebens zu reinigen; denn wir finden, daß er nach dem Tode die astrale Welt nicht nach Wunsch durchstreifen kann. Diese Welt hat ihre sieben Unterebenen, und der Mensch ist an die Unterebene gebunden, zu der seine äußerste Schale gehört. Wenn die äußerste Umhüllung sich auflöst, erhebt er sich in die nächste Unterebene, und so fort von einer zur andern.

Ein Mensch von sehr niedriger und tierischer Gesinnung wird in seinem Astralkörper viel von der gröbsten und dichtesten Art der Astralmaterie besitzen. Daher wird dieser ihn auf der niedrigsten Stufe von Kâmoloka zurückhalten. So lange, bis diese Schale sich zum größten Teil aufgelöst hat, muß der Mensch in dieser Region der astralen Welt gefangen bleiben und die Plagen dieser höchst unerwünschten Örtlichkeit erdulden. Wenn diese äußerste Schale soweit zerfallen ist, um das Entfliehen zu gestatten, geht der Mensch zur nächsten Stufe der Astralwelt über, oder vielleicht ist es richtiger und genauer zu sagen, er wird befähigt, in Berührung mit den Schwingungen der nächsten Unterebene der astralen Materie zu kommen, so daß es ihm scheint, er sei in einer anderen Region. Dort bleibt er, bis die Schale der sechsten Unterebene sich verbraucht hat und ihm den Übertritt zur fünften erlaubt, wobei die Dauer seines Aufenthalts auf jeder Unterebene sich nach der Stärke derjenigen Teile seines Astralkörpers richtet, die dieser Unterebene entsprechen. Je größer also die Menge der gröberen Arten der Materie, desto länger der Aufenthalt auf den niederen Kâmaloka-Stufen; je mehr wir von diesen Elementen hier los werden können, desto kürzer wird die Verzögerung jenseits des Todes sein.

Selbst da, wo die gröbere Materie nicht vollständig entfernt ist – es ist ein langer und schwieriger Prozeß zu dieser vollständigen Ausmerzung nötig –, kann das Bewußtsein während des Erdenlebens von den niederen Leidenschaften so vollständig abgezogen werden, daß die Materie, durch welche sie Ausdruck finden könnten, aufhört, praktisch als Träger des Bewußtseins zu funktionieren – und dadurch verkümmert, um einen physischen Vergleich heranzuziehen. In solchem Fall wird der Mensch zwar eine kurze

Zeit auf den niederen Stufen zurückgehalten, aber er wird währenddessen friedvoll schlafen und keine der unangenehmen Begleiterscheinungen empfinden. Da sein Bewußtsein aufgehört hat, durch solcher Art Materie Ausdruck zu suchen, wird es sich nicht durch sie nach außen wenden, um mit Gegenständen in der astralen Welt in Berührung zu kommen, die sich aus ihr zusammensetzen.

Der Durchgang eines Menschen durch Kâmaloka, der den Astralkörper so gereinigt hat, daß er in ihm nur die reinsten und feinsten Elemente jeder Unterebene zurückbehalten hat, – solche, die sofort in die nächsthöhere Unterebene übergehen, wenn man sie um eine weitere Stufe heben würde – erfolgt tatsächlich sehr rasch. Es gibt einen Punkt zwischen je zwei Aggregatzuständen der Materie, der als k r i t i s c h e r P u n k t bekannt ist. Eis kann so bis zu einem Punkt gehoben werden, bei dem die geringste Erhöhung der Wärme es in den flüssigen Zustand überführt; Wasser kann zu einem Punkt erhoben werden, bei welchem die nächste Erhöhung es in Dampf verwandelt. So kann jeder Aggregatzustand der Astralmaterie zu einem Punkt der Freiheit gebracht werden, an dem jede hinzukommende Verfeinerung ihn in den nächsten Aggregatzustand überführt. Wenn dies bei jedem Aggregatzustand der Materie im Astralkörper geschehen ist, wenn sie bis zum höchstmöglichen Grad der Zartheit gereinigt ist, dann wird der Durchgang durch Kâmaloka von unbegreiflicher Geschwindigkeit sein, und der Mensch wird ihn auf seinem Fluge in erhabenere Sphären ungehemmt blitzartig durcheilen.

Noch eine andere wichtige Sache gibt es in Verbindung mit der Reinigung des Astralkörpers durch physische und geistige Prozesse. Das ist die Wirkung solcher Reinigung auf den neuen Astralkörper, der zur gegebenen Zeit zum Gebrauch in der nächstfolgenden Wiederverkörperung gebildet werden wird. Wenn der Mensch aus Kâmaloka ins Devachan übergeht, kann er keine Gedankenformen üblen Charakters dorthin mit sich nehmen. Astralmaterie kann auf der Devachanebene nicht existieren, und Devachan-Materie kann auf die rohen Schwingungen von schlechten Leidenschaften und Begierden nicht reagieren. Infolgedessen sind alles, was der Mensch mitbringen kann, wenn er schließlich die Überbleibsel des Astralkörpers abschüttelt, die latenten Keime oder Neigungen, die sich als böse Gedanken und Leidenschaften in der astralen Welt manifestieren können, wenn sie geeignete Nahrung und Gelegenheit finden. Diese Keime und Neigungen aber nimmt er mit, und sie bleiben während der ganzen Zeit seines Devachanlebens latent. Wenn er zu neuer Geburt zurückkehrt, so bringt er diese mit sich zurück und wirft sie nach außen. Sie ziehen durch eine Art magnetische Affinität aus der astralen Welt die entsprechende Materie zu ihrer Manifestation an sich und kleiden sich in astrale Materie, die ihrer eigenen Natur ähnlich ist, und bilden so Teile des Astralkörpers des betreffenden Menschen für die bevorstehende Verkörperung.

So leben wir nicht nur jetzt in einem Astralkörper, sondern wir gestalten auch den Charakter des Astralkörpers, der bei der nächsten Geburt der unsere sein wird. Ein Grund mehr, den jetzigen aufs äußerste zu reinigen und unsere jetzige Kenntnis zur Sicherung des zukünftigen Fortschritts zu benutzen. Denn alle unsere Leben sind miteinander verbunden und keins von ihnen kann herausgelöst werden, weder von denen, die hinter uns sind, noch von denen, die vor uns liegen. In Wirklichkeit haben wir nur ein Leben, innerhalb dessen das, was wir Leben nennen, eigentlich nur Tage sind. Wir beginnen nie ein neues Leben mit einem reinen Blatt, um darauf eine ganz neue Geschichte zu schreiben; wir beginnen nur ein neues Kapitel, das die alte Handlung weiter entwickeln muß. Wir können von karmischen Verpflichtungen eines vorangegangen Lebens ebensowenig dadurch loskommen, daß wir den Tod durchmachen, wie wir von den pekuniären Verpflichtungen, die wir an einem Tage eingegangen sind, dadurch loskommen können, daß wir eine Nacht schlafen. Wenn wir heute eine Schuld eingehen, so sind wir morgen nicht frei davon, sondern die Forderung wird so lange präsentiert, bis sie bezahlt ist. Das Leben des Menschen ist fortlaufend und ununterbrochen; die Erdenleben sind aneinandergekettet, sie sind nicht isoliert.

Der Prozeß der Reinigung und Entwicklung ist auch fortlaufend und muß durch viele aufeinanderfolgende Erdenleben hindurch weitergeführt werden. Früher und später muß jeder von uns einmal die Arbeit beginnen, früher oder später wird jeder einmal den Freuden niederer Natur überdrüssig, überdrüssig der Unterwerfung unter das Tier, überdrüssig der Tyrannei der Sinne. Dann wird der Mensch nicht länger mit dem Zwange einverstanden sein, er wird sich entschließen, die Fesseln der Knechtschaft zu sprengen. Weshalb sollten wir denn unsere Knechtschaft verlängern, wenn es in unserer Macht steht, sie in jedem Augenblick zu brechen? Keine Hand kann uns binden außer unsrer eigenen, und keine Hand kann uns frei machen außer unsrer eigenen.

Wir haben das Recht der Wahl, die Freiheit des Willens. Da wir doch eines Tages in der höheren Welt alle zusammenstehen werden, weshalb sollten wir nicht sofort beginnen, unsere Fesseln zu brechen und unser göttliches Recht zu fordern? Der Anfang des Rüttelns an den Ketten, des Erringens der Freiheit ist der Augenblick, in dem ein Mensch beschließt, daß er die niedere Natur zum Diener der höheren machen will, daß er hier auf der Ebene des physischen Bewußtseins anfangen will, die höheren Körper auszubilden, und versuchen will, jene höheren Möglichkeiten zu verwirklichen, die nach göttlichem Recht die seinen sind und nur durch das Tier, in dem er lebt, verdunkelt werden.

III. Die Verstandeskörper

Wir haben nun ziemlich eingehend den physischen und den astralen Körper des Menschen untersucht. Wir haben gesehen, wie der physische mit seinem sichtbaren und seinem unsichtbaren Teil auf der physischen Ebene wirkt. Wir haben die verschiedenen Richtungen seiner Tätigkeit verfolgt, die Natur seines Wachstums untersucht und uns mit seiner allmählichen Reinigung befaßt. Dann haben wir den Astralkörper in ähnlicher Weise betrachtet, sein Wachstum und seine Funktionen gezeigt, die Phänomene behandelt, die mit dessen Betätigung auf der astralen Ebene zusammenhängen, und ebenso dessen Reinigung. So haben wir eine Vorstellung von der menschlichen Tätigkeit auf zweien von den sieben großen Ebenen unseres Universums gewonnen.

Hiernach können wir nun zu der dritten großen Ebene übergehen, zu der Welt des Verstandes. Wenn wir auch in diese etwas nähere Einsicht erlangt haben, so werden wir die physische, die astrale und die mentale Welt kennen gelernt haben, unsern Erdball und die zwei ihn umgebenden Sphären, also eine dreifache Region, in welcher der Mensch sich sowohl während seiner irdischen Verkörperungen betätigt, wie auch während der Perioden zwischen dem Tode, welcher ein Erdenleben abschließt, und der Geburt, welche ein anderes eröffnet.

Diese drei konzentrischen Sphären sind des Menschen Schulhaus und Königreich. In diesen bewirkt er seine Entwicklung, in diesen führt er seine evolutionäre Pilgerfahrt aus. Über diese hinaus kann er mit Bewußtsein nicht schreiten, solange nicht das Tor der Einweihungen sich vor ihm geöffnet hat, denn aus diesen drei Welten hinaus gibt es keinen andern Weg.

Dieses dritte Reich, welches ich die Verstandeswelt genannt habe, begreift dasjenige in sich, was den Theosophen unter dem Namen Devachan oder Devaloka vertraut ist, das Land der Götter, das glückliche oder das gesegnete Land, wie manche es übersetzen. Devachan trägt diesen Namen wegen seiner Natur, seiner Beschaffenheit, da auf diese Welt nichts störend einwirkt, was Pein und Schmerz verursachen könnte. Devachan ist ein besonders behüteter Zustand, in welchen einzutreten positivem Übel nicht gestattet ist, der selige Ruheplatz des Menschen, wo er in vollem Frieden die Früchte seines physischen Lebens assimiliert.

Es wird zweckmäßig sein, vorerst einige Worte der Erklärung über Verstandeswelt als Ganzes zu sagen, um Verwirrungen zu vermeiden. Während sie, wie die anderen Regionen, in sieben Stufen geteilt ist, hat sie die Eigenart, daß diese sieben in zwei Gruppen zerfallen, eine zu drei, die andere zu vier Stufen. Die drei oberen Unterabteilungen werden wegen ihrer äußersten Zartheit mit dem technischen Ausdruck arûpa, oder körperlos, bezeichnet, während die vier niedrigen rûpa, oder körperhaft, genannt werden.

Der Mensch hat daher zwei Träger des Bewußtseins, in welchen er auf diesen Ebenen funktioniert, auf welche beide der Name Verstandeskörper anwendbar ist. Es möge uns jedoch gestattet sein, dem niedrigeren von den beiden, mit welchem wir uns zuerst beschäftigen, allein den ausschließlichen Gebrauch dieses Namens vorzubehalten, solange bis ein besserer Name für ihn gefunden wird, denn der höhere ist bekannt als der Kausalkörper, aus Gründen, welche später klar gemacht werden sollen. Studierenden werden die Unterschiede zwischen dem höheren und dem niederen Manas bekannt sein. Der Kausalkörper ist der des höheren Manas, der bleibende Körper des Ego, des eigentlichen Menschen, der Leben nach Leben immer derselbe ist. Der Verstandes- oder Mentalkörper ist der des niederen Manas, der nach dem Tode andauert und ins Devachan übergeht, der sich aber auflöst, wenn das Leben auf den Rûpastufen von Devachan vorüber ist.

1. Der Verstandes- oder Mentalkörper

Dieser Träger des Bewußtseins gehört zu den vier niederen Stufen von Devachan und ist aus der Materie derselben geformt. Wenn er auch im besonderen der Träger des Bewußtseins für diesen Teil der Mentalebene ist, so wirkt er doch auch auf und durch den astralen und physischen Körper bei allen den Betätigungen, die wir in unserm gewöhnlichen Wachbewußtsein Betätigungen des Verstandes nennen. In einem unentwickelten Menschen kann er während seines irdischen Lebens tatsächlich allein auf seiner eigenen Ebene nicht als ein unabhängiges Werkzeug des Bewußtseins funktionieren, sondern wenn ein solcher Mensch seine mentalen Fähigkeiten ausübt, müssen sie sich in astrale und materielle Materie kleiden, ehe er ihrer Tätigkeit bewußt werden kann. Der Verstandeskörper ist das Werkzeug des Ego, des Denkers, für die ganze Tätigkeit des vernünftigen Urteilens, aber in seiner frühen Zeit ist er schwach organisiert und ziemlich rudimentär und hilflos, geradeso wie der Astralkörper des unentwickelten Menschen.

Der Stoff, aus dem der Denkkörper besteht, ist außerordentlich fein und zart. Wir haben schon gesehen, daß die Astralmaterie sehr viel weniger dicht ist als selbst der Äther der physischen Ebene. Jetzt müssen wir unsern Begriff von Materie noch mehr erweitern, und zwar so weit, daß wir die Vorstellung auf eine Substanz ausdehnen, welche für den astralen Blick ebenso unsichtbar ist wie für den physischen und viel zu zart, um selbst von den „inneren“ Sinnen des Menschen erfaßt zu werden. Diese Materie gehört zu der fünften Ebene unseres Universums, wenn wir nach unten, oder der dritten, wenn wir aufwärts zählen. In dieser Materie manifestiert sich das Selbst als Intellekt, wie in der nächst niedrigeren (der astralen) als Empfindung.

Es besteht beim Verstandeskörper eine bezeichnende Eigentümlichkeit, wenn sein äußerer Teil sich in der menschlichen Aura zeigt. Er wächst und nimmt zu an Größe und Aktivität von einer Verkörperung zur andern im Gleichklang mit dem Wachsen und der Entwickelung des Menschen selbst.

Dies ist eine Eigentümlichkeit, an die wir bisher nicht gewöhnt waren. Ein physischer Körper wird in jeder Verkörperung neu aufgebaut, verschieden nach Nationalität und Geschlecht, aber wir können ihn uns seit den Tagen von Atlantis in ziemlich derselben Größe vorstellen. Im Astralkörper fanden wir eine Steigerung des Grades seiner Organisation mit dem Fortschritt des Menschen. Aber der Verstandeskörper wächst buchstäblich an Größe mit der fortschreitenden Entwicklung des Menschen.

Wenn wir einen sehr unentwickelten Menschen betrachten, so werden wir finden, daß der Verstandeskörper kaum zu erkennen ist, daß er so wenig entwickelt ist, daß eine gewisse Sorgfalt nötig ist, ihn überhaupt zu finden. Prüft man einen vorgeschritteneren Menschen, einen, der zwar noch nicht spirituell ist, aber doch die Fähigkeiten des Verstandes entwickelt hat, der den Intellekt geschult und entfaltet hat, dann wird man finden, daß der Verstandeskörper schon eine sehr bestimmte Entwicklung erreicht hat und daß er eine Organisation zeigt, die ihn als Arbeitswerkzeug erkennen läßt. Er ist ein klar und bestimmt konstruiertes Ding, schön in Material und Farbe, fortwährend mit ungeheurer Aktivität vibrierend, voll Leben, voll Kraft, der Ausdruck des Intellekts in der mentalen Welt.

Was seine Natur betrifft, so besteht er aus dieser zarten Materie; was seine Funktion betrifft, so ist er das unmittelbare Werkzeug, durch das sich das Selbst als Intellekt kundgibt; was sein Wachstum betrifft, so wächst er Leben auf Leben im Verhältnis zur intellektuellen Entwicklung, und er wird gleichzeitig immer bestimmter organisiert, da die Gaben und Eigenschaften des Verstandes sich klarer und klarer kundgeben. Er wird nicht wie der Astralkörper zu einer deutlichen Darstellung der Gestalt und der

Züge des Menschen, wenn er mit dem Astralkörper und dem physischen Körper zusammenarbeitet; er ist oval (eiförmig) von Gestalt, durchdringt natürlich den physischen und astralen Körper und umgibt diese beiden mit seiner strahlenden Atmosphäre, wenn er sich entwickelt, wie gesagt, größer und größer wird, wenn die Entwicklung des Intellekts voranschreitet.

Es ist nicht nötig hervorzuheben, daß diese eiförmige Gestalt zu einem sehr schönen und strahlenden Anblick wird, wenn der Mensch höhere Fähigkeiten des Intellekts entwickelt hat. Sie ist dem astralen Schauen nicht sichtbar, aber klar erkennbar dem höheren Blick, welcher der Mentalwelt angehört. Geradeso wie der gewöhnliche Mensch in der physischen Welt nichts von der astralen Welt sieht, obwohl er mitten in ihr lebt, bis die astralen Sinne ihm geöffnet sind, so wird der Mensch, in welchem nur die physischen und astralen Sinne tätig sind, nichts von der Mentalwelt sehen oder von den Formen, die aus ihrer Materie bestehen, bis die mentalen Sinne geöffnet sind, obwohl diese Welt uns auf allen Seiten umgibt.

Diese feineren Sinne, die Sinne, die der Mentalwelt angehören, unterscheiden sich sehr von den Sinnen, mit denen wir hier vertraut sind. Schon das Wort Sinne ist tatsächlich eine unrichtige Bezeichnung; wir sollten eher sagen: der mentale S i n n. Der Verstand kommt sozusagen auf seiner ganzen Oberfläche mit Dingen seiner eigenen Welt in Berührung. Es gibt da keine eigenen Organe zum Sehen, Hören, Schmecken, Riechen und Tasten. Alle die Schwingungen, die wir hier durch besondere Sinnesorgane entgegennehmen müssen, rufen in jener Region all diese Merkmale auf einmal hervor, sobald sie mit dem Verstand in Berührung kommen. Der Verstandeskörper nimmt sie alle zur gleichen Zeit entgegen, und alles, was überhaupt befähigt ist, einen Eindruck auf ihn zu machen, wird ihm sozusagen überall zugleich bewußt.

Es ist nicht leicht, in Worten eine klare Vorstellung von der Art und Weise zu geben, auf welche dieser Sinn eine Menge von Eindrücken ohne Verwirrung empfängt. Man kann es vielleicht am besten beschreiben, indem man sagt: Wenn ein geschulter Forscher sich in diese Region begibt und sich dort mit einem andern Forscher unterhält, so drückt sich der Verstand beim Sprechen zugleich durch Farbe, Ton und Form aus, so daß der vollständige Gedanke als farbiges und musikalisches Bild übertragen wird, anstatt daß nur einzelne Bruchteile von ihm gezeigt werden, wie es hier durch die Symbole geschieht, die wir Worte nennen.

Einige Leser haben vielleicht von alten Büchern vernommen, die von hohen Eingeweihten in Farbensprache geschrieben sind, der Sprache der Götter. Diese Sprache ist vielen Chelâs bekannt, und sie ist, soweit es Form und Farbe betrifft, der „Sprache" der Verstandeswelt entnommen, in der die Schwingungen eines einzelnen Gedankens Form, Farbe und Ton hervorrufen.

Die Sache liegt nicht so, daß der Verstand eine Farbe – oder einen Ton – oder eine Form denkt. Er denkt einen Gedanken, eine komplizierte Schwingung in feiner Materie, und dieser Gedanke drückt sich durch die hervorgerufenen Schwingungen in dieser vielfältigen Weise aus und bringt alle diese Wirkungen hervor. Die Materie der Gedankenwelt wird fortwährend in Schwingungen versetzt, deren Folge diese Farbe, diese Töne, diese Formen sind. Wenn ein Mensch im Verstandeskörper, losgetrennt vom astralen und physischen Körper, funktioniert, so findet er sich von den Beschränkungen der Sinnesorgane derselben vollständig befreit, an allen Punkten empfänglich für jede Schwingung, die ihm in der niederen Welt einzeln, getrennt, und jede verschieden von den übrigen, zum Bewußtsein kommen würde.

Wenn jedoch ein Mensch beim wachen Bewußtsein denkt und sich durch seinen astralen und physischen Körper betätigt, dann hat der Gedanke seinen Ursprung im Verstandeskörper, und er tritt von dort zuerst in den Astral- und dann in den physischen Körper über. Wenn wir denken, so denken wir vermittels unseres Verstandeskörpers. Er ist der Urheber des Denkens, das Bewußtsein, das sich als „Ich" ausdrückt. Das „Ich" ist illusorisch, aber es ist das einzige „Ich", das die meisten von uns kennen.

Als wir das Bewußtsein des physischen Körpers betrachteten, fanden wir, daß der Mensch sich nicht alles dessen bewußt wird, was im physischen Körper selbst vorgeht: daß er auf einen Teil von dessen Funktionen keinen Einfluß hat. daß es ihm nicht möglich ist zu denken, wie die winzigen einzelnen Zellen denken, daß er an dem Bewußtsein des Körpers als Ganzem nicht wirklich teilnimmt. Aber kommen wir zum Verstandeskörper, so kommen wir in einen Bereich, der so eng mit dem Menschen identifiziert ist, daß es der Mensch selbst zu sein scheint: „Ich denke", „Ich weiß". Können wir hinter dies noch weiter dringen? Der Verstand ist das „Selbst" im Verstandeskörper. Für die meisten von uns, die das Selbst zu erforschen trachten, scheint er das Endziel zu sein.

Aber das ist nur wahr, wenn wir auf das wache Bewußtsein beschränkt sind. Jeder, der erfahren hat, daß das wache Bewußtsein, wie die Empfindungen des Astralkörpers, nur eine Station der Reise sind, auf der wir das Selbst suchen, und wer ferner gelernt hat, darüber hinauszugehen, wird gewahr, daß auch der Verstandeskörper nur ein Werkzeug des wirklichen Menschen ist. Die meisten von uns können jedoch, wie gesagt, in ihrer Vorstellung den Menschen nicht von seinem Denkkörper trennen. Ihnen scheint er sein höchster Ausdruck zu sein, sein höchster Träger, das höchste Selbst, das sie nur irgend erreichen oder sich vorstellen können. Dies ist umso natürlicher und unausbleiblicher, als das Individium, der Mensch, auf dieser Stufe der Evolution eben anfängt, diesen Körper zu beleben und ihn in überragende Tätigkeit zu versetzen. Er hat in der Vergangenheit den physischen Körper als Träger des Bewußtseins belebt, und er benützt ihn gegenwärtig mit Selbstverständlichkeit. Bei den zurückgebliebeneren Teilen der menschlichen Rasse belebt er jetzt den Astralkörper, aber bei einer großen Zahl von Menschen ist diese Arbeit zumindest zum Teil schon vollbracht. In dieser fünften Rasse arbeitet der Mensch am Verstandeskörper, und die spezielle Aufgabe, der sich die Menschheit jetzt widmen sollte, ist die Ausbildung, die Entwicklung dieses Körpers.

Es ist daher für uns sehr wichtig zu verstehen, wie der Verstandeskörper gebaut ist und wie er wächst. Er wächst durch Denken. Unsere Gedanken sind das Material, das wir in diesen Verstandeskörper hineinbauen. Durch die Übung unserer mentalen Fähigkeiten, durch die Entwicklung unserer künstlerischen Kräfte und unserer höheren Gefühle bauen wir buchstäblich unseren Verstandeskörper aus, Tag für Tag, Monat für Monat, Jahr für Jahr unseres Lebens. Wenn man seine intellektuellen Anlagen nicht übt, wenn man in bezug auf Gedanken nur ein Aufnahmebehälter und kein Schöpfer ist, wenn man fortwährend nur von außen empfängt, anstatt von innen zu gestalten, wenn während des ganzen Lebens die Gedanken anderer Leute den Verstand erfüllen, wenn dies alles ist, was man von Gedanken und vom Denken kennt, dann kann der Verstandeskörper nicht wachsen, dann kehrt der Mensch Leben um Leben ebenso heim, wie er hinausgegangen ist, Leben um Leben bleibt er ein unentwickeltes Individuum. Denn nur durch die Übung des Verstandes selbst, durch den schöpferischen Gebrauch seiner Fähigkeiten, durch ihre Anwendung, durch Arbeiten mit ihnen, durch fortwährende Betätigung derselben – nur hierdurch kann der Verstandeskörper vorankommen und kann die wahre menschliche Entwicklung vorwärtsschreiten.

In demselben Augenblick, in welchem man dies einsieht, wird man wahrscheinlich versuchen, das allgemeine Verhalten seines Bewußtseins im täglichen Leben zu ändern. Man wird anfangen, seine Tätigkeit zu beobachten, und sobald man dies tut, wird man merken, daß, wie eben erwähnt, ein großer Teil des Denkens gar nicht e i g e n e s Denken ist, sondern nur die Aufnahme von Gedanken anderer Leute; Gedanken von denen man nicht weiß, woher sie kommen; Gedanken, die sich einstellen, man weiß nicht, wie; Gedanken, welche wieder verschwinden, man weiß nicht, wohin. Man wird dann empfinden, wahrscheinlich mit Kummer und Enttäuschung, daß der eigene Verstand, anstatt hochentwickelt zu sein, kaum mehr ist als ein Ort, durch den Gedanken ziehen. Man prüfe sich und sehe, wieviel von dem Inhalt des Bewußtseins eigenes ist und wieviel davon aus Beiträgen von außen besteht. Man halte plötzlich dann und wann während des Tages den Geist an und sehe, woran man denkt. Bei einem solchen plötzlichen Halt wird man wahrscheinlich finden, entweder daß man an gar nichts denkt – eine sehr gewöhnliche Erfahrung – oder daß man so unbestimmt denkt, daß es nur einen sehr schwachen Einfluß auf all das ausüben kann, was man wagen kann, seinen Verstand zu nennen. Wenn man das viele Male versucht hat und dadurch mehr seiner selbst bewußt geworden ist als vorher, dann fange man an, die Gedanken anzusehen, die man in seinem Intellekt antrifft, und man untersuche, welcher Unterschied in dem Zustand bei ihrem Eintritt in diesen Intellekt und bei ihrem Austritt besteht, was man während ihres Aufenthaltes hinzugefügt hat.

Auf diesem Wege wird der Verstandeskörper wirklich aktiv werden und seine schöpferische Kraft ausüben, und wenn man klug ist, wird man etwa folgende Methode anwenden: Zuerst wird man die Gedanken auswählen, denen man gestatten will, überhaupt zu verweilen. Jedesmal, wenn man in seinem Verstand einen Gedanken findet, den man für gut hält, wird man ihm nachhängen, ihn nähren, ihn verstärken, versuchen, mehr in ihn hineinzulegen, als zuerst in ihm war, und ihn dann als einen wohltätigen Faktor in die Astralwelt aussenden. Wenn man im Intellekt aber einen Gedanken findet, der schlecht scheint, so wird man ihn mit aller erdenklichen Geschwindigkeit hinaustun. Wenn man so alle guten und nützlichen Gedanken bewillkommnet und den üblen Gedanken den Eintritt verweigert, wird man bald finden, daß folgendes Resultat entritt: daß mehr und mehr gute Gedanken von außen einfließen werden und immer weniger üble Gedanken. Die Folge des Erfüllens des Intellekts mit guten und nützlichen Gedanken wird die sein, daß er wie ein Magnet auf alle ähnlichen Gedanken in der Umgebung wirkt. Wenn man sich weigert, bösen Gedanken irgendwelchen Aufenthalt zu gewähren, dann werden solche, die sich nähern sollten, durch eine automatische Tätigkeit des Verstandes selbst zurückgewiesen. Der Verstandeskörpers wird die Eigentümlichkeit annehmen, alle guten Gedanken von der umgebenden Atmosphäre anzuziehen und alle üblen Gedanken abzustoßen, und er wird auf die guten wirken, sie aktiver machen und so fortwährend eine Masse mentalen Materials sammeln, das seinen Inhalt bilden und Jahr um Jahr zunehmen wird.

Wenn die Zeit kommt, wo der Mensch den astralen und physischen Körper schließlich abschüttelt und in die Gedankenwelt hinübergeht, wird er dieses ganze aufgesammelte Material mit sich tragen, er wird den Inhalt seines Bewußtseins in die Region mitnehmen, zu der dieses eigentlich gehört. Er wird sein Leben im Devachan dazu benutzen, den ganzen Vorrat an Material, welchen er geborgen hat, in Fähigkeiten und Kräfte umzuarbeiten.

Am Ende der Devachanperiode wird der Verstandeskörper dem dauernden Kausalkörper die so gewonnenen Charakterzüge überantworten, damit sie auf die nächste Verkörperung übertragen werden. Diese Fähigkeiten werden sich, wenn der Mensch zurückkehrt, in die Materie der Rupâebenen der Mentalwelt kleiden und damit den höher organisierten und entwickelten Verstandeskörper für das kommende Erdenleben bilden, und sie werden sich durch Vermittlung des astralen und physischen Körpers als „angeborene Fähigkeiten" zeigen, die das Kind „mit auf die Welt bringt".

Während des gegenwärtigen Lebens sammeln wir Material in der Weise, wie ich es skizziert habe. Während des Devachanlebens verarbeiten wir dieses Material, indem wir die einzelnen Gedankenanstrengungen in Denkkraft und intellektuelle Anlagen verwandeln. Das ist die großartige Verwandlung, die während des Lebens im Devachan vor sich geht. Da diese durch den Gebrauch, den wir vom Erdenleben gemacht haben, begrenzt ist, so tun wir gut, hier keine Anstrengung zu sparen. Der Verstandeskörper der nächsten Verkörperung hängt von der Arbeit ab, die wir in dem Verstandeskörper der jetzigen geleistet haben. Hieraus ergibt sich, wie unermeßlich wichtig es für die Entwicklung des Menschen ist, welchen Gebrauch er jetzt von seinem Verstandeskörper macht. Er bestimmt die Tätigkeit im Devachan, und indem er diese Tätigkeit bestimmt, bestimmt er die intellektuellen Eigenschaften, mit denen der Mensch das nächste Mal auf die Erde zurückkehrt. Wir können nicht ein Leben vom anderen isolieren oder durch Wunder etwas aus nichts schaffen. Karma bringt die Ernte je nach dem, was wir gesät haben, kümmerlich oder reichlich ist der Ertrag, je nach der Aussaat und Beackerung.

Die oben erwähnte automatische Tätigkeit des Verstandeskörpers wird vielleicht verständlicher, wenn wir die Natur des Materials betrachten, das er zu seinem Aufbau heranzieht. Der Universalintellekt, welchem er seiner innersten Natur nach angehört, ist in seinem materiellen Aspekt das Vorratshaus, aus dem er dieses Material bezieht. Darin gehen alle Arten von Schwingungen vor sich, verschieden in Eigenart und Stärke je nach den jeweiligen Kombinationen. Der Verstandeskörper zieht automatisch aus dem Vorratshaus Materie an sich, welche die schon vorhandenen Kombinationen aufrechterhalten kann, denn es findet im Verstandeskörper eine fortwährende Auswechslung von Teilchen statt ebenso wie im physischen, und der Platz der austretenden wird von ähnlichen eintretenden Teilchen eingenommen.

Findet der Mensch, daß er böse Neigungen hat, und macht er sich daran, sie zu bekämpfen, so ruft er eine neue Reihe von Schwingungen hervor, und der Verstandeskörper, der so zusammengesetzt ist, daß er den früheren

Schwingungen entspricht, widerstrebt dann den neuen, und es entsteht Kampf und damit Leid. Aber schrittweise, wie die älteren Partikel ausgeworfen und durch andere ersetzt werden, die den neuen Schwingungen entsprechen – Partikel, die eben vermöge dieser Reaktionsfähigkeiten von außen angezogen wurden –, ändert er seinen Charakter, er ändert tatsächlich sein Material, und seine Schwingungen werden abstoßend gegen das Böse und anziehend gegen das Gute. Daher die große Schwierigkeit der ersten Anstrengungen, da ihnen die alte Gestaltung des Verstandeskörpers entgegensteht und diese sie bekämpft. Daher die wachsende Leichtigkeit, richtig zu denken, wenn die frühere Gestaltung sich ändert, und endlich die Spontaneität und das Vergnügen der neuen Tätigkeit.

Ein anderer Weg, das Wachsen des Verstandeskörpers zu fördern, ist die Übung der Konzentration, das will sagen, das Fixieren des Denkens und das Festhalten desselben auf einem Punkt, den Gedanken nicht erlauben, umherzuschweifen oder zu wandern.

Wir sollten uns schulen im stetigen und folgerichtigen Denken und unserm Intellekt nicht erlauben, plötzlich von einem Gegenstand zum andern zu springen, noch seine Kraft auf eine Unzahl unwesentlicher Gedanken zu zersplittern. Es ist eine gute Übung beim Nachdenken, eine konsequente Linie zu verfolgen, in welcher ein Gedanke auf natürliche Weise aus den vorhergehenden entspringt, und so in uns selbst die intellektuellen Eigenschaften zu entwickeln, welche unsere Gedanken folgerichtig und essentiell vernünftig machen. Denn wenn der Verstand so arbeitet und ein Gedanke dem andern Gedanken in bestimmter und ordnungsmäßiger Weise folgt, dann kräftigt er sich als Werkzeug, das zur Betätigung des wahren Selbst in der Gedankenwelt dient. Durch diese Entwicklung der Kraft zum konzentrierten und folgerichtigen Denken erhält der Denkkörper klarere und bestimmtere Umrisse. Er wächst in rasch zunehmendem Maße und zeigt Stetigkeit und Gleichgewicht, und unsere Anstrengungen machen sich durch den Fortschritt, der aus ihnen erwächst, gut bezahlt.

2. Der Kausalkörper

Lassen Sie uns nun zu dem zweiten Verstandeskörper übergehen, der unter seinem besonderen Namen Kausalkörper bekannt ist.

Dieser Name ist ihm gegeben, weil alle Ursachen in diesem Körper wohnen, welche sich auf den niederen Ebenen als Wirkungen kundgeben. Dieser Körper ist der „Körper des Manas“, der Formaspekt der Individualität, des eigentlichen Menschen. Er ist das Behältnis, das Lagerhaus, in welchem alle Schätze des Menschen für alle Ewigkeit angesammelt werden, und er nimmt zu in dem Maße, wie die niedere Natur ihm mehr und mehr an Dingen emporreicht, die würdig sind, bei seinem Aufbau verwandt zu werden. In den Kausalkörper wird alles das hineinverwoben, was Dauer hat, und in ihm sammeln sich die Keime aller Eigenschaften, die zur nächsten Verkörperung übertragen werden sollen. So hängen die niederen Manifestationen völlig von dem Wachstum und der Entwicklung dieses „Menschen" zusammen, „für welche die Stunde nimmer schlägt".

Er ist die Signatur für das Wachsen des Menschen, das Zeichen, wie weit seine Entwicklung gediehen ist. Kein großer und edler Gedanke, keine reine und erhabene Empfindung gehen verloren; alle werden als Material zu seinem Bau benutzt.

Nehmen wir das Leben eines gewöhnlichen Menschen und untersuchen wir, wieviel von diesem Leben zu Baumaterial des Kausalkörpers reifen wird, und stellen wir uns ihn bildlich als zartes Häutchen vor. Er muß gekräftigt werden, schöner in Farbe, lebhafter und aktiver, strahlender und glänzender; er muß wachsen an Größe, wenn der Mensch wächst und sich entwickelt. Auf einer niederen Stufe der Entwicklung zeigt der Mensch nicht viel intellektuelle Eigenschaften, sondern gibt mehr Leidenschaft, mehr Begierde kund. Er empfindet Erregungen, sucht solche und strebt daher nach derartigen Dingen.

Es ist, also ob das innere Leben des Menschen etwas von der feinen Materie ausstrahlte, aus der es zusammengesetzt ist, und daß der Verstandeskörper sich um diese herum ansammle und daß dieser Verstandeskörper dann in die astrale Welt vordringe und dort mit dem Astralkörper in Berührung komme und sich mit ihm verbinde, so daß sich eine Brücke bildet, auf der alles sich Eignende passieren kann. Der Mensch schickt seine Gedanken über diese Brücke in die Welt der Empfindungen, der Leidenschaften, des animalen Lebens, und die Gedanken mischen sich mit all diesen tierischen Leidenschaften und Erregungen. So wird der Verstandeskörper mit dem Astralkörper verstrickt, und sie hängen eng miteinander zusammen und sind schwer zu trennen, wenn die Zeit des Todes kommt.

Aber wenn der Mensch während des Lebens, das er in diesen niederen Regionen verbringt, einen selbslosen Gedanken hat, einen Gedanken des Dienstes für jemanden, den er liebt, oder wenn er irgendein Opfer bringt, um seinem Freunde zu nützen, dann hat er etwas ins Dasein gerufen, was dauern kann, etwas, das leben kann, etwas, das seiner Natur nach der höheren Welt angehört. Das kann nach oben zum Kausalkörper gelangen und in seine Substanz hineingearbeitet werden. Das macht diesen schöner und gibt ihm vielleicht den ersten Anstoß zu deutlicher Färbung.

Vielleicht gibt es während des ganzen Lebens eines Menschen nur wenige von diesen Dingen, welche fähig sind zu dauern und als Nahrung zu dienen für das Wachstum des eigentlichen Menschen. Daher ist dies Wachstum nur sehr langsam, denn sein ganzes übriges Leben hilft ihm nichts. Alle seine bösen, aus Unkenntnis entstandenen, durch Gewohnheit und Übung genährten Neigungen ziehen ihren Keim nach innen und werden latent, wenn der Astralkörper, der ihnen Zuflucht und Gestalt gab, in der astralen Welt sich auflöst. Sie werden nach innen in den Verstandeskörper gezogen und ruhen dort latent, da ihnen in der Devachanwelt die Materie zur Betätigung fehlt. Wenn der Verstandeskörper seinerseits vergeht, werden sie in den Kausalkörper hineingezogen und liegen dort ebenfalls latent, ihre Belebung ist vorübergehend unterbrochen. Sie werden wieder nach außen geworfen, wenn das Ego zum Erdenleben zurückkehrt, die Astralwelt erreicht, und sie erscheinen dort als aus der Vergangenheit mitgebrachte üble Anlagen wieder. So kann der Kausalkörper als das Lagerhaus sowohl des Bösen als auch des Guten bezeichnet werden, aber das Gute wird in seinen Bau eingearbeitet und unterstützt sein Wachstum, mit einer später beschriebenen Ausnahme, nur ein Keim bleibt.

Aber das Böse, das ein Mensch im Leben tut, fügt dem Kausalkörper, soferne er sein Denken mit hineinlegt, mehr Schaden zu, als bloß als Keim künftiger Sünde und künftigen Leids in ihm zu ruhen. Es ist nicht nur so, daß das Böse dem Wachstum des wahren Menschen nicht hilft, sondern wo es dauernd verborgen ist, da zieht es, wenn dieser Ausdruck gestattet ist, sozusagen etwas von dem eigentlichen Menschen fort. Wo Laster andauert, wo fortgesetzt dem Bösen gefolgt wird, da wird der Verstandeskörper so stark mit dem Astralkörper verknüpft, daß er sich nach dem Tode nicht ganz von ihm loslösen kann, etwas von seiner eigentlichen Substanz wird aus ihm herausgerissen, und wenn der Astralkörper sich auflöst, kehrt dieser Teil in die Mentalmaterie der Verstandeswelt zurück und ist für das Individuum verloren. Wenn wir wieder an unser Bild eines Häutchens oder einer Blase denken, dann wird diese durch lasterhaftes Leben in gewissem Maß geschwächt – es wird nicht nur ihr Fortschritt verzögert, sondern es wird etwas an ihr verändert, was es in Hinkunft schwieriger macht, etwas in sie hineinzubauen. Es ist, als ob das Häutchen in seiner Wachstumsfähigkeit beeinträchtigt würde, so daß es steril wird und verkümmert. In gewöhnlichen Fällen geht aber der Schaden, der dem Kausalkörper zugefügt wird, nicht über dies hinaus.

Aber wo das Ego dem Intellekt und dem Willen nach stark geworden ist, ohne daß zugleich auch die Selbstlosigkeit und die Liebe zugenommen haben, wo es sich um seinen eigenen besonderen Mittelpunkt zusammenzieht, anstatt beim Wachsen sich auszubreiten, wenn es einen Wall der

Selbstsucht um sich herum aufwirft und seine sich entwickelnden Kräfte für das „Ich" benützt, anstatt für alle, in solchen Fällen tritt die von so vielen Schriften erwähnte Möglichkeit des gefährlichen und tief wirkenden Übels ein, daß das Ego sich bewußt im Gegensatz zum Gesetz stellt, daß es vorbedacht gegen die Entwicklung kämpft.

Dann zeigt der Kausalkörper selbst unter der Beeinflussung der Schwingungen des Intellekts und des Willens auf der Mentalebene, die beide auf egoistische Zwecke gerichtet sind, die dunkeln Töne, die aus der einengenden Selbstsucht entstehen, und er verliert den blendenden Glanz, der sonst seine charakteristische Eigenschaft bildet. Solcher Schaden kann nicht von einem kümmerlich entwickelten Ego oder durch gewöhnliche Fehler leidenschaftlicher oder intellektueller Art verursacht werden. Um solch ein weitreichendes Unheil anzurichten, muß das Ego hochentwickelt sein und machtvolle Kräfte auf der Manasebene besitzen. Daher kommt es, daß der Ehrgeiz, der Stolz und die Kräfte des Intellekts, falls sie zu selbstischen Zwecken benutzt werden, in ihren Wirkungen so viel gefährlicher, so viel tödlicher sind als die bemerkbareren, auffälligeren Fehler der niederen Natur. Der „Pharisäer" ist oft weiter vom „Reich Gottes" entfernt als „der Zöllner und Sünder".

In dieser Richtung entwickelt sich der „schwarze Magier", der Mensch, der die Leidenschaften und Begierden überwindet, den Willen und die höheren Kräfte des Geistes entwickelt, nicht um sie freudig der Hilfe bei der Entwicklung des Ganzen zur Verfügung zu stellen, sondern um so viel, wie er vermag, für sich allein zu erringen, um alles zu behalten und nichts auszuteilen. Solche Menschen streben danach, die Absonderung von den Mitmenschen aufrecht zu erhalten, anstatt die Vereinigung zu suchen; sie arbeiten, um die Entwicklung zu verzögern, anstatt sie zu beschleunigen. Daher schwingen sie in Disharmonie mit dem Ganzen anstatt im Einklang, und sie befinden sich in der Gefahr jenes Auseinanderreißens ihres Egos, welches den Verlust aller Früchte der Entwicklung bedeutet.

Wir alle, die wir beginnen, etwas von dem Kausalkörper zu verstehen, können seine Entwicklung zum entscheidenden Zweck unseres Lebens machen. Wir können uns anstrengen, selbstlos zu denken, und so zu seinem Wachstum und seiner Lebenskräftigung beitragen. Leben nach Leben, Jahrhundert nach Jahrhundert, Jahrtausend nach Jahrtausend schreitet diese Entwicklung der Individualtität fort. Indem wir ihr Wachsen durch bewußte Anstrengung unterstützen, arbeiten wir im Einklang mit dem göttlichen Willen und erfüllen den Zweck, zu welchem wir hier sind. Nichts von dem Guten, das einmal in das Gewebe dieses Kausalkörpers hineingewoben ist, geht jemals verloren, trennt sich je von ihm, denn er ist der Mensch, der ewig lebt.

So sehen wir, daß durch das Gesetz der Entwicklung jedes Übel, so stark es zur Zeit scheinen mag, in sich den Keim der eigenen Zerstörung trägt, während jedes Gute in sich die Samen der Unsterblichkeit birgt. Das Geheimnis hiervon liegt in der Tatsache, daß jedes Übel disharmonisch ist, daß es im Gegensatz zum kosmischen Gesetz steht. Es wird also früher oder später durch das Gesetz zerbrochen, in Stücke geschlagen, in Staub aufgelöst. Jedes Gute andererseits ist in Harmonie mit dem Gesetz und wird von ihm mitgeführt, weitergetragen. Es wird ein Teil des Stromes der Evolution, und daher kann es nie untergehen, kann es nicht zerstört werden. Hierin liegt nicht nur die Hoffnung des Menschen, sondern die Gewißheit seines endlichen Triumphes. Wenn auch noch so langsam, es geht doch voran; wenn auch noch so weit der Weg, eine Ende hat er doch.

Die Individualität, die unser Selbst ist, entwickelt sich und kann nicht gänzlich vernichtet werden. Selbst wenn vielleicht durch unsere Torheit unser Fortschritt langsamer ist, als es nötig wäre, so bleibt nichtsdestoweniger alles, was wir zu ihm beitragen, so wenig es auch sein mag, in ihm für ewig erhalten und bleibt unser Eigentum für alle Zeiten.

IV. Andere Bewußtseinsträger

1. Der spirituelle Körper (Buddhi)

Wir können n o c h einen Schritt höher steigen, aber dadurch gelangen wir in eine so erhabene Region, daß wir sie selbst in der Phantasie beinahe nicht betreten können. Der Kausalkörper ist nicht das Höchste, und das „spirituelle Ego“ ist nicht Manas, sondern dieses vereinigt oder versenkt in Buddhi.

Dies ist der Höhepunkt der menschlichen Entwicklung, das Ende des Umlaufs um das Rad von Geburten und Toden. Oberhalb der Sphäre, die wir eben behandelt haben, liegt eine noch höhere, manchmal die von Turya oder auch die von Sushupti genannt, die Ebene von Buddhi.

Auf dieser ist der spirituelle Körper der Träger, der Anandamayakosa, oder Körper der Seligkeit. In diesen können Yogis übergehen, in ihm die ewige Seligkeit jener herrlichen Welt kosten und in ihrem eigenen Bewußtsein die zugrundeliegende Einheit erleben, die dann für sie zu einer Sache der Erfahrung wird und nicht länger nur ein verstandesmäßiger Glaube bleibt. Es wird uns gelehrt, daß für den Menschen, wenn er an Liebe, Weisheit und Kraft gewachsen ist, eine Zeit kommt, wo er durch ein großes Tor schreitet, das eine bestimmte Stufe in seiner Entwicklung markiert. Dies ist das Tor der Einweihung, und der Mensch, der von seinem Meister hindurchgeführt wird, erhebt sich zum ersten Mal in den spirituellen Körper und erlebt in ihm die Einheit, die aller Verschiedenheit der physischen Welt und all ihrem Gesondertsein zugrundeliegt, ebenso wie dem Gesondertsein, das auch auf der astralen Ebene und selbst noch in der Mentalregion herrscht.

Wenn der Mensch diese Regionen hinter sich gelassen hat und, in den spirituellen Körper gekleidet, über sie emporsteigt, dann sieht er zum ersten Mal aus eigener Erfahrung ein, daß das Gesondertsein nur den drei niederen Welten eigen ist; daß er selbst eins mit allen andern und daß er, ohne sein Selbstbewußtsein zu verlieren, sein Bewußtsein so ausdehnen kann, daß es das Bewußtsein anderer umfaßt, daß es wirklich und wahrhaft eins mit ihnen werden kann.

Dort ist die Einheit, nach welcher der Mensch sich immer sehnt, die Einheit, die er als wahr gefühlt hat und deren Verwirklichung er auf den niederen Ebenen vergebens versucht hat. Dort ist sie über die höchste Vorstellung hinaus zur Wirklichkeit geworden, und die ganze Menschheit ist dort eins mit seinem innersten Selbst.

2. Zeitweilige Körper

Wir können bei unsrer Übersicht über die Körper des Menschen gewisse andere, nur vorübergehende Bewußtseinsträger nicht außer acht lassen, die ihrem Charakter nach als künstliche bezeichnet werden können.

Ein Mensch, der gelernt hat, aus dem physischen Körper auszutreten, kann den astralen benutzen. Aber solange er in diesem funktioniert, ist er auf die astrale Welt beschränkt. Es ist ihm jedoch möglich, den Verstandeskörper – Körper des niederen Manas – anzuwenden, um in die Mentalregion vorzudringen, und in diesem kann er ebenfalls die astrale wie die physische Ebene ohne Schranken und Hemmnisse durchstreifen. Der so benutzte Körper wird oft der M â y a v i - R u p a, der Körper der Illusion, genannt. Er ist sozusagen der für abgesonderte Tätigkeit umgestaltete Verstandeskörper. Der Mensch formt seinen Verstandeskörper zu einem Abbild seiner selbst, gestaltet ihn nach seinem Bilde und seiner Eigenart. Er ist dann in diesem zeitweiligen und künstlichen Körper imstande, die drei Ebenen frei nach seinem Willen zu durchstreifen und sich über die gewöhnlichen Beschränkungen des Menschen zu erheben.

Das ist der künstliche Körper, von dem häufig in theosophischen Büchern die Rede ist, in welchem eine Person von Land zu Land wandern, auch in die mentale Welt übergehen kann, um dort neue Wahrheiten zu lernen, neue Erfahrungen zu sammeln und die so gesammelten Schätze ins wache Bewußtsein zurückzubringen. Der Vorteil beim Gebrauch dieses höheren Körpers ist, daß er Täuschung und Blendwerk auf der astralen Ebene nicht so unterworfen ist, wie es beim Astralkörper der Fall ist. Die ungeschulten astralen Sinne leiten oft irre, und es bedarf vieler Erfahrung, bevor man ihren Berichten trauen darf. Aber dieser zeitweilig geformte Verstandeskörper ist solchen Täuschungen nicht ausgesetzt. Er sieht mit untäuschbarem Schauen, er hört mit untrüglichem Gehör, kein astrales Blendwerk kann ihn irreführen, keine astrale Illusion ihn täuschen. Deshalb wird dieser Körper lieber von denen benutzt, die für solches Reisen geschult sind. Er wird hergestellt, wenn er nötig ist, und man läßt ihn wieder fahren, wenn der Zweck, für den er gemacht worden, erfüllt ist. So ist es möglich, daß der Schüler oft Lektionen lernt, die er auf andere Weise nicht hätte lernen können, und Lehren empfängt, die ihm sonst gänzlich verschlossen geblieben wären.

Andere zeitweilige Körper sind auch mit dem Namen Mâyavi-Rupa bezeichnet worden, aber es scheint besser, diese Bezeichnung dem einen eben beschriebenen vorzubehalten. Ein Mensch kann in der Ferne in seinem Körper erscheinen, welcher in Wirklichkeit mehr eine Gedankenform ist als ein Bewußtseinsträger, ein Gedanke, bekleidet mit der Elementalessenz der astralen Ebene. Diese Körper sind in der Regel nur Träger irgendeines einzelnen Gedankens, eines speziellen Wollens. Außerhalb desselben zeigen sie kein Bewußtsein. Sie brauchen nur nebenbei erwähnt zu werden.

3. Die menschliche Aura

Wir sind jetzt in der Lage zu verstehen, was die menschliche Aura im vollsten Sinne eigentlich ist. Es ist der Mensch selbst, wie er sich zu gleicher Zeit und entsprechend der Entwicklung seiner Fähigkeit, sich auf jeder einzelnen Ebene zu betätigen, auf den vier Ebenen des Bewußtseins manifestiert. Sie ist die Zusammenfassung seiner Körper, seiner Träger des Bewußtseins. Man kann sagen, es ist der Form-Aspekt des Menschen. In dieser Weise sollte man die Aura auffassen und nicht als ein bloßer Lichthof oder eine Wolke, die den Menschen umgibt.

Das herrlichste von allem ist der bei Eingeweihten erkennbare spirituelle Körper, durch welchen das lebendige atmische Feuer pulsiert. Das ist die Manifestation des Menschen auf der buddhischen Ebene. Dann kommt der Kausalkörper, seine Manifestation in der höchsten Mentalwelt, auf den Arupastufen der Ebene des Verstandes, der Heimat der Individualität. Sodann der Verstandeskörper, der zu den niedermentalen Ebenen gehört, und der Reihe nach der Astral-, Äther- und physische Körper, jeder aus der Materie seiner eigenen Region gebildet und den Menschen darstellend, wie er in jeder dieser Regionen ist.

Wenn der Forscher auf ein menschliches Wesen blickt, so sieht er alle diese Körper, die den Menschen ausmachen, und sich nach der verschiedenen Art ihrer Materie unterscheiden, dadurch die Stufe der Entwicklung anzeigend, die der Mensch erreicht hat. Wenn das höhere Sehen entwickelt ist, sieht der Forscher jeden dieser Körper in seiner vollen Tätigkeit. Der physische Körper ist sichtbar als eine Art feste Kristallisation im Mittelpunkt der übrigen Körper. Die anderen durchdringen ihn und dehnen sich über seine äußeren Grenzen hinaus aus, da der physische der kleinste ist. Sodann kommt der astrale Körper, der den Zustand der Triebnatur anzeigt, welche einen so großen Teil des gewöhnlichen Menschen bildet, voll Leidenschaften, niederen Begierden und Empfindungen. Dieser Körper ist verschieden in Feinheit und Farbe, je nachdem der Mensch mehr oder weniger rein ist – sehr dicht bei den gröberen Typen, schöner bei den verfeinerteren, am schönsten bei den Menschen, die in der Entwicklung weit vorangekommen sind. Sodann der Verstandeskörper, kümmerlich entwickelt bei der großen Menge, bei vielen aber sehr schön und sehr verschieden in der Farbe, je nach dem intellektuellen und moralischen Typus. Dann der Kausalkörper, bei den meisten kaum sichtbar, nur bei sorgfältiger Untersuchung des Menschen erkennbar, so wenig ist er entwickelt, so verhältnismäßig schwach ist seine Färbung und so ist gering seine Aktivität. Aber wenn wir an die Beobachtung einer vorangeschritteneren Seele gehen, sind es dieser und der nächsthöhere Körper, die deutlich als die wirkliche Darstellung des Menschen in die Augen fallen. Lichtstrahlend, herrlich und zart in der Farbe, zeigen sie Töne, die keine Sprache beschreiben kann, weil sie keinen Platz in dem irdischen Spektrum haben, Farbtöne, die nicht nur äußerst rein und schön sind, sondern ganz verschieden von den auf den niederen Ebenen bekannten Farben, neu hinzukommende Nuancen, die das Wachsen des Menschen in den erhabenen Eigenschaften und Kräften anzeigen, die es dort gibt. Wenn das Auge glücklich genug ist, mit dem Anblick eines der „Großen" gesegnet zu werden, so erscheint dieser als solche mächtig vibrierende Form voll Leben und Farbe, strahlend und herrlich, und zeigt seine Natur dem Sehenden eben durch diese Erscheinung: über alle Beschreibung schön, strahlend über alle Vorstellung. Und doch sollen eines Tages alle werden, was dieser ist; das, was er in der Vollendung zeigt, birgt sich als Möglichkeit in jedem Menschen.

In betreff der Aura gibt es noch einen Punkt, den ich erwähnen möchte, da er in der Praxis von Nutzen ist. Wir können in großem Maße uns dadurch gegen das Einströmen von Gedanken von außen schützen, daß wir eine kugelförmige Schutzwand aus der Aurasubstanz um uns bilden. Die Aura antwortet sehr bereitwillig auf den Anstoß von Gedanken. Wenn wir durch eine Anstrengung der Einbildungskraft uns ihre Außenseite als zu einem Gehäuse verdichtet vorstellen, schaffen wir tatsächlich solch eine Schutzwand um uns. Dieses Gehäuse verhindert das Eintreten der umhertreibenden Gedanken, welche die astrale Atmosphäre erfüllen, und verhindert so den störenden Einfluß, den sie auf den ungeschulten Verstand ausüben.

Das Entziehen unserer Lebenskraft, das wir manchmal fühlen, besonders wenn wir mit Personen in Berührung kommen, die unbewußt ihre Nachbarn vampirartig aussaugen, kann durch die Bildung eines solchen

Gehäuses verhütet werden. Jeder, der sensitiv ist und sich durch eine solche Entziehung sehr erschöpft fühlt, wird klug tun, sich so zu schützen. So stark ist die Macht des menschlichen Gedankens auf die feinere Materie, daß das Denken, man sei innerhalb eines solchen Gehäuses, schon das Bilden eines solchen bedeutet.

Wenn wir auf die menschlichen Wesen um uns her blicken, so sehen wir, daß alle Stufen der Entwicklung vertreten sind. Ihre Körper zeigen an, welchen Punkt der Evolution sie erreicht haben, während sie auf einer Ebene des Universums nach der andern lebten, in einer Region nach der andern wirkten und die entsprechenden Träger des Bewußtseins entwickelten. Unsere Aura zeigt genau, was wir sind. Wir fügen zu ihr etwas hinzu, wenn wir im wahren Leben wachsen; wir reinigen sie, wenn wir edel und rein leben; wir verweben in sie höhere und höhere Eigenschaften.

Ist eine Lebensphilosophie möglich, die voller an Hoffnung, voller an Kraft, voller an Freude ist als diese? Blicken wir über die Menschenwelt nur mit dem physischen Auge, so sehen wir sie herabgekommen, elend, anscheinend hoffnungslos, wie sie wahrlich für das Auge des Fleisches ist. Aber dieselbe Menschenwelt scheint uns in einem ganz andern Licht, wenn wir sie mit höherem Schauen betrachten. Wir sehen noch immer die Sorge und das Elend, wir sehen noch immer das Unwürdige und die Schande. Aber wir erkennen, daß sie vorübergehend sind, daß sie nur zeitweilig sind, daß sie zur Kindheit der Rasse gehören und daß die Rasse ihnen entwachsen wird. Blicken wir auf die Niedrigsten und Gemeinsten, auf die Heruntergekommensten und Brutalsten, so können wir doch ihre göttlichen Möglichkeiten erkennen. Wir können doch erschauen, was sie in Tagen, die da kommen, sein werden. Das ist die Botschaft der Hoffnung, welche die Theosophie der westlichen Welt bringt, die Botschaft universeller Erlösung von der Unwissenheit und damit der universellen Befreiung von Elend, nicht im Traume, sondern in Wirklichkeit, nicht in Hoffnung nur, sondern in Gewißheit. Jeder, der in seinem eigenen Leben dieses Wachsen zeigt, ist sozusagen eine neue Verwirklichung und Bekräftigung dieser Botschaft. Allerwärts erscheinen die Erstlinge der Frucht, und die ganze Welt wird eines Tages reif werden für die Ernte, und sie wird den Zweck erfüllen, für welchen der Logos sie ins Dasein rief.

V. Der Mensch

Wir haben uns nun zur Betrachtung des Menschen selbst zu wenden, nicht mehr die Werkzeuge des Bewußtseins zu studieren, sondern die Wirkung des Bewußtseins selbst auf sie, nicht länger auf die Körper zu blicken, sondern auf die Wesenheit, die in ihnen funktioniert.

Mit dem „Menschen“ meine ich die bleibende Individualität, die ein Leben nach dem andern durchschreitet, die in Körper eintritt und sie wieder verläßt, die langsam im Laufe von Zeitaltern sich entwickelt, die durch Sammlung und Erwerbung von Erfahrungen wächst und die auf jener höheren manasischen oder mentalen Ebene ihr Dasein hat, die wir im letzten Kapitel beschrieben haben. Dieser Mensch soll jetzt der Gegenstand unseres Studium sein, wie er auf den drei Ebenen, die uns jetzt vertraut sind, funktioniert, der physischen, der astralen und der mentalen.

Der Mensch macht seine ersten Erfahrungen durch die Entwicklung des Selbstbewußtseins auf der physischen Ebene. Hier tritt das auf, was wir das wache Bewußtsein nennen, das Bewußtsein, mit dem wir alle vertraut sind, das mittels des Gehirns und des Nervensystems wirkt, durch das wir in gewöhnlicher Weise nachdenken, alle logischen Schlüsse ziehen, durch welches wir uns aller vergangenen Ereignisse unserer gegenwärtigen Verkörperung erinnern und uns in den Angelegenheiten des Lebens unser Urteil bilden. Alles, was wir als unsere intellektuellen Fähigkeiten erkennen, ist das Resultat der Arbeit des Menschen auf den vorhergehenden Stationen seiner Pilgerschaft, und sein Selbstbewußtsein wird mehr und mehr lebhaft, mehr und mehr tätig, mehr und mehr lebendig, können wir sagen, je mehr die Individualität sich entwickelt, je mehr der Mensch Leben nach Leben fortschreitet.

Wenn wir einen sehr unentwickelten Menschen untersuchen, so finden wir seine selbstbewußte intellektuelle Tätigkeit dürftig an Qualität und beschränkt an Quantität. Sie geht im physischen Körper vermittels des dichten und ätherischen Gehirns vor sich. Diese Tätigkeit ist fortwährend im Gange, so weit das ganze Nervensystem in Betracht kommt, sowohl sichtbar wie unsichtbar, aber die Tätigkeit ist sehr plump. Sie ist eine mehr allgemeine, gleichmäßige, und es besteht wenig Unterscheidungskraft und Feinheit mentalen Empfindens. Es ist eine gewisse intellektuelle Tätigkeit vorhanden, aber sie ist mehr kindischer oder kindlicher Art. Das Denken bezieht sich auf sehr geringe Dinge, es amüsiert sich über ganz triviale Begebenheiten; die Dinge, die seine Aufmerksamkeit erregen, sind von höchst unbedeutendem Charakter. Es interessiert sich für alles Mögliche, was vor seinem Auge vorüberzieht. Es sitzt gern am Fenster und sieht hinaus auf eine belebte Straße, beobachtet, wie die Menschen und Wagen vorbeikommen, macht Bemerkungen über sie, amüsiert sich riesig, wenn ein schön angezogener Passant in den Schmutz fällt oder von einem vorüberfahrenden Wagen bespritzt wird.

Die Denktätigkeit hat nicht viel in sich, was ihre Aufmerksamkeit fesselt. Daher strebt sie immer nach außen, um zu empfinden, daß sie am Leben ist. Es ist eine der Hauptcharakteristiken dieses niedrigen Stadiums intellektueller Entwicklung, daß der Mensch, der im physischen und ätherischen Körper wirkt und diese beiden zu Werkzeugen des Bewußtseins ausgestaltet, immer gewaltige Aufregungen liebt. Er muß sich vergewissern, daß er fühlt, und er muß lernen die Dinge dadurch zu unterscheiden, daß er starke und lebhafte Eindrücke erhält. Es ist eine ganz notwendige Stufe des Fortschritts, wenn auch eine elementare. Ohne diese würde er fortwährend verwirrt werden und die Vorgänge innerhalb seiner Körper und außerhalb derselben verwechseln. Er muß das Alphabet des Selbst und Nichtselbst lernen, indem er zwischen den Gegenständen, die Eindrücke verursachen, und den Empfindungen, die diese Eindrücke hervorrufen, unterscheidet, zwischen dem Anreiz und dem Fühlen selbst.

Die niedrigsten Typen dieser Stufe kann man an Straßenecken versammelt sehen, faul an eine Mauer gelehnt, wo sie sich gelegentlich zu einigen herausgestoßenen Bemerkungen aufraffen und in ein leeres, kicherndes Lachen ausbrechen. Jeder, der fähig ist, in ihr Gehirn zu sehen, bemerkt, daß sie ziemlich trübe Eindrücke von den vorüberpassierenden Gegenständen empfangen und daß die Verbindungsglieder zwischen diesen Eindrücken und andern ähnlichen sehr schwach sind. Die Eindrücke gleichen mehr einem Haufen Kieselsteine als einem planvoll gefügten Mosaik.

Wollen wir den Weg erforschen, auf dem das physische und ätherische Gehirn zum Werkzeug des Bewußtseins wurde, so müssen wir uns zurückwenden zur frühesten Entwicklung des Ahamkâra oder der Ichheit, einer Stufe, die wir bei den niederen Tieren um uns her wahrnehmen können. Schwingungen, die durch die Eindrücke von äußeren Gegenständen hervorgerufen werden, gehen zum Gehirn, werden durch dieses dem Astralkörper mitgeteilt und vom Bewußtsein als Empfindungen gefühlt, bevor noch irgendeine Beziehung zwischen diesen Empfindungen und Gegenständen, welche diese hervorrufen, hergestellt ist, denn diese Beziehung ist eine bestimmte Tätigkeit des Intellekts, – eine Wahrnehmung. Wenn das

Wahrnehmungsvermögen aufzutreten beginnt, dann gebraucht das Bewußtsein das physische und ätherische Gehirn als Werkzeug, vermittels dessen es Kenntnisse von der äußeren Welt sammelt. Diese Stufe ist von unserer Menschheit selbstverständlich längst überschritten, aber man kann beobachten, wie sie flüchtig vom Kinde wiederholt wird, wenn das Bewußtsein bei der Wiederverkörperung ein neues Gehirn übernimmt. Es kommt ein Zeitpunkt, wo das Kind anfängt „Notiz zu nehmen", das will sagen, eine Empfindung, die in seinem eigenen Bewußtsein entsteht, in Verbindung zu setzen mit dem sinnlichen Eindruck, welchen ein äußerer Gegenstand auf seine neue Hülle macht, und so von dem Gegenstand „Notiz" zu nehmen, ihn wahrzunehmen.

Nach einiger Zeit ist die Wahrnehmung eines Gegenstandes nicht mehr nötig, damit das Bild dieses Gegenstandes dem Bewußtsein gegenwärtig ist. Es ist ihm möglich, die Erscheinung eines solchen zurückzurufen, auch wenn er nicht von einem Sinne wahrgenommen wird. Solch eine erinnerte Wahrnehmung ist eine Vorstellung, ein Begriff, ein Gedankenbild, und von solchen Bildern aus der Außenwelt sammelt das Bewußtsein einen Vorrat. Mit diesem Vorrat fängt es an zu arbeiten, und die erste Stufe dieser Tätigkeit ist das Ordnen dieser Vorstellungen als Vorbereitung, um aus ihnen Vernunftschlüsse zu ziehen. Vernunft zu brauchen, fängt damit an, die Vorstellungen miteinander zu vergleichen und daraus dann Beziehungen zwischen ihnen zu folgern, wenn wieder und immer wieder zwei oder mehrere derselben gleichzeitig oder nacheinander auftreten. Bei diesem Vorgang zieht sich das Bewußtsein in sich selbst zurück, nimmt die Vorstellungen mit, die es aus den Wahrnehmungen gebildet hat, und fügt sodann etwas Eigenes zu ihren hinzu, wie zum Beispiel, wenn es eine Folgerung aufstellt, ein Ding zu einem anderen als Ursache und Wirkung in Beziehung setzt. Es fängt an, Schlüsse zu ziehen, selbst zukünftige Vorkommnisse vorherzusagen, wenn es eine Folgerung aufgestellt hat: wenn die Wahrnehmung auftritt, die es als „Ursache" betrachtet, dann erwartet es, daß die Wahrnehmung, die es als Wirkung ansieht, folgt.

Weiter bemerkt es beim Vergleich seiner Vorstellungen, daß viele von ihnen ein oder mehrere Elemente gemeinsam haben, während die übrigen Bestandteile verschieden sind, und es geht dazu über, diese gemeinsamen Charakterzüge von den übrigen zu sondern und sie als Charakterzüge einer Klasse zusammenzustellen. Dann faßt es die Gegenstände zusammen, die diese Züge besitzen, und wenn es einen neuen Gegenstand sieht, der sie ebenfalls besitzt, reiht es ihn in dieselbe Klasse ein. Auf diese Weise gestaltet das Bewußtsein allmählich das Chaos der Wahrnehmungen, mit welchen es seine intellektuelle Laufbahn begann, zu einem geordneten Kosmos und leitet aus der ordnungsmäßigen Folge von Erscheinungen und aus den Typen, die es in der Natur findet, Gesetze ab.

Alles dies ist das Werk des Bewußtseins vermittels des physischen Gehirns und in demselben, aber selbst in dieser Tätigkeit spüren wir etwas, was das Gehirn nicht leisten kann. Das Gehirn empfängt nur Schwingungen. Das Bewußtsein, das im Astralkörper tätig ist, verwandelt die Schwingungen in Empfindungen, im Verstandeskörper verwandelt es die Empfindungen in Wahrnehmungen und vollführt dann alle die Prozesse, die, wie oben bemerkt, das Chaos zu einem Kosmos gestalten.

Das so wirkende Bewußtsein wird ferner von oben durch Gedanken erleuchtet, die nicht aus dem Material herstammen, das die physische Welt liefert, sondern die vom universalen Denken direkt in dasselbe reflektiert werden. Die großen „Gesetze des Denkens" regeln alles Denken. Die Tatsache des Denkens selbst enthüllt deren Präexistenz, da es nach diesen Gesetzen und innerhalb derselben vor sich geht und ohne sie unmöglich wäre.

Es ist kaum nötig zu bemerken, daß alle diese Anfangsbemühungen des Bewußtseins, vermittels des physischen Werkzeuges zu wirken, vielen Irrungen unterworfen sind, sowohl wegen unvollkommener Wahrnehmung als wegen vorkommender Mißgriffe beim Ziehen von Schlußfolgerungen. Voreilige Schlußfolgerungen, Verallgemeinerungen aus nur begrenzten Erfahrungen führen zu falschen Ergebnissen. Man hat darum die Regeln der Logik formuliert, um die Denkfähigkeit zu disziplinieren und sie zu befähigen, die Fehler zu vermeiden, in die sie beständig verfällt, solange sie nicht geschult ist. Aber nichtsdestoweniger ist der wenn auch unvollkommene Versuch, aus e i n e r Erfahrung Schlüsse auf eine andere zu ziehen, ein bestimmtes Zeichen für den Fortschritt des Menschen selbst, denn es zeigt, daß er zu der von außen ihm gekommenen Kunde aus seinem Eigenen etwas hinzutut.

Diese Verarbeitung des gesammelten Materials hat eine Wirkung auf das physische Werkzeug selbst. Wenn der Verstand zwei Wahrnehmungen zusammenknüpft, so gestaltet er durch die damit hervorgerufenen Schwingungen im Gehirn auch ein Bindeglied zwischen den Gruppen von Schwingungen, durch die die Wahrnehmungen entstanden. Denn wenn der Verstandeskörper in Tätigkeit versetzt wird, so wirkt er auf den Astralkörper und dieser weiter auf den ätherischen und dichten Körper, und die Nervenmaterie des letzteren vibriert unter diesen Impulsen. Diese Wirkung zeigt sich in Form elektrischer Entladungen, und magnetische Ströme laufen zwischen Molekülen und Molekülgruppen und verursachen verwickelte Wechselwirkungen. Diese Wirkungen hinterlassen sozusagen eine Spur, ein Gleis in den Nerven. Der nächste Strom wird diesem Gleis entlang leichter laufen können als, sagen wir, querüber. Wenn e i n e Gruppe von Molekülen, welche bei einer Schwingung beteiligt war, durch das Bewußtsein später nochmals dadurch in Bewegung gesetzt wird, daß d i e s e s d e n Gedanken wiederholt, der auf sie diesen ersten Eindruck machte, dann läuft die hervorgerufene Erregung leicht wiederum dem Gleis entlang, das durch eine frühere Verknüpfung mit einer anderen Gruppe geschaffen wurde, und ruft diese andere Gruppe wiederum in Tätigkeit, und dieser Vorgang sendet in den Verstand eine Schwingung hinauf, die sich nach den regelmäßigen Umformungen als eine a s s o z i i e r t e Vorstellung darstellt. Daher die große Wichtigkeit der Gedankenassoziationen, einer Tätigkeit des Gehirns, die manchmal außerordentlich unangenehm ist, so, wenn irgendeine törichte oder lächerliche Vorstellung sich mit einem ernsten oder heiligen Gedanken verknüpft hat. Das Bewußtsein ruft den heiligen Gedanken herbei, um bei ihm zu verweilen, und plötzlich, ganz ohne seine Zustimmung, drängt sich das grinsende Gesicht des störenden Gedankens, durch die mechanische Aktion des Gehirns hinaufgesandt, durch das Tor des Heiligtums und entweiht es. Kluge Menschen zollen der Gedankenassoziation Aufmerksamkeit und sind achtsam darauf, wie sie von den heiligsten Dingen reden, damit nicht irgendein törichter oder unwissender Zuhörer ein Bindeglied zwischen dem Heiligen und dem Einfältigen oder dem Gemeinen herstelle; ein Bindeglied, daß sich später leicht im Bewußtsein wiederholen könnte. Nützlich ist die Vorschrift des großen jüdischen Lehrers: „Gib nicht das, was heilig ist, den Hunden, noch wirf die Perlen vor die Säue."

Ein weiteres Zeichen des Fortschritts stellt sich ein, wenn ein Mensch anfängt, sein Leben nach Entschließungen zu regeln, die im Innern gereift sind, anstatt nach Impulsen von außen. Er handelt dann nach seinen selbst angesammelten Erfahrungen, indem er sich früherer Vorgänge erinnert, die Folgen vergleicht, die verschiedene Handlungsweisen in der Vergangenheit hatten, und sich hiernach für eine in der Gegenwart einzuschlagende Handlungsweise entscheidet. Er fängt an, von seinen Erfahrungen in der Vergangenheit ausgehend, die Zukunft zu bedenken, vorauszusehen, zu beurteilen und Schlüsse zu ziehen in Beziehung auf das, was kommt, aus der Erinnerung dessen, was sich schon ereignet hat. Sobald ein Mensch dies tut, bedeutet dies ein deutliches Wachstum als M e n s c h . Er mag noch mit seinem Wirken auf sein physisches Gehirn beschränkt sein, er mag noch außerhalb desselben untätig sein, aber er wird zu einem sich entwickelnden Bewußtsein, das beginnt, sich als Individuum zu verhalten, sich seine eigenen Wege zu wählen, anstatt sich von den Umständen treiben oder durch einen äußeren Zwang seine Handlungsweise in eine bestimmte Richtung drängen zu lassen. Das Wachstum des Menschen zeigt sich in dieser bestimmten Verhaltensweise, und er entwickelt mehr und mehr von dem, was man Charakter nennt, und mehr und mehr Willenskraft.

Willensstarke und willensschwache Menschen sind durch ihre Verschiedenheit grade in dieser Hinsicht zu unterscheiden. Der Willensschwache wird von außen getrieben, durch äußere Anziehung und Abstoßung, während der Willensstarke von innen bewegt wird und fortwährend die äußeren Umstände dadurch beherrscht, daß er auf sie durch geeignete Kräfte einwirkt, geleitet durch seinen angesammelten Besitz von Erfahrungen. Dieser Vorrat, den der Mensch in vielen Leben angesammelt und gesteigert hat, wird immer besser verfügbar, je mehr das Gehirn geschult und verfeinert und dadurch empfänglicher gemacht wird. Den Vorrat besitzt der Mensch, aber er kann nur soviel davon benutzen, als er dem physischen Bewußtsein einprägen kann. Der Mensch selbst hat die Erinnerung und die Vernunft; der Mensch selbst urteilt, wählt, entscheidet, aber er muß dies alles durch sein physisches und ätherisches Gehirn tun. Wirken und handeln muß er mittels des physischen Körpers, des Nervenmechanismus und des damit in Verbindung stehenden ätherischen Organismus. Je eindrucksfähiger das Gehirn wird, je mehr er dessen Material verbessert und es unter seine Herrschaft bringt, desto brauchbarer wird es als Ausdrucksmittel für den Menschen selbst.

Wie sollen wir lebende Menschen also versuchen, die Werkzeuge unseres Bewußtseins zu schulen, damit sie uns besser als Instrumente dienen können? Wir untersuchen jetzt nicht die physische Entwicklung des Körpers, sondern seine Schulung durch das Bewußtsein, welches ihn als Werkzeug zum Denken benutzt. Der Mensch wird sich klar, daß, um sein Werkzeug brauchbarer zu machen, er außer der physischen Vervollkommnung, der er schon seine Aufmerksamkeit geschenkt hat, es dahin schulen muß, prompt und folgerichtig auf die Eindrücke zu reagieren, die er ihm übermittelt. Damit das Gehirn folgerichtig reagiert, muß er selbst folgerichtig denken. Wenn er so dem Gehirn folgerichtige Eindrücke sendet, gewöhnt er es daran, folgerichtig durch miteinander verbundene Molekülgruppen zu arbeiten, anstatt aufs Geratewohl durch zusammenhängende Schwingungen. Der Mensch gibt den Anstoß, das Gehirn ahmt nur nach. Unzusammenhängendes, sorgloses Denken gewöhnt das Gehirn an die Bildung unzusammenhängender Schwingungsgruppen.

Dies Training hat zwei Stufen. Der Mensch, der sich entschließt, folgerichtig denken zu wollen, schult seinen Mentalkörper, Gedanken an Gedanken zu reihen und nicht zufällig irgendwo zu landen; dadurch, daß er so denkt, schult er das Gehirn, das entsprechend diesen seinen Gedanken schwingt. Auf diesem Wege wird es den physischen Organismen – dem Nerven- und ätherischen System – zur Gewohnheit, in systematischer Weise zu arbeiten. Wenn ihr Eigentümer sie nötig hat, reagieren sie prompt und ordnungsmäßig; wenn er ihrer bedarf, sind sie bereit und zur Hand.

Zwischen einem so geschulten Werkzeug des Bewußtseins und einem untrainierten ist derselbe Unterschied wie zwischen dem Handwerkszeug eines unachtsamen Arbeiters, der es schmutzig, stumpf und ungeeignet zum Gebrauch werden läßt, und dem Werkzeug eines Mannes, der es bereit hält, es schärft und reinigt, so daß, wenn er es braucht, es fertig zur Hand liegt und er es sofort benutzen kann, wenn er eine Arbeit damit zu leisten hat. So sollte das physische Werkzeug immer bereit sein, dem Ruf des inneren Menschen zu entsprechen.

Die Wirkung einer derart fortgesetzten Arbeit am physischen Körper erschöpft sich jedoch keineswegs in der verbesserten Fähigkeit des Gehirns. Denn jeder dem physischen Körper zugesandte Impuls hat das astrale Werkzeug zu passieren und ruft in diesem ebenfalls eine Wirkung hervor. Denn, wie wir gesehen haben, ist die Astralmaterie viel reaktionsfähiger für Gedankenschwingungen als die physische, und die Wirkung dieser betrachteten Reihe von Tätigkeiten auf den Astralkörper ist verhältnismäßig groß. Dadurch nimmt der Astralkörper bestimmte Umrisse und eine leistungsfähigere Organisation an, wie es oben schon beschrieben wurde. Wenn ein Mensch gelernt hat, das Gehirn zu beherrschen, wenn er seine Gedanken zu konzentrieren versteht, wenn er fähig ist zu denken, wie er will und wann er will, dann findet auch eine entsprechende Entwicklung in dem statt, was er – falls er sich dessen physisch bewußt ist – als sein Traumleben betrachten wird. Seine Träume werden lebhaft, vernünftig, selbst lehrreich, und er behält sie beim Erwachen gut im Bewußtsein. Der Mensch fängt an, in seinem zweiten Bewußtseinsträger, dem Astralkörper, zu funktionieren, betritt die zweite große Region oder Ebene des Bewußtseins und betätigt sich dort im Astralkörper ohne Benutzung des physischen.

Lassen Sie uns einen Augenblick den Unterschied zwischen zwei Menschen betrachten, beide „vollständig wach", d. h. mit dem physischen Körper arbeitend. Einer von ihnen benutzt seinen Astralkörper nur unbewußt als Brücke zwischen Verstand und Gehirn und der andere bewußt als Werkzeug. Der erste sieht auf gewöhnliche, sehr beschränkte Weise, da sein Astralkörper noch kein effektives Werkzeug des Bewußtseins ist. Der zweite benutzt das astrale Schauen und wird nicht mehr durch physische Materie beschränkt. Er schaut durch alle physischen Körper hindurch, er sieht die Rückseite so gut wie die Vorderseite. Mauern und andere undurchsichtige Dinge sind für ihn durchsichtig wie Glas; er sieht astrale Formen und Farben, die Aura, Elementale usw.

Wenn er in ein Konzert geht, sieht er gloriose Symphonien von Farben, wenn die Musik anhebt. Bei einem Vortrag sieht er des Redners Gedanken in Farben und Formen und gewinnt so eine viel vollständigere Vorstellung von dessen Gedanken, als es für den möglich ist, der nur die gesprochenen Worte hört. Denn die Gedanken, die sich in Symbolen als Worte äußern, treten auch als farbige und tönende Formen auf und machen, in Astralmaterie gekleidet, Eindruck auf den Astralkörper. Wo das Bewußtsein in diesem Körper völlig erwacht ist, empfängt es und registriert es diese ganzen zusätzlichen Eindrücke vollständig. Viele Personen werden finden, wenn sie sich genau prüfen, daß sie von einem Redner einen guten Teil mehr aufnehmen, als was die bloßen Worte ihnen zuführen, selbst wenn sie sich dessen während des Zuhörens nicht bewußt werden. Viele werden in ihrer Erinnerung mehr finden, als der Redner äußerte. Manchmal setzt eine Art Ahnung den Gedanken weiter fort, als ob um das Wort herum mehr entstanden sei und sie mehr bedeuten ließ, als sie für das Ohr bedeuteten. Diese Erfahrung zeigt, daß das astrale Werkzeug sich entwickelt. Wenn der Mensch seinem Denken Aufmerksamkeit schenkt und bewußt den Astralkörper benutzt, wächst dieser und er organisiert sich besser und besser.

Das „Nichtbewußtsein" des Menschen während des Schlafes beruht entweder auf der Unentwickeltheit des Astralkörpers oder auf dem Fehlen bewußter Verbindungsglieder zwischen ihm und dem physischen Hirn. Der Mensch benutzt seinen Astralkörper während seines wachen Bewußtseins, indem er Gedankenströme durch das astrale zum physischen Gehirn sendet. Aber wenn das physische Gehirn außer Gebrauch gesetzt ist, das Gehirn, durch das der Mensch auch gewohnt ist von außen Eindrücke zu empfangen – dann ist er wie David in der Rüstung, die er noch nicht zu benutzen versteht. Er ist nicht empfänglich genug für Eindrücke, die ihm nur durch den Astralkörper zukommen, an dessen unabhängigen Gebrauch er noch nicht gewöhnt ist.

Er kann aber auch schon lernen, ihn unabhängig auf der astralen Ebene zu gebrauchen, aber doch noch nicht wissen, daß er ihn benützt hat, wenn er zur physischen zurückkehrt – eine weitere Stufe im langsamen Fortschritt des Menschen – und er fängt so an, ihn in seiner eigenen Welt anzuwenden, bevor er eine Verbindung zwischen jener Welt und der Welt darunter herstellen kann.

Endlich bringt er solche Verbindung zustande. Dann geht er in vollem Bewußtsein vom Gebrauch des einen Körpers zum Gebrauch des andern und bewegt sich frei in der astralen Welt. Er hat endgültig das Reich seines wachen Bewußtseins vergrößert, so daß es jetzt die astrale Ebene mit einschließt, und auch während er sich im physischen Körper befindet, stehen ihm seine astralen Sinne doch vollständig zu Diensten. Man kann sagen, daß er zu gleicher Zeit in zwei Welten lebt. Keine Luft ist mehr zwischen ihnen, und er wandelt in der physischen Welt als Blindgeborener, dessen Augen geöffnet sind.

Auf der nächsten Stufe seiner Entwicklung fängt der Mensch an, bewußt auf der dritten, der Mentalebene, zu wirken. Er hat schon lange auf ihr gewirkt und von ihr alle die Gedanken ausgesandt, die so belebte Formen in der astralen Welt annehmen und in der physischen Welt durch das Gehirn Ausdruck finden. Wenn er im Verstandeskörper seiner mentalen Hülle, bewußt wird, findet er, daß er Formen schafft, wenn er denkt. Der Mensch wird sich des schöpferischen Aktes bewußt, obgleich er lange schon diese Kraft unbewußt ausgeübt hat. Der Leser wird sich erinnern, daß in einem in der „Okkulten Welt" von A. P. Sinnett zitierten Briefe ein Meister sagt, daß jedermann Gedankenformen bildet. Er hebt aber den Unterschied zwischen dem gewöhnlichen Menschen und dem Adepten hervor: daß der gewöhnliche Mensch sie unbewußt hervorruft, während der Adept sie bewußtermaßen bildet. (Die Bezeichnung „Adept" ist hier in einem sehr weiten Sinne gebraucht und schließt Eingeweihte der verschiedensten Grade weit unter dem eines „Meisters" ein.) Auf dieser Stufe der Entwicklung eines Menschen wächst seine Macht zu nützen beträchtlich, denn wenn er bewußt eine Gedankenform schaffen und lenken kann – eine künstliches Elemental, wie sie oft genannt wird – kann er sie benutzen, um an Orten zu wirken, in die selbst in seinem Verstandeskörper hinzureisen für ihn im Augenblick nicht wünschenswert ist. So kann er ebenso gut in die Ferne wirken wie in unmittelbarer Nähe, und das vergrößert seine Fähigkeit zu nützen. Er beherrscht diese Gedankenformen aus der Ferne, leitet sie, überwacht ihre Wirkung und macht sie so zu Agenten seines Willens. Wenn der Verstandeskörper sich entwickelt und der Mensch voll Bewußtsein in ihm lebt und wirkt, dann erkennt er das ganze erweiterte und vergrößerte Leben, das er auf der Mentalebene führt. Während er im physischen Körper bleibt und durch ihn sich seiner physischen Umgebung bewußt ist, ist er doch vollständig in der höheren Welt wach und tätig und hat nicht nötig, den physischen Körper in Schlaf zu versenken, um sich des Gebrauchs der höheren Fähigkeiten zu erfreuen. Er benutzt gewohnheitsgemäß einen mentalen Sinn, empfängt durch ihn Eindrücke jeder Art aus der Mentalebene, so daß er alles gedankliche Wirken anderer wahrnimmt, wie er deren körperliche Bewegungen wahrnimmt.

Wenn der Mensch diese Stufe der Entwicklung erreicht hat – eine verhältnismäßig hohe im Vergleich mit der durchschnittlichen, obgleich niedrig im Verhältnis zu jener, die er erstrebt – funktioniert er mit Bewußtsein in diesem dritten Werkzeug, dem Verstandeskörper, prägt alles, was er in ihm tut, seinem Bewußtsein ein, und erlebt seine Kräfte und seine Begrenzungen. Notwendigerweise lernt er auch zwischen dem Werkzeug, das er benutzt, und sich selbst unterscheiden, er empfindet dann den illusorischen Charakter des persönlichen „Ich", des „Ich" des Verstandeskörpers und nicht des Menschen. Bewußtermaßen identifiziert er sich selbst mit der Individualität, die auf dem erhabeneren Teil der Mentalebene, der Arûpawelt, im Kausalkörper wohnt. Er lernt, daß er, der Mensch, sich auch aus dem Verstandeskörper zurückziehen, ihn zurücklassen kann, und, sich höher erhebend, doch er selbst bleiben kann. Dann weiß er, daß die vielen Leben in Wirklichkeit nur ein Leben sind und daß er, der lebende Mensch, die ganze Reihe hindurch er selbst bleibt.

Und nun die Bindeglieder, die Verbindung zwischen diesen verschiedenen Körpern. Sie existieren, ohne zuerst dem Menschen zum Bewußtsein zu kommen. Sie sind vorhanden, sonst könnte er nicht von der Ebene des Verstandes in die des Körpers übertreten. Aber er ist sich ihres Daseins nicht bewußt, und sie sind auch noch nicht zum aktiven Leben erweckt. Sie sind etwa das, was man im physischen Körper rudimentäre Organe nennt. Jeder in der Biologie Bewanderte weiß, daß es zweierlei Arten rudimentärer Organe gibt. Die eine Art weist auf Zustände hin, die der Körper in der Entwicklung durchgemacht hat, während die andere die Richtung zukünftigen Werdens andeutet. Diese Organe existieren, aber sie funktionieren nicht; ihre Tätigkeit im physischen Körper gehört entweder der Vergangenheit oder der Zukunft an, sie ist entweder abgestorben oder noch nicht geboren. Die Verbindungsglieder, die ich analogerweise rudimentäre Organe der zweiten Art nennen möchte, verbinden den dichten und den ätherischen Körper mit dem astralen, den astralen mit dem Verstandeskörper und diesen mit dem Kausalkörper. Sie sind vorhanden, aber sie sind noch nicht in Tätigkeit gesetzt worden, daß heißt, sie müssen entwickelt werden, und gleich den physischen Organen kann man sie nur durch den Gebrauch entwickeln. Der Lebensstrom flutet durch sie hin, auch der Mentalstrom flutet durch sie hin, und so werden sie am Leben erhalten und genährt. Aber sie werden nur dadurch allmählich zu lebendiger Tätigkeit gebracht, daß der Mensch seine Aufmerksamkeit auf sie richtet und seinen Willen einen Druck auf ihre Entwicklung ausüben läßt. Die Tätigkeit des Willens fängt an, diese rudimentären Bindeglieder zu beleben, und Schritt für Schritt, manchmal sehr langsam, fangen sie an zu funktionieren. Der Mensch beginnt, sie für den Übergang seines Bewußtseins von einem Körper zum andern zu gebrauchen.

Im physischen Körper gibt es Nervenzentren, kleine Gruppen von Nervenzellen. Durch diese Zentren gehen sowohl Eindrücke von außen wie auch Impulse vom Gehirn. Wenn eins von diesen nicht in Ordnung ist, dann tritt sofort Verwirrung ein, und das physische Bewußtsein ist gestört. Es gibt analoge Zentren im Astralkörper, aber im unentwickelten Menschen sind sie rudimentär und funktionieren nicht. Es sind dies Verbindungsglieder zwischen dem physischen und dem Astralkörper sowie zwischen dem Astral- und dem Verstandeskörper. Wenn die Entwicklung vorschreitet, werden sie durch den Willen belebt, wobei das „Schlangenfeuer“, Kundalinî in indischen Büchern genannt, befreit und richtig geleitet wird. Das vorbereitende Stadium für die direkte Tätigkeit, welche Kundalinî freimacht, ist die Schulung und Reinigung des Körpers, denn wenn diese nicht vollständig durchgeführt ist, wirkt das Feuer als eine Kraft, die zerstört, statt zu beleben. Das ist der Grund, weshalb ich so viel Gewicht auf die Reinigung gelegt habe, und ich betone, daß sie eine notwendige Vorbereitung für jeden wahren Yoga ist.

Wenn ein Mensch sich weit genug emporgearbeitet hat, um ohne Schaden Hilfe bei der Belebung dieser Verbindungsglieder erhalten zu können, dann kommt ihm diese ganz von selbst von jenen, die immer Gelegenheit suchen, dem ernst und selbstlos Strebenden zu helfen. Dann entdeckt der Mensch eines Tages, daß er bei vollständigem Wachen aus dem physischen Körper schlüpft und daß er, ohne irgendeine Unterbrechung des Bewußtseins, frei ist. Wenn dies einige Male so vor sich gegangen ist, wird der Übergang von einem zum anderen Körper etwas Gewohntes und Leichtes. Wenn der Astralkörper den physischen im Schlaf verläßt, dann tritt eine kurze Periode des „Unbewußtseins“ ein. Selbst wenn der Mensch tätig auf der Astralebene funktioniert, gelingt es ihm nicht, dieses Unbewußtsein bei seiner Rückkunft zu überbrücken. Unbewußt, wie er seinen Körper verläßt, wird er wahrscheinlich auch unbewußt sein, wenn er wieder eintritt. Er mag auf der Astralebene volles und lebhaftes Bewußtsein besitzen, trotzdem kann im physischen Gehirn alles verschwunden sein. Aber wenn der Mensch den Körper im wachen Bewußtsein verläßt und die Glieder zwischen den Körpern zu funktionierender Aktivität gebracht hat, so hat er die Kluft überbrückt. Für ihn ist es nicht mehr eine Kluft. Sein Bewußtsein gleitet leicht von einer Ebene zur andern, und er fühlt sich als derselbe Mensch auf beiden.

Je geschulter das physische Gehirn ist, auf die Schwingungen, die von dem Verstandeskörper ausgehen, zu antworten, desto leichter wird die Überbrückung der Kluft zwischen Tag und Nacht. Das Gehirn wird mehr und mehr zum gehorsamen Werkzeug des Menschen, nach dessen Willensimpulsen es seine Tätigkeit ausübt, wie ein gut zugerittenes Pferd der leichtesten Berührung der Hand oder des Knies gehorcht. Die Astralwelt liegt offen vor dem Menschen, der so die beiden niederen Träger des Bewußtseins in Verbindung gebracht hat, und sie gehört ihm mit allen ihren Möglichkeiten, mit allen ihren weiterreichenden Kräften, ihren umfassenderen Gelegenheiten, Dienste zu tun und Hilfe zu bringen. Dann kommt die Freude, Leidenden Beistand zu leisten, ohne daß diese von dem Helfer etwas merken, obwohl sie die Erleichterung fühlen, in Wunden

Balsam zu träufeln, die dann von selbst zu heilen scheinen, Bürden tragen zu helfen, die den schmerzenden Schultern, auf denen sie vorher so schwer lasteten, jetzt wunderbar leicht werden.

Mehr als dies bedarf es, um die Brücke über die Kluft zwischen Leben und Leben zu schlagen. Das Gedächtnis ununterbrochen über Tag und Nacht zu leiten, heißt nur, daß der Astralkörper vollkommen funktioniert und daß die Glieder zwischen ihm und dem physischen in richtiger Weise arbeiten.

Wenn der Mensch die Kluft zwischen Leben und Leben überbrücken will, muß er viel mehr vollbringen, als in vollem Bewußtsein im Astralkörper zu wirken, und mehr, als mit Bewußtsein im Verstandeskörper leben, denn der Verstandeskörper besteht aus der Materie der niederen Ebenen der Mânaswelt, und von ihr aus geht die Wiederverkörperung nicht vor sich. Der Verstandeskörper löst sich zu seiner Zeit auf, wie das astrale und physische Werkzeug sich auflöst, und kann nichts mit hinüberbringen. Die ganze Frage, um die es sich bei der Erinnerung an vergangene Leben dreht, ist folgende: Kann der Mensch auf den höheren Ebenen der Mânaswelt in seinem Kausalkörper funktionieren oder nicht? Der Kausalkörper ist es, der von einem Leben zum andern übergeht. Im Kausalkörper wird alles angehäuft. Im Kausalkörper werden alle Erfahrungen gesammelt, in ihn wird das Bewußtsein hinaufgezogen, und von dieser Ebene aus geschieht das Herabsteigen zur neuen Geburt.

Lassen Sie uns den Stationen des Lebens, wenn es den physischen Körper verläßt, folgen und sehen, wie weit die Herrschaft des „Königs Tod" reicht.

Der Mensch zieht sich aus dem dichteren Teil seines Körpers zurück. Dieser sinkt dahin, zerfällt in Stücke und wird der physischen Welt wiedergegeben. Nichts bleibt, an dem die magnetische Kette des Gedächtnisses haften könnte. Der Mensch befindet sich dann im ätherischen Teil des physischen Körpers. Aber im Laufe weniger Stunden schüttelt er ihn ab, und auch dieser löst sich in seine Elemente auf. Keine Erinnerung, die mit dem ätherischen Gehirn verbunden ist, wird ihm also helfen die Brücke zu schlagen. Er geht weiter in die Astralwelt. Er bleibt dort, bis er auf ähnliche Weise seinen Astralkörper abstreift und ihn hinter sich läßt, wie er den physischen zurückgelassen hat. Der „astrale Leichnam" seinerseits zerfällt, liefert seine Materie der Astralwelt zurück und löst alles auf, was als Basis für die magnetischen Kettenglieder dienen könnte, die für eine Erinnerung nötig wären. Er geht weiter in seinem Verstandeskörper und wohnt auf den Rupastufen von Devachan, lebt dort Hunderte von Jahren, bildet Fähigkeiten in sich aus und erfreut sich der Früchte seiner Arbeit. Aber auch von diesem Verstandeskörper zieht er sich zurück, wenn die Zeit reif ist, und nimmt aus ihm in den Körper, welcher dauert, die Essenz von allem mit, was er gesammelt und verarbeitet, assimiliert hat. Er läßt den Verstandeskörper hinter sich, der in gleicher Weise wie seine dichteren Hüllen sich auflöst, denn die Materie, so fein sie von unserem Standpunkt aus auch ist, ist doch nicht fein genug, um auf die höheren Stufen der Mânas-Welt hinaufgetragen zu werden. Der Mensch muß ihn abstreifen, er muß ihn zurücklassen und ihn der Materie seiner Region wiedergeben. Wiederum eine Auflösung einer zusammengesetzten Verbindung in ihre Elemente! Den ganzen Weg hinauf streift der Mensch eine Hülle nach der andern ab, und erst, wenn er die Arupâstufen der manasischen Welt erreicht hat, kann man von ihm sagen, daß er die Grenzen des Reiches hinter sich gelassen hat, über welches der König Tod mit dem Szepter der Zersetzung seine Herrschaft führt. Er verläßt endgültig dessen Reich und wohnt im Kausalkörper, über den der Tod keine Macht hat und in dem er alles aufspeichert, was er gesammelt hat. Daher der Name Kausalkörper, denn alle Ursachen, die die künftigen Verkörperungen beeinflussen, befinden sich in ihm. Der Mensch muß daher anfangen, in vollem Bewußtsein auf den Arupastufen der Manaswelt in seinem Kausalkörper zu arbeiten, ehe er die Erinnerung über die Kluft des Todes hinüberbringen kann. Eine unentwickelte Seele, die diese hohe Region betritt, kann das Bewußtsein dort nicht aufrecht erhalten. Sie tritt dort ein, wobei sie alle Keime ihrer Eigenschaften mit sich führt. Sie hat die Ahnung eines Gefühls, das kurze Aufblitzen eines Bewußtseins, das Vergangenheit und Zukunft umschließt, und das geblendete Ego sinkt nieder zur neuen Geburt. Es birgt die Keime in seinem Kausalkörper und läßt auf jeder Ebene diejenigen Wurzel schlagen, die zu dieser gehören. Diese Wurzeln ziehen dann die Materie an sich, die ihnen speziell entspricht. So umkleiden sich die mentalen Keime auf den Rupa-Stufen der niederen manasischen Welt mit Materie von diesen Stufen und formen so den neuen Verstandeskörper. Die so gesammelte Materie drückt die intellektuellen Charaktereigenschaften aus, die ihm der Keim im Innern gegeben hat, wie die Eichel sich dadurch zum Eichbaum entwickelt, daß sie passende Materie aus Boden und Atmosphäre in sich hineinzieht. Die Eichel kann sich nicht zu einer Birke oder einer Zeder entwickeln, sondern nur zu einer Eiche. So muß sich der mentale Keim auch der eigenen Natur gemäß entwickeln und nicht anders. So betätigt sich das Karma in dem Bau der Körper, und der Mensch erhält die Ernte des Samens, den er gesät hat. Der Keim, der vom Kausalkörper ausgeworfen wird, kann nur in seiner Weise wachsen, nur jene Art der Materie an sich ziehen, die zu ihm gehört, und diesen Stoff in seine charakteristische Form bringen, so daß er die getreue Nachbildung der Eigenschaften wieder hervorruft, die der Mensch in der Vergangenheit entwickelt hat.

Sobald er in die Astralwelt kommt, schlagen jene Keime Wurzel, die zu dieser Welt gehören, und sie ziehen die passende Astralmaterie und Elementalessenz an sich. So erscheinen die Neigungen, Gefühle und Leidenschaften wieder, die zu dem Begierden- oder Astralkörper des Menschen gehören, der in dieser Weise sich bei seiner Ankunft auf der Astralebene wieder bildet.

Wenn also die Erinnerung an vergangene Leben durch alle diese Prozesse und alle diese Welten hindurch sich erhalten soll, dann muß das Bewußtsein auf der hohen Ebene der Ursachen, der Ebene des Kausalkörpers, in voller Tätigkeit vorhanden sein. Die Menschen erinnern sich ihrer vergangenen Leben nicht, weil sie im Kausalkörper, dem dazu nötigen Werkzeug, noch nicht zum Bewußtsein gekommen sind. Dieser Körper hat seine ihm eigene Tätigkeit noch nicht zum Funktionieren gebracht. Er ist wohl vorhanden als die Essenz ihrer Leben, ihr wirkliches „Ich", dasjenige, von dem alles ausgeht. Aber er funktioniert noch nicht aktiv, er ist noch nicht selbstbewußt, wenn auch unbewußt tätig, und so lange er nicht selbstbewußt ist, völlig selbstbewußt, kann das Gedächtnis nicht von einer Ebene zur andern übergehen und daher nicht von einem Leben zum andern. Wenn der Mensch fortschreitet, leuchten Blitze des Bewußtseins auf, die Bruchstücke der Vergangenheit für Augenblicke sichtbar machen, aber diese Blitze müssen sich in ein stetiges Licht verwandeln, ehe eine zusammenhängende Erinnerung entstehen kann.

Man kann fragen: Ist es möglich, die Wiederkehr solcher Blitze zu fördern? Ist es den Menschen möglich, diese allmählich wachsende Tätigkeit des Bewußtseins auf den höheren Ebenen zu beschleunigen? Der niedere Mensch kann durch Anstrengung dem Ziel näherkommen, wenn er Geduld und Mut hat. Er kann versuchen, mehr und mehr in dem dauernden Selbst zu leben, Gedanken und Energie, soweit es sein Interesse daran betrifft, von den Trivialitäten und Vergänglichkeiten des gewöhnlichen Lebens abzuziehen. Ich meine damit nicht, daß ein Mensch träumerisch werden, immer in Gedanken umherschweifen und dadurch ein sehr untüchtiges Mitglied der Familie und der Gesellschaft werden soll. Im Gegenteil! Jeder Anspruch, den die Welt an ihn hat, wird erfüllt werden, und sogar vollkommener erfüllt werden, infolge der Größe des Menschen, der dies vollbringt. Er kann die Dinge nicht mehr so ungeschickt und unvollkommen tun, wie der weniger entwickelte Mensch sie vielleicht vollbringt, denn Pflicht ist Pflicht für ihn, und solange irgendjemand oder irgendetwas Ansprüche an ihn hat, muß die Schuld bis zum letzten Heller bezahlt werden. Jede Pflicht wird von ihm so vollkommen ausgeführt werden, wie er sie auszuführen vermag, mit seinem besten Können, mit seiner größten Aufmerksamkeit. Aber sein Interesse wird nicht an diesen

Dingen hängen, seine Gedanken werden sich nicht auf ihren Erfolg richten. In dem Augenblick, wo die Pflicht erfüllt und frei davon ist, wird sein Denken zum dauernden Leben zurückeilen, wird sich mit aufstrebender Kraft zu der höheren Sphäre erheben, und er wird dort zu leben anfangen und die Trivialitäten des weltlichen Lebens nach ihrer wahren Wertlosigkeit einschätzen. Wenn er dies stetig tut und sich im hohen und abstrakten Denken zu schulen sucht, dann wird er anfangen, die höheren Kettenglieder im Bewußtsein zu beleben und in diese niedere Sphäre jenes Bewußtsein herabzubringen, das „er selbst" ist.

Der Mensch ist ein und derselbe, auf welcher Ebene er auch funktionieren mag, und sein Triumph ist, auf allen fünf Ebenen in ununterbrochenem Bewußtsein tätig zu sein. Diejenigen, die wir Meister nennen, die „vollkommen gewordenen Menschen", funktionieren in ihrem wachen Bewußtsein nicht nur auf den drei niederen Ebenen, sondern auch auf der vierten Ebene – jener Ebene der Einheit, die in der Mândûkyopanisbad als die Turîa-Ebene bezeichnet wird, und auf der noch über ihr gelegenen, der Ebene von Nirvâna. In ihnen ist die Entwicklung vollendet, dieser Zyklus ist vollständig durchschritten, und was sie sind, das sollen alle einst werden. die jetzt noch langsam emporklimmen. Dies ist das Einswerten des Bewußtseins. Die Körper bleiben zum Gebrauch, aber sie können das Bewußtsein nicht mehr einkerkern, und der Mensch benutzt sie je nach der Arbeit, die er zu verrichten hat.

In dieser Weise werden Materie, Raum und Zeit überwunden. Ihre Schranken hören für den geeinigten Menschen auf zu existieren. Er hat beim Aufwärtsklimmen empfunden, daß sie auf jeder Stufe weniger und weniger zu hindern vermögen. Schon auf der Astralebene bedeutet die Materie viel weniger eine Trennung als hier unten, und sie scheidet ihn von seinen Brüdern viel weniger wirkungsvoll. Das Sichfortbewegen im Astralkörper geschieht so rasch, daß Raum und Zeit, kann man sagen, praktisch überwunden sind. Den obgleich der Mensch weiß, daß er durch den Raum eilt, so geschieht das Durcheilen doch so geschwind, daß die Macht des Raumes, den Freund vom Freunde zu trennen, überwunden ist. Schon diese erste Eroberung macht die physische Entfernung zunichte. Als er zur Mentalwelt aufstieg, fand er noch eine andere Macht sein eigen. Er dachte an einen Ort, und er war da, er dachte an seinen Freund, und der Freund war vor ihm. Schon auf der dritten Ebene übersteigt das Bewußtsein die Schranken Materie, Raum und Zeit, und es ist überall gegenwärtig, wo es sein will. Alle Dinge, die gesehen werden, sieht der soweit Entwickelte gleichzeitig, in demselben Augenblick, in dem er seine Aufmerksamkeit auf sie richtet; alles, was er hört, vernimmt er als einen einzigen Eindruck. Raum, Zeit und Materie, wie er sie in den Welten kannte, sind verschwunden, ein Nacheinander existiert nicht mehr im ewigen „Jetzt".

Wenn er noch höher steigt, fallen auch die Schranken innerhalb des Bewußtseins fort, und er erkennt sich eins mit anderen Bewußtseins, eins mit andern lebenden Wesen. Er kann denken, wie sie denken, fühlen, wie sie fühlen, erkennen, wie sie erkennen. Er kann ihre Beschränkungen für den Augenblick zu den seinigen machen, damit er genau erfassen kann, wie sie denken, und kann dabei doch sein eigenes besonderes Bewußtsein behalten. Er kann seine eigenen größeren Kenntnisse benutzen, um dem engeren und beschränkteren Denken zu helfen, indem er sich mit dem Denkenden identifiziert, um sanft dessen Horizont zu erweitern. Er übernimmt ganz neue Funktionen in der Natur, wenn er nicht mehr von anderen getrennt ist, sondern des Selbstes gewahr ist, welches ein und dasselbe in allen ist und seine Kraftstrahlen heruntersendet von der Ebene der Einheit. Selbst in bezug auf die niederen Tiere kann er fühlen, wie die Welt sich ihnen darstellt, so daß er genau die Hilfe geben kann, deren sie bedürfen, und die Unterstützung gewähren, nach welcher sie tastend suchen.

Daher hat er seinen Sieg nicht nur für sich erlangt, sondern für alle, und er gewinnt weitere Kräfte, nur um sie in den Dienst aller derer zu stellen, die auf der Leiter der Entwicklung niedriger stehen als er. In dieser Weise wird er in der ganzen Welt selbstbewußt, dazu lernte er, auf jeden Schmerzensruf zu hören, mit jedem Pulsschlag von Freude oder Leiden mitzuschwingen, auf jeden Ausruf der Freude zu hören. Alles ist erreicht, alles gewonnen, der Meister ist jener Mensch, „der nichts mehr zu lernen hat". Hiermit wollen wir nicht gesagt haben, daß alle möglichen Kenntnisse in jedem gegebenen Augenblick innerhalb seines Bewußtseins sind, sondern daß es, soweit es diese Stufe der Entwicklung betrifft, nichts gibt, was ihm verschleiert ist, nichts, dessen er sich nicht vollständig bewußt wird, wenn er seine Aufmerksamkeit darauf richtet. Innerhalb dieses Kreises der Entwicklung von allem, was da lebt – und alle Dinge leben – gibt es nichts, was er nicht verstehen kann, und daher auch nichts, dem er nicht helfen könnte.

Das ist der höchste Triumph des Menschen. Alles, was ich besprochen habe, würde wertlos, gleichgültig sein, wenn es nur ein Gewinn für das enge, kleine Selbst wäre, das wir hier unten als unser Selbst erkennen. Alle die Schritte, lieber Leser, zu welchen ich dich zu bewegen gesucht habe, würden nicht der Mühe lohnen, wenn sie dich zuletzt auf eine einsame Zinne brächten, abseits von all den sündigen, leidenden Wesen, anstatt dich zum Herzen aller Dinge zu führen, wo sie und du eins sind. Das Bewußtsein des Meisters erstreckt sich in jede Richtung, in die er es sendet. Es wird eins mit jedem Punkt, auf den er es richtet, es weiß alles und jedes, was er wissen will, und alles dies zu dem Zweck, damit er vollkommen helfen kann, daß nichts vorhanden sein möge, was er nicht fühlen, was er nicht kräftigen, nichts, dem er nicht in seiner Entwicklung beistehen könnte. Für ihn ist die ganze Welt ein sich entwickelndes Ganzes, und seine Stellung in ihr ist die eines Helfers der Entwicklung. Er ist fähig, sich mit jeder Stufe zu identifizieren und auf dieser Stufe die Hilfe zu geben, die nötig ist. Er hilft den Elementalreichen, sich abwärts zu entwickeln, und den Mineralien, den Pflanzen, den Tieren und den Menschen, jedem auf seine Weise, und er hilft ihnen allen wie sich selbst. Denn die Glorie seines Lebens ist, daß alles er selbst ist. Daher kann er allen helfen, gerade durch die Hilfe erkennend, daß alles, dem er hilft, er selbst ist.

Das Mysterium, wie dies sein kann, enthüllt sich allmählich, wenn der Mensch sich entwickelt und das Bewußtsein sich erweitert, um mehr und mehr zu umfassen, während es doch lebhafter und lebenskräftiger wird, ohne das Wissen von sich selbst zu verlieren.

Wenn der Punkt zur Himmelskugel geworden ist, empfindet die ganze Kugel, der Punkt zu sein; jeder Punkt enthält alles und weiß sich eins mit jedem anderen Punkt; das Äußere wird als die bloße Spiegelung des Inneren geschaut; die Wirklichkeit ist das Eine Leben und alle Unterschiedlichkeit eine Täuschung, die überwunden ist.

DIE LEHRE DES WACHSTUMS (BAND II)

ZWEITES BUCH

Annie Besant

Reinkarnation

F. HIRTHAMMER VERLAG MÜNCHEN

Einleitung

Inmitten des Streites der Meinungen, der unsere moderne Zivilisation kennzeichnet, ist es für eine neue Wahrheit schon an sich schwer, sich Gehör zu verschaffen, aber noch viel schwieriger ist dies für eine Wahrheit, die nur deshalb wieder neu geworden ist, weil sie schon so alt ist. Wenn unser Auge die ganze intellektuelle Entwicklungsgeschichte der Menschheit über Hunderte von Jahrtausenden überblicken könnte, dann würde eine Unterbrechung der Herrschaft einer weltweiten Idee, die sich nur auf wenige hundert Jahre und nur auf eine kleine Zahl von Völkern beschränkt, uns kaum beeindrucken. Aber wenn diese Unterbrechung – ein nur teilweiser kleiner Riß in einer unermeßlichen Vergangenheit – die intellektuelle Entwicklung in Europa mit umfaßt und von Europäern untersucht wird, dann nimmt er eine Bedeutung an, die in keinem Verhältnis zu seinem zeitlichen Ausmaß und zu dem Gewicht seiner Gründe steht. So groß und wertvoll der Beitrag ist, der von Europa der Schatzkammer der Menschheit zugeführt wurde, so sind wir Europäer doch allzu geneigt, ihn zu überschätzen und zu vergessen, daß man von der sehr kurzen Periode intellektueller Leistungen in Europa vernünftigerweise nicht annehmen kann, daß sie schwerer wiegt als die gesamte intellektuelle Ernte der nichteuropäischen Rassen, die durch Tausende von Jahrhunderten eingebracht wurde. Unsere jüngste Vergangenheit so groß zu sehen, bis sie – gleich wie eine vor das Auge gehaltene Scheibe die Sonne verdeckt – die ganze Vergangenheit der Welt unserem geistigen Blick verschließt, das ist eine Gefahr, gegen die wir auf der Hut sein sollten. Die rassischen und nationalen Gewohnheiten, Überlieferungen und Umgebungen des Menschen gleichen farbigen Gläsern, durch die wir auf die Sonne der Wahrheit blicken; jedes Glas leiht dem Sonnenstrahl seine eigene Tönung und so tritt der weiße Strahl durch dasselbe als rot, blau, gelb oder dergleichen in Erscheinung. Da wir nun unser eigenes Glas nicht los werden und die reine ungefärbte Strahlung nicht auffangen können, tun wir gut daran, die verschiedenen gefärbten Strahlen miteinander zu verbinden und dadurch das weiße Licht zu erlangen.

Nun ist die Reinkarnation eine Wahrheit, die das Bewußtsein ungezählter Millionen unserer Menschheit beherrscht und das Denken der großen Mehrheit durch zahllose Jahrhunderte gestaltet hat. Sie entschwand dem Bewußtsein der Europäer während des dunklen Zeitalters und hörte dadurch auf, unsere intellektuelle und moralische Entwicklung zu beeinflussen – sehr zum Nachteil dieser Entwicklung, nebenbei gesagt. Während der letzten hundert Jahre ist diese Wahrheit von Zeit zu Zeit im Denken einiger Großer des Westens als eine mögliche Erklärung einiger der verwirrendsten Probleme des Lebens aufgetaucht, und in allerletzter Zeit, seit sie klar als ein wesentlicher Teil der esoterischen Lehre verkündet wurde, ist sie ein Gegenstand ständiger Diskussion geworden und gewinnt unter jenen, die tiefer über die Mysterien des Lebens und der Entwicklung nachdenken, ständig mehr und mehr Raum.

Es besteht natürlich kein Zweifel daran, daß in den großen historischen Religionen des Ostens die Lehre von der Reinkarnation einer der grundlegenden Lehrsätze war. In Indien war ebenso wie in Ägypten die Reinkarnation die Quelle der Ethik. Unter den Juden wurde sie allgemein von den Pharisäern angenommen [1]), und der Volksglaube wird an einigen Stellen des *Neuen Testamentes* deutlich, so zum Beispiel, wenn Johannes der Täufer als eine Wiederverkörperung von Elias angesehen wird, oder wenn die Jünger fragen, ob der Blindgeborene für die Sünden seiner Eltern leidet oder für irgendeine frühere Sünde. Der *Zohar* wiederum spricht davon, daß die Seelen der Wanderung unterworfen sind. „Alle Seelen sind dem Kreislauf unterworfen (der Metempsychosis, *a'leen b'gilgoolah)*, aber die Menschen kennen die Wege des Heiligen nicht; gesegnet sei es, sie sind unwissend über die Art, in der die ganze Zeit über sie geurteilt wurde, und bevor sie in diese Welt kamen und wenn sie sie verlassen haben." [2]) Der *Kether Malkut* hat offensichtlich den gleichen Gedanken wie Josephus, wenn es in ihm heißt: „Wenn sie (die Seele) rein ist, dann wird sie am letzten Tage Gunst erlangen und frohlocken; aber wenn sie befleckt ist, dann wird sie eine Zeitlang in Schmerz und Verzweiflung wandern." Ebenso finden wir diese Lehre bei einigen hervorragenden Kirchenvätern, und Ruffinus erklärt in einem Brief an Anastasius, daß dieser Glaube unter den ursprünglichen Vätern allgemein war. Unnötig zu sagen, daß die gnostische und die neuplatonische Philosophie sie als einen integrierenden Teil ihrer Lehren betrachteten. Wenn wir nun in die westliche Hemisphäre blicken, begegnen wir der Reinkarnation als einem festverwurzelten Glauben bei vielen Stämmen Nord- und Südamerikas. Die Mayas, die in so interessanter Weise sowohl in ihrer Sprache als auch in ihrer Symbolik mit dem alten Ägypten verbunden waren, besaßen diese Lehre, wie durch die Forschungen von Dr. und Mme. le Plongeon erwiesen wurde. Man könnte diesen noch die Namen so mancher anderer Stämme hinzufügen, der Überreste einst berühmter Völker, die in ihrem Verfall die altüberkommenen Glaubensvorstellungen bewahrt haben, die sie einstens mit den mächtigsten Völkern der alten Welt verbanden.

Es kann kaum erwartet werden, daß eine Lehre von so ungeheurem Alter und so hervorragender intelektueller Abkunft aus dem Bewußtsein der Menschheit gänzlich entschwinden könnte; demgemäß finden wir auch, daß die Verdunkelung, die sie vor etlichen Jahrhunderten erlitt, nur eine sehr teilweise war und nur einen kleinen Teil der Menschheit betraf. Das Unwissen, das Europa überschwemmte, vertrieb den Glauben an die Reinkarnation ebenso, wie es die ganze Philosophie, die ganze Metaphysik und die ganze Wissenschaft vertrieb. Das Mittelalter bot nicht den Boden, auf dem eine weite, umfassende und philosophische Auffassung von der Natur und der Bestimmung des Menschen gedeihen konnte. Aber im Osten, der sich einer verfeinerten und freundlichen Kultur erfreute, während Europa in Barbarei versank, der seine Philosophen und Dichter besaß, während in Europa unwissende Beschränktheit herrschte, im Osten behielt die große Lehre unbestritten ihren Einfluß, sei es in der verfeinerten Metaphysik der Brahmanen, sei es in der edlen Moral, die im Schatten Buddhas und seines Guten Gesetzes beheimatet ist.

Aber wenn eine Naturtatsache auch in einem Teil der Welt eine Zeitlang unbeachtet bleiben mag, so kann sie doch nicht beseitigt werden, und wenn sie vorübergehend unter die Oberfläche taucht, so wird sie sich doch bald wieder dem Blick der Menschen zeigen. Das hat sich erneut in der Geschichte der Lehre von der Reinkarnation in Europa gezeigt, in ihrem gelegentlichen Wiederauftauchen, das von der Gründung des Christentums bis in die heutige Zeit verfolgt werden kann, und in ihrer zunehmenden Annahme in der Gegenwart.

„Im Anfange, als das Christentum Europa überflutete, war das innere Denken seiner führenden Geister stark von dieser Wahrheit gefärbt. Die Kirche versuchte ohne Erfolg, sie auszumerzen, aber sie keimte in verschiedenen Sekten über die Zeit ihrer mittelalterlichen Verfechter Erigena und Bonaventura hinaus weiter. Alle großen intuitionellen Seelen bekannten sich zu ihr, wie Paracelsus, Böhme und Swedenborg. Die italienischen Leuchten Giordano Bruno und Campanella nahmen sie an. Das Beste an der deutschen Philosophie wurde durch sie bereichert. Bei Schopenhauer, Lessing, Hegel, Leibniz,

Herder und dem jüngeren Fichte wird sie ernstlich verfochten. Die anthropologischen Systeme von Kant und Schelling bieten Berührungspunkte mit ihr. Der jüngere Helmont führt in seinem Werk *De Revolutione Animarum* in zweihundert Problemstellungen alle Argumente an, die nach jüdischen Vorstellungen für eine Wiederkehr von Seelen in menschliche Körper geltend gemacht werden können. Unter den englischen Denkern verteidigten die Cambridger Platoniker diese Ansicht mit viel scharfsinniger Gelehrsamkeit, besonders deutlich Henry More; und bei Cudworth und Hume gilt sie als die vernunftgemäßeste Theorie der Unsterblichkeit. Glanvil's *Lux Orientalis* widmet ihr eine eigenartige Abhandlung. Sie gewann auch den Sinn von Fourier und Leroux. André Pezzanis Buch *Die Pluralität der Leben der Seele* arbeitet dieses System auf Grundlage der römisch-katholischen Lehre von der Sühne aus." [3])

Wer Schopenhauer gelesen hat, wird mit dem Aspekt vertraut sein, den die Reinkarnation in seiner Philosophie angenommen hat. Da dieser große Deutsche durch sein Studium der Upanischaden so von östlichem Denken durchdrungen war, wäre es sonderbar gewesen, wenn dieser Grundstein der Hindu-Philosophie in seinem System keinen Platz gefunden hätte. Aber Schopenhauer ist unter den deutschen Mystikern und Intellektuellen nicht der einzige Philosoph, der die Reinkarnation als einen notwendigen Faktor in der Natur angenommen hat. Die Meinungen von Fichte, Herder und Lessing können sicherlich Anspruch darauf erheben, in der intellektuellen Welt Gewicht zu haben, und diese Männer betrachten die Reinkarnation als Lösung für sonst unlösbare Probleme. Es ist wohl wahr, daß die intellektuelle Welt kein despotischer Staat ist und daß niemand seine Ansichten seinen Mitmenschen aufgrund persönlicher Autorität aufzwingen darf; trotzdem werden in ihr die Meinungen doch mehr gewogen als gezählt, und die mächtigeren und besser informierten Denker im Westen werden, wenn sie hier auch nur eine kleine Minorität darstellen, ein achtungsvolles Gehör für das zu erwarten haben, was sie mit Vorbedacht vorbringen, zumindest seitens aller, die nicht durch die modernen Traditionen so engherzig geworden sind, daß sie den Wert von Argumenten, die zugunsten einer unmodernen Wahrheit vorgebracht werden, nicht würdigen können.

Interessant ist dabei, daß der Gedanke der Reinkarnation an sich – zumindest unter gebildeten Menschen – im Westen nicht mehr für absurd gehalten wird. Er erlangt allmählich den Rang einer möglichen Hypothese, die nach ihrem Wert beurteilt werden muß, nach ihrer

Eignung, verwirrende und scheinbar nicht miteinander in Beziehung stehende Erscheinungen zu erklären. Obwohl ich die Reinkarnation für mich selbst als eine erwiesene Tatsache betrachte, liegt mir doch daran, sie auf den folgenden Seiten eher als eine wahrscheinliche Hypothese vorzutragen, die mehr als jede andere Theorie Licht auf die dunklen Probleme der Konstitution des Menschen, seines Charakters, seiner Entwicklung und seiner Bestimmung wirft. Von einem Meister wurde gesagt, daß Reinkarnation und Karma die beiden Lehren sind, welche der Westen am dringendsten nötig hat; so kann es für jemand, der an die Meister glaubt, nur richtig sein, einen für den Durchschnittsleser verständlichen Umriß dieser zentralen Lehre der esoterischen Philosophie abzufassen.

Die Bedeutung des Wortes Reinkarnation

Wir wollen mit dem Versuch beginnen zu verstehen, was mit Reinkarnation gemeint ist. Soweit es die Herkunft des Wortes anbelangt, kann jeder wiederholte Eintritt in eine physische, fleischliche Hülle darunter verstanden werden. Reinkarnation setzt also sicherlich die Existenz von etwas verhältnismäßig Dauerndem voraus, das wiederholt in etwas eintritt und darin wohnt, was vergänglich ist. Aber das Wort sagt uns nichts über das Wesen dieser verhältnismäßig dauernden und vergänglichen Dinge, außer, daß die vergänglichen aus „Fleisch" bestehen. Ein anderes Wort, das oft gleichbedeutend mit Reinkarnation verwendet wird, das Wort Metempsychosis, weist auf die andere Seite des Vorganges hin; hier wird die Wohnstatt außer acht gelassen, und die Betonung liegt auf dem Übergang der Psyche, des verhältnismäßig Dauernden. Wenn man diese beiden Worte zu einem Gesamtbild zusammenfügt, dann gelangen wir zum Eintritt der Psyche oder „Seele" in aufeinanderfolgende „Körper" aus Fleisch; und wenn auch gegen das Wort „Seele" wegen seiner Unklarheit und seines theologischen Beiklanges ernsthafte Einwendungen erhoben werden können, so wollen wir es doch vorläufig verwenden, da es im Denken der meisten Menschen eine Form des Daseins bezeichnet, die das physische Gehäuse, mit dem sie während eines Erdenlebens verbunden war, überdauert.

In diesem allgemeinen Sinn, gesondert von allen speziellen exoterischen oder esoterischen Lehrmeinungen, sind Reinkarnation und Metempsychosis Worte, die eine Theorie des Daseins bezeichnen, nach welcher eine Form aus sichtbarer Materie von einem mehr ätherischen Prinzip bewohnt wird, das sein physisches Gehäuse überlebt und nach dem Tode des letzteren, entweder sofort oder nach einer Zwischenzeit, in ein anderes solches Gehäuse übergeht. Nie vielleicht ist diese Lehre in ihrer erhabensten Form klarer und schöner ausgedrückt worden als in der berühmten Ermutigung Ardschunas durch Krischna in der *Bhagavad Gita:*

„Diese Körper des verkörperten Einen, der ewig, unzerstörbar und grenzenlos ist, sind als endlich bekannt . . . Wer glaubt, daß dieser ein Töter ist oder daß er getötet wird, ist unwissend. Er tötet nicht, noch wird er getötet. Er wird nicht geboren, noch stirbt er; noch hört er, nachdem er gewesen ist, jemals auf zu sein; ungeboren, fortdauernd, ewig und uralt, wird er nicht getötet, wenn der Körper hingeschlachtet wird. Wer sich als unzerstörbar, ungeboren, unverminderbar erkennt, wie kann dieser Mensch töten, o Partha, oder Anlaß geben, getötet zu werden? Wie ein Mensch, der abgetragene Kleider wegwirft und neue anzieht, so wirft der, der im Körper wohnt, abgetragene Körper fort und tritt in andere ein, die neu sind. Waffen verletzen ihn nicht und Feuer brennt ihn nicht, Wasser ertränkt ihn nicht und der Wind dörrt ihn nicht aus. Er ist unteilbar und unverbrennbar, und kann in der Tat weder ertränkt noch ausgedörrt werden; dauernd, alles durchdringend, fest und unbewegbar, uralt und unausdenkbar, unveränderbar wird er genannt; darum, da du ihn als solchen kennst, solltest du nicht trauern." [4])

Die Reinkarnationstheorie in der esoterischen Philosophie behauptet also die Existenz eines lebendigen, individualisierten Prinzips, das im Körper des Menschen lebt und diesen beseelt und das beim Tode des Körpers nach einer längeren oder kürzeren Zwischenzeit in einen anderen Körper übergeht. Auf diese Art sind aufeinanderfolgende Leben im Körper wie auf einen Faden geknüpfte Perlen miteinander verbunden, wobei der Faden das lebendige Prinzip darstellt und die Perlen die einzelnen menschlichen Leben.

Was verkörpert sich wieder?

Wenn wir den Gedanken erfaßt haben, daß Reinkarnation das Innewohnen eines lebendigen Etwas in einer aufeinanderfolgenden Reihe menschlicher Körper ist, stellen wir naturgemäß die Frage: Was ist dieses lebendige Etwas, dieses bleibende reinkarnierende Prinzip? Da unser Verständnis der ganzen Lehre von einem gründlichen Verstehen der Antwort auf diese Frage abhängt, wird es keinen Zeitverlust bedeuten, etwas bei den Umständen zu verweilen, die zu der ersten Inkarnation dieses lebendigen Prinzips in einer menschlichen Gestalt führten. Um diese Inkarnation wirklich verständlich zu machen, müssen wir den Stufen der menschlichen Entwicklung nachgehen.

In theosophischen Schriften wird oft die Monade oder Atma-Buddhi als die treibende Kraft aller Entwicklung bezeichnet, die am Ursprung aller Dinge wirkt. Jenen, die mit diesem Fachausdruck *nicht vertraut* sind, wird die Idee, die sich damit für den Theosophen verbindet, klar werden, wenn sie sich vorstellen, daß das universale Leben, die Wurzel von allem was ist, die verschiedenen Formen, aus denen unsere Welt besteht, schrittweise als Manifestation seiner selbst entfaltet. Wir können hier nicht die Geschichte unserer Erde in frühere Stadien ihrer äonenlangen Entwicklung zurückverfolgen, wir müssen uns begnügen, den Faden der Geschichte am Beginn unseres gegenwärtigen Zeitalters aufzunehmen, als der Keim dessen, was ein Mensch werden sollte, als Ergebnis einer vorhergegangenen Evolution auf diesem unseren Globus erschienen war. H. P. Blavatsky hat in den Bänden der *Geheimlehre* diese Entwicklung im einzelnen geschildert, und der ernst und gründlich Studierende muß auf dieses Werk verwiesen werden. Hier möge es genügen zu sagen, daß die physische Form dessen, was zum Menschen werden sollte, langsam und sehr allmählich entwickelt wurde; zwei große Wurzelrassen durchliefen ihre ganze Entwicklungsperiode und eine dritte hatte ihre Laufbahn vollendet, ehe die Menschheit, soweit es ihre physische, animalische Natur betraf, vollendet war. Diese Natur, die mit Recht animalisch genannt wird, weil sie das enthält, was der Mensch mit dem Tier gemein hat, – einen dichtphysischen Körper, seinen ätherischen Doppelgänger, seine Vitalität, seine Leidenschaften, Triebe und Begierden – diese Natur wurde von irdischen und anderen kosmischen Kräften durch Millionen von Jahren hindurch aufgebaut. Sie wurde überschattet, eingehüllt und durchdrungen von jenem universalen Leben,das „die Kraft im Hintergrund der Entwicklung“ darstellt, jenem Leben, das die Menschen in allen Zeitaltern göttlich genannt haben.

Ein okkulter Kommentar, der in der *Geheimlehre* zitiert wird, erwähnt bei der Besprechung dieses Stadiums der Entwicklung die Formen, die technisch „astrale Abbilder“ genannt werden und zu physischen Körpern von Menschen entwickelt worden waren, und beschreibt die Lage an dem hier erreichten Punkt wie folgt:

„Rupa (Form) ist die Hülle von Monaden (sechsten und siebenten Prinzipien) geworden, die ihren Zyklus von Transmigrationen in den drei vorhergehenden Kalpas (Runden) vollendet hatten. Dann wurden sie (die astralen Abbilder) die Menschen der ersten menschlichen Rasse der Runde. Aber sie waren nicht vollständig, sie waren vernunftlos.“

Hier waren nun, so können wir sagen, die beiden Pole der sich entfaltenden Lebensoffenbarung: der animalische mit all seinen Möglichkeiten auf der niederen Ebene, aber notwendigerweise vernunftlos, ohne Gewissen, ziellos über die Erde hinstreifend, unbewußt aufwärts strebend durch die drängende innere Kraft, die ihn seit jeher vorwärtstrieb, und andererseits diese Kraft, die göttliche, selbst zu erhaben in ihrer rein ätherischen Natur, um auf den niederen Ebenen bewußt zu werden, und daher unfähig, den Abgrund zu überbrücken, der sich zwischen ihr und dem animalischen Gehirn dehnte, das sie belebt hatte, aber nicht erleuchten konnte. Von solcher Art war der Organismus, der ein Mensch werden sollte, ein Geschöpf mit wunderbaren Möglichkeiten, ein Instrument mit Saiten, die bereit waren, Musik ertönen zu lassen; wo war die Macht, diese Möglichkeiten zu Wirklichkeiten werden zu lassen, woher kam die Berührung, die Melodie wachzurufen und vibrierend in den Raum hinauszusenden?

Als die Stunde schlug, kam die Antwort aus der manasischen, der mentalen Ebene. Während diese oben beschriebene zweifache Evolution, die monadische und die physische, auf unserem Globus vor sich ging, war in einer höheren Sphäre eine dritte Entwicklungslinie fortgeschritten, die ihr Ziel im Menschen finden sollte. Diese Linie war die der intellektuellen Entwicklung, und ihre Träger waren die niedrigeren Angehörigen der Söhne des Verstandes (der Manasaputra), selbstbewußte intelligente Wesenheiten, wie es schon ihr Name sagt. Die Manasaputras werden mit vielen verschiedenen Namen bezeichnet: Herren des Lichtes, Dhyan Chohane, Kumaras, Drachen der Weisheit,

Solar-Pitris usw.; das sind allegorische und poetische Namen, die für den Studierenden im Laufe seines Studiums anziehend und vertraut werden, die aber dem Anfänger, der nicht weiß, ob er es mit einer einzigen Klasse von Wesenheiten zu tun hat oder mit einem Dutzend, viel Schwierigkeiten und Verwirrung bereiten. Tatsächlich umfaßt diese Bezeichnung viele verschiedene Grade. Das eine, was der Anfänger erfassen muß, ist aber, daß auf einer bestimmten Stufe der Evolution gewisse selbstbewußte intelligente Wesenheiten, die schon eine lange vergangene intellektuelle Entwicklung hinter sich hatten, in den Menschen eintraten, in ihm inkarnierten. Sie fanden im physischen Menschen ein Werkzeug, das für ihre weitere Entwicklung bereit und geeignet war.

Die Ankunft der Söhne des Verstandes wird in den Stanzen aus dem Buch des Dzyan in poetischer Weise wie folgt beschrieben:

> *„Die Söhne der Weisheit, die Söhne der Nacht, bereit zur Wiedergeburt, kamen herab . . . Die dritte Rasse war bereit. ‚In diesen werden wir wohnen', sprachen die Herren der Flamme . . . Die dritte Rasse wurde das Vahan (der Träger) der Herren der Weisheit."* [6])

Diese Herren der Weisheit inkarnierten als Lehrer und wurden die Väter der reinkarnierenden Egos, während Solar Pitris eines niedereren Grades selbst die reinkarnierenden Egos der führenden Rassen wurden; sie sind der Verstand, Manas, das fünfte Prinzip im Menschen, das manchmal als menschliche Seele oder Vernunftseele bezeichnet wird. Ich ziehe es vor, das reinkarnierende Ego als den Denker im Menschen zu bezeichnen, und nicht als den Verstand; denn das Wort Denker deutet auf eine individuelle Wesenheit hin, während das Wort Verstand nur ein unbestimmtes allgemeines Prinzip beschreibt.

Es ist bezeichnend, daß das Wort Mensch, das in so vielen Sprachen zu finden ist, auf dieses Manas zurückgeführt werden kann, auf seine Wurzel *man*, d. h. denken. Das etymologische Wörterbuch von Skeat zeigt, daß dieses Wort im Englischen, Dänischen, Deutschen, Isländischen, Gothischen und Lateinischen von der Sanskrit-Wurzel *man* abzuleiten ist, und er definiert daher den Menschen als ein „denkendes Tier". Wann immer wir also Mensch sagen, sagen wir Denker, und werden in die Zeit zurückgeführt, in der die Denker „herabkamen", d. h. in physischen Körpern inkarnierten, die für ihre Aufnahme gebildet worden waren, die Zeit, in der das vernunftlose Tier zu einem denkenden Wesen wurde, vermöge des Manas, das in das Tier eintrat und in ihm Wohnung nahm. Dies war der Zeitpunkt, in dem der Mensch mit seinem „Rock aus Fell“ bekleidet wurde (1. Moses 3, 21), nach seinem Fall in die Materie, damit er vom Baum der Erkenntnis essen und so zu einem „Gott“ werde.

Dieser Mensch ist ein Bindeglied zwischen dem Göttlichen und dem Tierhaften, die beide in ihrem Wesen verbunden, aber doch von zu enger Gemeinschaft gesondert gehalten werden. Er streckt eine Hand empor zur göttlichen Monade, zu dem Geist, dessen Abkömmling er ist, um diese erhabenere Natur zu assimilieren und seinen Intellekt spirituell werden zu lassen, und er legt seine andere Hand auf das Tier, das ihn tragen muß zur Eroberung der niedrigeren Ebenen, das er schulen und seinen Zielen unterwerfen und zu einem vollkommenen Werkzeug für die Offenbarung des höheren Lebens machen muß. Langwierig ist die Aufgabe, die vor ihm liegt; sie bedeutet nichts Geringeres, als das Tierhafte zum Göttlichen zu erheben, die Materie zu Geist zu sublimieren, das Leben, das den absteigenden Bogen durchschritten hat und das nun mit allen Früchten seines langen Exils in seine wahre Heimat hinaufklimmen muß, diesen aufsteigenden Lebensbogen emporzuführen. Und schließlich soll er die getrennten Aspekte des Einen wiedervereinigen, den Geist auf allen Ebenen zum Selbstbewußtsein führen, die Materie aber zu seiner vollkommenen Offenbarung machen. Das ist die erhabene Aufgabe, und die Reinkarnation soll dabei sein Werkzeug sein.

Dieser Mensch also ist unser wahres Selbst; wir irren, wenn wir unseren Körper als „Ich“ betrachten und so unseren zeitweiligen „Rock aus Fell“ überschätzen. Das ist dasselbe, wie wenn ein Mensch seinen Mantel als Ich betrachten würde, und sich selbst als ein bloßes Zubehör seiner Kleider. Wie unsere Kleider für uns da sind und nicht wir für sie, nur Dinge, die durch Klima, Bequemlichkeit und Sitte notwendig sind, so sind auch unsere Körper nur wegen der Verhältnisse, die uns umgeben, notwendig, und sie sind dazu da, uns zu dienen und nicht uns zu unterjochen. Manche Inder werden von ihren körperlichen Bedürfnissen nie so sprechen, als seien es die ihren, sie sagen, „mein Körper ist hungrig, mein Körper ist müde“, und nicht, „ich bin hungrig“ oder „ich bin müde“. Und wenn diese Ausdrucksweise auch in unseren Ohren sonderbar klingen mag, so entspricht sie doch besser den Tatsachen als unsere Identifizierung unser selbst mit unserem Körper. Wenn wir uns daran gewöhnen würden, uns in Gedanken nicht mit der Behausung zu identifizieren, in der wir leben, sondern mit dem menschlichen Selbst, das darin wohnt, würde unser Leben etwas Größeres und Erhabeneres sein. Wir würden Sorgen abschütteln, wie wir den Staub von unseren Kleidern abbürsten, und wir würden uns darüber klar sein, daß das Wertmaß für alle Dinge, die uns widerfahren, nicht das Vergnügen oder der Schmerz ist, den sie unserem Körper bereiten, sondern der Fortschritt oder die Hemmung, die sie für den Menschen in uns bedeuten; und da alle Dinge Erfahrungen beinhalten und aus allen Geschehnissen Lektionen gelernt werden können, würden wir Schmerzen dadurch den Stachel nehmen, daß wir in allen Dingen nach der Weisheit suchen, die sie in sich bergen mögen, so wie in einer noch geschlossenen Knospe die Blütenblätter zusammengefaltet sind. Im Lichte der Reinkarnation verändert das Leben sein Aussehen, denn es wird zu einer Schule für den ewigen Menschen in uns, der darin nach Entfaltung strebt, den Menschen, der war und ist und sein wird und für den niemals die Stunde eines Endes schlagen wird.

Der Anfänger möge daher klar den Gedanken erfassen, daß der Denker der Mensch, das Individuum ist, das reinkarnierende Ego, und daß dieses Ego, während es sein tierhaftes Ich, mit dem es während des Erdenlebens verbunden ist, schult und läutert, nach seiner Wiedervereinigung mit der göttlichen Monade strebt. Mit dieser göttlichen Monade vereint, die ein Funke des universellen Lebens und untrennbar von diesem ist, wird der Denker zum spirituellen Ego, zum göttlichen Menschen. Manchmal wird der Denker auch als Werkzeug oder Hülle der Monade bezeichnet, sozusagen als das ätherische Gehäuse, durch das die Monade auf allen Ebenen wirken kann; wir finden daher, daß theosophische Schriftsteller oft sagen, daß es die Triade, die Dreiheit im Menschen ist, die reinkarniert, und dieser Ausdruck mag, wenn er auch ungenau ist, angehen, wenn der Studierende nur dessen eingedenk bleibt, daß die Monade universell und nichts Gesondertes ist und daß es nur unsere Unwissenheit ist, die uns täuscht, so daß wir uns von unseren Brüdern sondern und zwischen dem Licht in dem einen und dem Licht in einem anderen einen Unterschied sehen. Da die Monade universell ist und sich in verschiedenen Personen oder Individuen nicht unterscheidet, ist es in Wirklichkeit nur der Denker, von dem man, genau genommen, sagen kann, daß er reinkarniert, und es ist dieser Denker, mit dem wir uns als dem Individuum zu befassen haben.

In diesem Denker wohnen nun alle Kräfte, die wir als Verstand oder Psyche bezeichnen. In ihm sind Gedächtnis, Intuition und Wille. Er sammelt alle Erfahrungen, durch die er geht, und speichert diese angesammelten Schätze des Wissens auf, damit sie in ihm selbst vermöge seiner eigenen göttlichen Alchimie in jene Essenz von Erfahrung und Wissen verwandelt werden, die Weisheit ist. Selbst innerhalb der kurzen Spanne unseres Erdenlebens unterscheiden wir zwischen dem Wissen, das wir erwerben, und der Weisheit, die wir allmählich – leider nur zu selten – aus diesem Wissen herausziehen. Weisheit ist die Ernte der Erfahrungen eines Lebens, das krönende Besitztum des alten Menschen. Und in vollerem und reicherem Sinn ist Weisheit die Ernte vieler Inkarnationen, in denen Wissen erlangt wurde, Erfahrungen aufgespeichert wurden und Geduld ihr Werk vollenden konnte, so daß schließlich der göttliche Mensch das Ergebnis der jahrhundertelangen Evolution ist. Der Denker ist also unser Vorratshaus von Erfahrungen, gereift in allen vergangenen Leben, geerntet in vielen Wiedergeburten, ein Erbe, in das jeder von uns mit Sicherheit eintreten wird, wenn er gelernt hat, sich über die Sklaverei der Sinne zu erheben, heraus aus den Stürmen und Spannungen des irdischen Lebens, hinauf in jene reinere Region, auf jene höhere Ebene, auf der unser wahres Selbst seine Wohnstatt hat.

Was reinkarniert nicht?

Wir haben im vorhergehenden Abschnitt gesehen, daß die äußere Gestalt des Menschen, seine physische Natur, durch zweieinhalb Rassen hindurch allmählich aufgebaut wurde, bis sie bereit war, den Sohn des Denkens zu empfangen. Das ist jene Natur, die wir die tierhafte nennen; sie besteht aus vier voneinander unterscheidbaren Teilen oder „Prinzipien“:

1. dem Körper;
2. dem ätherischen Doppelgänger;
3. der Vitalität;
4. der Leidenschaftsnatur – den Leidenschaften, Begierden und Wünschen.

Dies ist der animalische, tierhafte Mensch, der sich von seinen Verwandten, die rein tierisch sind, jedoch durch den Einfluß unterscheidet, den der Denker auf ihn ausübt, der gekommen ist, um ihn zu schulen und zu veredeln. Fehlt der Denker, wie im Falle angeborener Idiotie, so haben wir ein bloßes Tier vor uns, wenn auch in menschlicher Gestalt.

Der Denker nun, der mit dem Tiermenschen verbunden ist und ihn beseelt, teilt dieser niederen Natur so viel von seinen eigenen Fähigkeiten mit, als dieser Tiermensch auszudrücken fähig ist, und diese Fähigkeiten, die im menschlichen Gehirn und durch dasselbe wirken, werden von uns als Gehirnverstand oder niederer Verstand wahrgenommen. Im Westen ist man der Ansicht, daß die Entwicklung dieses Gehirnverstandes, allgemein gesprochen, den Unterschied zwischen dem Tier und dem Menschenwesen ausmacht. Was der Theosoph nur als den niederen Verstand betrachtet, wird von den westlichen Menschen gewöhnlich für den Verstand selbst gehalten, und daraus ergeben sich die Mißverständnisse, wenn Theosophen und Nichttheosophen zusammenkommen. Wir sagen, daß der Denker in seinem Bemühen, den Tiermenschen zu erreichen und zu beeinflussen, einen Strahl aussendet, der auf das Gehirn und in demselben wirkt, und daß durch das Gehirn so viel von seinen mentalen Kräften manifestiert wird, als dieses Gehirn vermöge seines Aufbaues und anderer physischer Eigenschaften zu übertragen fähig ist. Dieser Strahl versetzt die Moleküle der

Gehirn-Nervenzellen in Schwingung, so wie ein Lichtstrahl die Moleküle der Nervenzellen der Netzhaut des Auges in Schwingung versetzt, und bringt dadurch das Bewußtsein auf der physischen Ebene zum Entstehen. Vernunft, Urteilsvermögen, Gedächtnis, Wille, Vorstellungskraft – so wie diese Fähigkeiten uns bekannt sind, wenn sich das Gehirn in voller Tätigkeit befindet – sind alle die Wirkung des Strahles, den der Denker ausgesandt hat, modifiziert durch die materiellen Bedingungen, unter denen er zu arbeiten hat. Zu diesen Bedingungen gehören gesunde Nervenzellen, eine richtig ausgewogene Entwicklung der einzelnen Gruppen von Nervenzellen und eine reichliche Zufuhr von Blut, das Nährstoffe enthält, die von den Zellen zum Ersatz von verbrauchten assimiliert werden können, sowie leicht von seinem Träger löslicher Sauerstoff. Wenn diese Voraussetzungen oder einzelne derselben fehlen, kann das Gehirn nicht arbeiten, und durch ein solches Gehirn können Gedankenprozesse ebensowenig durchgeführt werden, wie eine Orgel keine Töne hervorbringen kann, deren Gebläse nicht funktioniert. Das Gehirn erzeugt den Gedanken ebensowenig wie die Orgel die Melodie; in beiden Fällen ist ein Spieler da, der durch das Instrument wirkt. Aber die Kraft des Spielers, sich auszudrücken in Gedanken oder in Tönen, ist durch die Fähigkeiten des Instrumentes begrenzt.

Es ist unbedingt notwendig, daß der Studierende diesen Unterschied zwischen dem Denker und dem Menschentier, dessen Gehirn er verwendet, klar erfaßt, denn jede Verwechslung zwischen diesen beiden macht die Lehre von der Reinkarnation unverständlich. Denn der Denker verkörpert sich wieder, das Menschentier aber nicht.

Hierin liegt die Hauptschwierigkeit, die zu vielen anderen Schwierigkeiten führt. Das Menschentier wird geboren und der wahre Mensch wird mit ihm verbunden; durch das Gehirn des Menschentieres wirkt von Leben zu Leben der wahre Mensch und bleibt doch derselbe. Er beseelt der Reihe nach die Menschentiere Sashital Dev, Caius Glabrio, Johanna Müller – oder was für Namen immer wir ihnen geben wollen – und in jedem von ihnen sammelt er Erfahrungen, aus jedem entnimmt er das Material, das es als Ernte liefert, und verwebt es mit seinem eigenen ewigen Wesen. Das Menschentier gewinnt nur insoweit Unsterblichkeit, als es sich mit seinem wahren Selbst verbindet. Sashital Dev reinkarniert nicht als Caius Glabrio und erscheint nicht als Johanna Müller wieder, vielmehr ist es der eine ewige Sohn des Geistes, der der Reihe nach in jedem von ihnen wohnt und aus jedem solchen Innewohnen neue Erfahrung, neues Wissen zieht. Dieses reinkarnierende Ego allein ist es, das auf die lange Reihe seiner Wiedergeburten zurückblikken und sich an jedes Erdenleben erinnern kann, an die Geschichte jeder einzelnen Pilgerfahrt von der Wiege bis zum Grabe, wobei sich das ganze Drama Akt für Akt, Jahrhundert auf Jahrhundert, vor ihm entrollt. Wenn wir die oben genannten Schauspieler in dem Drama betrachten, so kann Johanna Müller im neunzehnten Jahrhundert nicht auf ihre früheren Geburten zurückblicken, denn sie ist noch nie vorher geboren worden und ihre Augen haben das Licht früherer Tage nicht gesehen. Aber der angeborene Charakter von Johanna Müller ist jener, der von Caius Glabrio in Rom und von Sashital Dev in Hindustan ausgearbeitet und zurechtgehämmert wurde, und von noch vielen ihrer irdischen Vorgänger in vielen Kulturen; sie fügt diesem Werk langer Zeitalter durch ihr tägliches Leben neue Pinselstriche hinzu, so daß es aus ihren Händen anders, edler oder unedler, als es vorher war, in die Hände ihres Erben und Nachfolgers auf der Bühne des Lebens übergeht, der so in einem sehr wirklichen, aber nicht äußeren Sinne sie selbst ist.

Die natürliche Frage, die so oft gestellt wird, „warum erinnere ich mich nicht an meine vergangenen Leben?" beruht daher in Wirklichkeit auf einer mißverständlichen Auffassung der Reinkarnationstheorie. „Ich", das wahre „Ich", erinnert sich; aber der Tiermensch, der sich noch nicht in voll reagierender Verbindung mit seinem wahren Selbst befindet, kann sich nicht an eine Vergangenheit erinnern, an der er persönlich keinen Anteil hatte. Das Gehirn-Gedächtnis kann nur Aufzeichnungen von Ereignissen enthalten, mit denen es befaßt war, und das Gehirn der gegenwärtigen Johanna Müller ist weder das des Caius Glabrio noch jenes von Sashital Dev. Johanna Müller kann eine Erinnerung an die vergangenen Leben, die mit dem ihren zusammenhängen, nur dadurch erlangen, daß ihr Gehirn fähig wird, auf die feinen, zarten Schwingungen zu reagieren, die zu ihm durch jenen Strahl herabgelangen, der die Brücke zwischen ihrem vergänglichen persönlichen Selbst und ihrem ewigen Selbst ist. Um das zu bewirken, muß sie eng mit diesem wirklichen Selbst verbunden sein und in dem Bewußtsein leben, daß sie nicht Johanna Müller ist, sondern dieser Sohn des Geistes, und daß Johanna Müller nur die vorübergehende Behausung ist, in der dieser um seiner eigenen Ziele willen derzeit lebt. Statt im Gehirnbewußtsein zu leben, muß sie im höheren Bewußtsein leben; statt sich ihr wahres Selbst als außen, als etwas außerhalb von ihr, und Johanna Müller als „Ich" vorzustellen, muß sie sich mit dem Denker identifizieren, und Johanna Müller als ein äußeres Organ betrachten, das für die Arbeit auf der materiellen Ebene nützlich ist und zu höchstem Wirkungsgrad erzogen und geschult werden muß, was auch eine rasche Reaktionsfähigkeit des Johanna-Müller-Gehirns auf dessen wirklichen Eigentümer erfordert.

In dem Maß, in dem dieses schwierige Sich-Öffnen des Menschen im Fleisch auf die Einflüsse aus den höheren Ebenen fortschreitet und in dem das wahre Selbst zunehmend in die Lage kommt, auf seine körperliche Behausung einzuwirken, werden einzelne flüchtige Bilder aus vergangenen Inkarnationen im niederen Bewußtsein aufblitzen, sie werden mit der Zeit aus solchen flüchtigen Blitzen zu dauernderen Visionen werden, bis schließlich die Vergangenheit durch den zusammenhängenden Erinnerungsfaden, der das Gefühl der Individualität vermittelt, als die „meine" erkannt wird. Dann wird auch erkannt, daß die gegenwärtige Verkörperung nur das letzte Gewand ist, in das sich das Selbst gekleidet hat, und der Mensch identifiziert dieses Gewand nicht mehr mit dem Selbst, so wenig wie der Mensch einen Mantel, den er anzieht, als einen Teil seiner selbst betrachtet. Der Mensch betrachtet seinen Mantel nicht als Teil seiner selbst, weil er fähig ist, in bewußt auszuziehen und ihn als etwas von ihm Getrenntes zu sehen. Wenn der wahre Mensch das bewußt auf dieser Ebene mit seinem Körper zu tun vermag, wird die Gewißheit vollständig.

Der „Rock" also, der ätherische Doppelkörper, die Vitalität und die Leidenschaftsnatur – diese reinkarnieren nicht; ihre Elemente zerstreuen sich, aber sie kehren zu jenen, denen sie in den niederen Welten gehören, wieder. Das Beste aber, das an Johanna Müller war, geht zusammen mit dem Ego in eine Periode seliger Ruhe, bis der Impuls, der es aus dem Erdenleben heraustrug, erschöpft ist, und es auf die Erde zurücksinkt.

Die Methode der Reinkarnation

Nachdem der Studierende nun eine klare Vorstellung von dem reinkarnierenden Ego, dem Denker, erlangt hat und von dem Unterschied zwischen diesem und dem vergänglichen Tiermenschen, muß er weitergehen, um die Methode der Reinkarnation zu verstehen.

Diese Methode wird man am besten verstehen, wenn man die Ebene betrachtet, zu welcher der Denker gehört, und die Kraft, mit der er arbeitet. Der Denker ist das, was man das fünfte Prinzip im Menschen nennt; und dieses fünfte Prinzip im Mikrokosmos Mensch regiert auf die fünfte Ebene im Makrokosmos, im Weltall außerhalb des Menschen. Diese Ebenen sind nach der esoterischen Philosophie Differenzierungen der Ursubstanz, und das Bewußtsein wirkt auf jeder Ebene durch die dort herrschenden Zustände. *Substanz* ist ein Wort, das man verwendet, um das Dasein in seiner frühesten objektiven Form zu bezeichnen, die erste Manifestation des periodischen Aspekts des EINEN, den ersten schleierartigen Hauch des künftigen Kosmos in den dunklen Anfängen aller geoffenbarten Dinge. Diese Substanz birgt in sich die Potentialität zu allem, zum ätherischesten Geist und zur dichtesten Materie. Die esoterische Philosophie stellt die These einer Ursubstanz auf, aus der der Kosmos sich entwickelt, der in seinem feinsten Zustand Geist, Energie, Kraft ist und in seinem dichtesten Zustand festeste Materie; jede der vielfältigen Formen im Kosmos besteht aus dieser Substanz, zusammengeballt aus mehr oder minder dichter Materie, und durchdrungen von mehr oder weniger Kraft. Eine Ebene bedeutet nur ein Stadium des Daseins, auf der dieser Geist-Stoff innerhalb bestimmter Grenzen variiert und unter bestimmten „Gesetzen" tätig ist. So bedeutet die physische Ebene unsere sichtbare, hörbare, greifbare, riech- und schmeckbare Welt, in der wir mit dem Geist-Stoff (die Wissenschaft bezeichnet ihn als Kraft *und* Stoff, als ob die beiden trennbar wären) durch unsere Sinne in Kontakt kommen, sei er nun fest, flüssig oder gasförmig usw. Und so ist es auch mit den anderen Ebenen, deren jede sich durch die charakteristischen Merkmale ihres Geist-Stoffes voneinander unterscheidet. Eine weitere Tatsache muß zu dieser sehr grob zusammengefaßten Darstellung hinzugefügt werden, nämlich, daß diese Ebenen nicht, wie manchmal gesagt wurde, gleich den Häuten einer Zwiebel übereinander liegen, sondern wie die Luft und der Äther in unseren Körpern einander durchdringen.

Diesen entsprechend gibt es sieben Prinzipien, die in Beziehungen zu den sieben Ebenen im Kosmos stehen. Der Denker ist von diesen das Fünfte.

Das fünfte Prinzip im Menschen steht also in Verbindung zu der fünften Ebene im Kosmos, jener von *Mahat*, dem universellen Denken, der göttlichen Ideenbildung, von der unmittelbar die gestaltende und leitende Kraft ausgeht, die das Wesen all der Differenzierungen darstellt, die wir auf der physischen Ebene Kräfte nennen. (Oft wird diese Ebene auch die dritte genannt, denn wenn man von Atma als der ersten beginnt, ist sie die dritte. Es ist aber unwesentlich, welche Zahl man ihr zuordnet, sofern man nur versteht, in welcher Beziehung sie zu den übrigen steht). Die gesamte Welt der Formen, seien sie nun feiner oder dichter, wird durch diese Kraft des universellen Denkens entwickelt, die die Atome zusammenfügt und trennt, sie zu Formen verbindet, wieder auflöst, aufbaut und niederreißt, gestaltet und zerstört, anzieht und abstößt. Eine Kraft vom Standpunkt des Philosophen, viele Kräfte nach der Beobachtung des Wissenschaftlers, in Wirklichkeit eins in ihrem Wesen, aber vielfältig in ihren Manifestationen. Von der fünften Ebene her kommt also die gesamte Schöpfung der Formen, das Wort Schöpfung hier in dem Sinne angewandt, daß bereits vorher bestehendes Material gestaltet und zu neuen Formen umgebildet wird. Diese Gedankenkraft ist nach der esoterischen Philosophie die alleinige Quelle der Formen; H. P. Blavatsky nennt sie in der *Geheimlehre* „die geheimnisvolle Kraft des Denkens, die dieses befähigt, durch die ihm innewohnende eigene Energie äußere, wahrnehmbare Wirkungen in der Erscheinungswelt zu erzeugen". Und wie in der fünften Ebene des Kosmos, so ist es auch im fünften Prinzip des Menschen; im Denker befindet sich die Kraft, durch die alle Dinge geschaffen werden, und in dieser schöpferischen Kraft des Denkens werden wir auch das Geheimnis der Methoden der Reinkarnation entdecken.

Wer für sich selbst Beweise erlangen will, daß Gedanken Bilder entstehen lassen, „Gedankenformen", so daß in buchstäblicher Wahrheit „Gedanken Dinge sind", kann das, was er sucht, in den heute so weit verbreiteten Berichten über sogenannte hypnotische Experimente finden. Die Gedankenform einer Vorstellung kann auf ein leeres Papier projiziert werden und dort für eine unter Hypnoseeinfluß stehende Person sichtbar werden, oder sie kann so objektiv gemacht werden, daß die hypnotisierte Person sie so sieht und fühlt, als wäre sie ein wirklicher physischer Gegenstand. Ein „Medium“ wieder wird den Gedanken an jemanden im Bewußtsein einer anwesenden Person als „Geist“ sehen, da dieser Gedanke in der Aura der betreffenden Person, der magnetischen Atmosphäre, die sie umgibt, bildliche Gestalt annimmt. Ein Hellseher schließlich wird, gleichgültig ob wach oder in Trance, ein Bild erkennen, das von einem Anwesenden vorbedacht geformt wird – dabei wird kein Wort gesprochen, sondern nur ein starker Wille ausgeübt, das Bild in Gedanken klar zu zeichnen. Alle Personen, die eine starke „Visualisierungsgabe“ haben, sind bis zu einem gewissen Grade hellsehend und können durch eigene Experimente Beweise für diese Kraft erlangen, feineren Stoff willentlich zu formen.

Diese Formungskraft braucht uns nicht seltsam zu erscheinen, wenn wir uns daran erinnern, wie unsere Denkgewohnheiten selbst die dichtphysische Materie formen, aus denen unsere physischen Körper bestehen, bis der Charakter des gealterten Menschen seinem Gesicht eingeprägt ist – die Schönheit alter Menschen liegt ja nicht in ihrer Form oder Farbe, sondern in ihrem Ausdruck – dem Ausdruck, der die Maske ist, die aus dem inneren Selbst geformt wurde. Jede gewohnheitsmäßige Gedankenrichtung, sei sie ein Laster oder eine Tugend, hinterläßt ihren Eindruck auf den physischen Zügen, und wir brauchen keine hellsichtigen Augen, die die Aura wahrnehmen, um zu sehen, ob die mentale Haltung eines Menschen freigiebig oder besitzsüchtig, vertrauensvoll oder argwöhnisch, voll Liebe oder voll Haß ist. Das ist eine so allgemein bekannte Tatsache, daß sie uns gar nicht auffällt, und doch ist sie bezeichnend genug; denn wenn schon der dichte Stoff unseres physischen Körpers durch die Kräfte der Gedanken so geformt wird, was ist dann unglaubwürdig oder seltsam an der Vorstellung, daß die feineren Arten des Stoffes ebenso plastisch sind und bereitwillig die Formen annehmen, zu denen sie von den geschickten Fingern des unsterblichen Künstlers, des denkenden Menschen, gestaltet werden?

Die Behauptung, die wir aufstellen, ist also die, daß Manas seiner Natur nach eine Formen gestaltende Kraft ist, und daß die Aufeinanderfolge der Geschehnisse bei der Manifestation eines äußeren Gegenstandes die folgende ist: Manas sendet einen Gedanken aus und dieser Gedanke nimmt in der manasischen Welt, der Welt der Gedanken, Form an; er geht in die kama-manasische Welt über und wird dort dichter; von dort geht er in die astrale Welt über, wo er, noch dichter geworden, für das Auge des Hellsehers sichtbar wird; wenn er von einem geschulten Willen gelenkt wird, kann er auch sofort bis in die physische Welt weitergehen und sich dort in physische Materie kleiden, so daß er auch für gewöhnliche Augen objektiv wird; in der Regel bleibt er aber auf der Astralebene als eine Art Modell, das erst dann zu objektivem Leben gebracht wird, wenn Umstände eintreten, die es dahin ziehen: Ein Meister schrieb, der Adept sei fähig, „die Formen, die seine Vorstellungskraft aus trägem kosmischen Stoff in der unsichtbaren Welt aufgebaut hat, in die sichtbare Welt zu projizieren und dort zu materialisieren. Der Adept erschafft nichts Neues, er benützt und gestaltet nur das Material, das die Natur rund um ihn vorrätig hat, Material, das seit Ewigkeiten durch alle Formen gegangen ist. Er braucht nur diejenige, die er wünscht, auszuwählen und sie in objektive Existenz zurückzurufen.“ [7])

Ein Hinweis auf wohlbekannte Tatsachen auf der physischen Ebene mag dem Leser vielleicht helfen, sich darüber klar zu werden, wie das Unsichtbare zum Sichtbaren werden kann. Wir sprechen davon, daß eine Form sich allmählich verdichtet, wenn sie von der manasischen in die kama-manasische Welt, von der letzteren in die astrale und von der astralen in die physische Welt übergeht. Man denke sich einen Glasbehälter, der anscheinend leer, aber in Wirklichkeit mit unsichtbaren Gasen, mit Wasserstoff und Sauerstoff, gefüllt ist; ein Funke bewirkt ihre Verbindung, und nun ist „Wasser“ darin, aber in gasförmigem Zustand; der Behälter wird abgekühlt und allmählich wird ein dampfartiger Nebel sichtbar; dann kondensiert der Nebel am Glas in Form von Wassertropfen; schließlich friert das Wasser und wird zu einer Schicht von festen Eiskristallen. Ebenso verbindet der herausblitzende manasische Funke feine Materie zu einer Gedankenform; diese verdichtet sich zu einer kama-manasischen Form – in unserem Beispiel war es der dampfartige Nebel; diese in eine astrale – in unserem Beispiel das Wasser und von dort weiter in die physische – für die das Eis als Beispiel gelten mag. Wer die esoterische Philosophie studiert, wird erkennen, daß in der Entwicklung der Natur alles in geordneter Folge vor sich geht, und er wird sich daran gewöhnen, in den Aggregatszuständen der physischen Materie Analogien zu ihren Zuständen auf den verschiedenen Ebenen der „unsichtbaren“ Welten zu sehen. Aber für den Nichttheosophen wird das Beispiel zu dem Zweck dargeboten, ein konkretes physisches Bild eines Verdichtungsprozesses zu geben, das zeigt, wie Unsichtbares zu Sichtbarem kondensieren kann.

Tatsächlich ist dieser Vorgang der Verdichtung von feinerem zu gröberem Stoff eine der allgemeinsten Tatsachen unserer Erfahrung. Die Pflanzenwelt lebt davon, daß sie der Atmosphäre Gase entnimmt und deren Material in festen und flüssigen Stoff verwandelt. Die

Tätigkeit der Lebenskraft zeigt sich in diesem ständigen Aufbau sichtbarer Formen aus dem Unsichtbaren; und ob nun der erwähnte Gedankenvorgang wahr ist oder nicht, es ist jedenfalls nichts an ihm, was unmöglich oder außergewöhnlich wäre. Sein Zutreffen ist eine Frage des Beweises, und hier ist das Zeugnis jener, die die Gedankenformen auf den verschiedenen Ebenen sehen können, sicherlich mehr wert als das jener, die dies nicht können. Das Wort von hundert Blinden, die einen sichtbaren Gegenstand leugnen, ist von geringerem Gewicht als das eines Menschen, der sehen kann und bezeugt, daß er ihn sieht. In dieser Hinsicht möge sich der Theosoph damit zufrieden geben zu warten in dem Wissen, daß Tatsachen nicht durch Ableugnung aus der Welt geschafft werden und daß die Welt allmählich zu einem Wissen über die Gedankenformen gelangen wird, nachdem sie bereits – nach einer ähnlichen Periode des Spottes – zur Erkenntnis einiger der Tatsachen gelangt ist, die Mesmer zu Ende des achtzehnten Jahrhunderts entdeckt hat.

Es ist also festgestellt worden, daß Ereignisse auf der manasischen oder kama-manasischen Ebene ihren Ursprung nehmen als Vorstellung oder als leidenschaftliche oder emotionelle Gedanken usw.; sie nehmen dann astrale Formen an und erscheinen schließlich objektiv auf der physischen Ebene als Taten oder Ereignisse; die letzteren sind also die Wirkungen vorher existierender mentaler Ursachen. Eine solche Wirkung ist gemäß der esoterischen Philosophie auch der Körper, der dem ätherischen Doppel nachgebildet ist, ein Begriff, der heute schon den Lesern genügend bekannt sein wird. Die Vorstellung von einem Körper aus ätherischem Stoff, der als Modell dient, in das die dichtere Materie hineingebaut werden kann, muß klar erfaßt werden. Wenn man die Methode der Reinkarnation überhaupt verstehen will, muß man diese These, daß der dichte Körper das Resultat des Einbauens dichter Moleküle in eine schon vorher bestehende ätherische Modellform ist, einmal fürs erste annehmen.

Und jetzt wollen wir zu der Vorstellung von einem Denker zurückkehren, der Formen schafft und dabei beim Durchschnittsmenschen sicherlich durch das niedere Manas Kama-Manas bewirkt, denn von rein manasischer Wirksamkeit können wir derzeit nicht hoffen, viele Spuren zu finden. In unserem täglichen Leben denken wir und schaffen dadurch Gedankenformen:

„Der Mensch bevölkert seinen Weg im Raum fortwährend mit einer ihm eigenen Welt, erfüllt von den Früchten seiner Phantasien, Wünsche, Impulse und Leidenschaften." [8])

Die Wirkung dieser Tatsache auf andere gehört zum Thema des Karma und wird später behandelt werden. Hier wollen wir zunächst festhalten, daß diese Gedankenformen in der Aura des Menschen, in seiner magnetischen Atmosphäre, bleiben; ihre im Laufe der Zeit immer mehr zunehmende Menge wirkt auf ihn mit stets vermehrter Kraft ein, die Wiederholung bestimmter Gedanken und Gedankentypen verstärkt ihre Intensität Tag um Tag mit zusätzlicher Energie, bis bestimmte Arten von Gedankenformen sein mentales Leben so beherrschen, daß der Mensch ihren Impulsen folgt, statt neu zu entscheiden; dadurch entsteht das, was wir eine Gewohnheit nennen, die äußere Spiegelung dieser aufgespeicherten Kraft. So wird der „Charakter" aufgebaut, und wenn wir jemanden mit einem ausgereiften Charakter gut kennen, können wir mit einiger Sicherheit vorhersagen, wie er sich unter irgendwelchen gegebenen Umständen verhalten wird.

Wenn die Todesstunde kommt, befreien sich die feineren Körper vom physischen und der ätherische Doppelkörper zersetzt sich allmählich, gleichzeitig mit der dichten Hülle. Der Gedankenkörper, der das Ergebnis des zu Ende gegangenen Lebens ist, besteht beträchtliche Zeit weiter und macht verschiedene Prozesse der Festigung von Erfahrungen und der Assimlierung verschiedenartiger Gedanken durch; dann zersetzt sich auch er, nachdem er das Ergebnis an den Kausalkörper weitergegeben hat. Wenn die Zeit für eine neue Reinkarnation herankommt, baut der Kausalkörper, das reinkarnierende Ego, einen neuen Mental- und Astralkörper auf, während die Herren des Karma ein Modell herstellen, das geeignet ist, das Karma auszudrücken, das ausgewirkt werden muß, und diesem Modell entsprechend wird der ätherische Doppelkörper gebaut. Da das Gehirn zusammen mit dem übrigen Körper in diesen ätherischen Doppelkörper hineingebaut wird, ist dieses Gehirn durch die Anpassung an denselben der, wenn auch noch so unvollkommene, physische Ausdruck des menschlichen Wesens, das inkarnieren soll, das passende physische Werkzeug für die Ausübung der Fähigkeiten, die auf der physischen Ebene auszudrücken seine Erfahrung ihm gestattet.

Nehmen wir als Beispiel einerseits die Übung eines lasterhaften und andererseits eines tugendhaften Denkens, eines Denkens mit selbstsüchtigen und eines Denkens mit selbstlosem Charakter. Ein Mensch läßt ständig Gedankenformen der Selbstsucht entstehen, Wünsche für sich selbst, Hoffnungen für sich selbst, Pläne für sich selbst, und diese Formen ballen sich um ihn zusammen, wirken immer wieder auf ihn ein und er neigt mehr und mehr dazu, skrupellos in seinen Handlungen für sich selbst zu sein, die Ansprüche anderer zu mißachten und nur seine eigenen Ziele zu verfolgen. Er stirbt, und sein Charakter hat sich zu einem selbstsüchtigen Typus verhärtet. Dieses Ergebnis hält an, und zur gegebenen Zeit wird dementsprechend die ätherische Form als Modell für den nächsten dichten Körper gebildet. Er wird zu einer Familie von ähnlichem Typus hingezogen, zu Eltern, die physisch in der Lage sind, Stoff beizustellen, der von ähnlichen Eigenschaften geprägt ist; der dichte Körper wird in dieses ätherische Modell eingebaut, und das Gehirn nimmt die Gestalt an, die physisch für die Manifestation der groben Neigungen der Eigensucht geeignet ist, bei gleichzeitigem Fehlen der physischen Grundlage für den Ausdruck sozialer Tugenden. Im extremen Fall anhaltender skrupelloser Selbstsucht während einer Inkarnation ist dies die Ursache für die Gestaltung eines „kriminellen Gehirntypus" in der darauffolgenden Inkarnation, und das Kind kommt dann mit diesem Instrument von erbärmlicher Qualität zur Welt, dem der unsterbliche Denker kaum einen Ton einer reinen und sanften Melodie entlocken kann, so sehr er sich auch bemühen mag. Das ganze Leben lang wird der in dieser Persönlichkeit inkarnierte Strahl von Manas, der sich durch die karmischen Wolken durchkämpfen muß, verdunkelt und geschwächt sein. Dann und wann wird trotz der widrigen Umstände sein inneres Strahlen den physischen Körper erleuchten und bis zu einem gewissen Grad verwandeln, mit schmerzhafter Anstrengung wird die niedere Natur hin und wieder zu Boden gedrückt werden, und ein oder zwei schmerzhafte Schritte des Fortschritts werden gemacht werden. Aber das ganze Leben hindurch wird die Vergangenheit die Gegenwart beherrschen, und die in langvergessenen Zeiten gefüllte Schale muß von den zitternden Lippen bis zum letzten Tropfen geleert werden.

Im zweiten von uns angenommenen Fall hat jemand ständig Gedankenformen der Selbstlosigkeit entstehen lassen, hilfreiche Wünsche für andere, liebevolle Pläne für das Wohlergehen anderer, ehrliche Hoffnungen für das Gedeihen anderer. Diese ballen sich ebenfalls um ihn zusammen und wirken auf ihn zurück, er neigt dazu, gewohnheitsmäßig selbstlos zu sein, gewohnheitsmäßig dem Wohl anderer gegenüber seinem eigenen den Vorrang einzuräumen, und so ist, wenn er stirbt, sein Charakter tief eingewurzelt selbstlos geworden. Wenn er zum Erdenleben zurückkehrt, wird die Modellform, die seine früheren Eigenschaften darstellt, zu einer Familie hingezogen werden, die geeignet ist, Stoff von reiner Art beizustellen, der gewohnt ist, auf die Antriebe des höheren Menschen zu reagieren. Dieser Stoff, der in das ätherische Modell eingebaut wird, erbringt ein Gehirn, das physisch für die Manifestation selbstaufopfernder Neigungen geeignet ist, bei gleichzeitigem Fehlen der physischen Grundlage für die Manifestation der groben Instinkte. So haben wir hier im extremen Fall gewohnheitsmäßiger Selbstaufopferung während einer ganzen Inkarnation die Ursache für den Aufbau eines wohlwollenden und philanthropischen Gehirntyps, und das Kind kommt mit diesem Instrument von hervorragender Qualität zur Welt, das unter der leisesten Berührung durch den unsterblichen Denker vibriert und göttliche Melodien von Liebe und Dienst ausstrahlt, bis die Welt staunend vor einem Leben steht, dessen segensreiche Wirkungen mehr das bloße Ausströmen seiner Natur zu sein scheinen als die Krönung einer vorbedachten Anstrengung. Aber diese königlichen Naturen, die von Segen überströmen, sind das äußere Zeichen lange andauernder Konflikte, die ritterlich ausgekämpft wurden, Konflikte in einer Vergangenheit, von der die Gegenwart nichts weiß, die aber dem inneren Sieger bekannt sind und die eines Tages auch der Persönlichkeit offenbar werden, die er beseelt.

So wird Schritt um Schritt die Entwicklung des Menschen bewirkt, von einer Persönlichkeit nach der anderen wird sein Charakter geformt, seine Fortschritte und Rückschläge werden in astralen und mentalen Formen genau aufgezeichnet, und diese bestimmen die nachfolgenden physischen Manifestationen. Jede Tugend ist so das äußere Zeichen, das Symbol eines Schrittes vorwärts, der gemacht wurde, das Zeichen wiederholter Siege über die niedere Natur, und die „angeborenen Eigenschaften", die mentalen oder moralischen Merkmale, mit denen ein Kind geboren wird, sind der unzweifelhafte Beweis für vergangene Kämpfe, vergangene Siege oder Niederlagen. Eine höchst unangenehme Lehre für moralische oder mentale Faulpelze und Feiglinge, aber eine ermutigende und herzerfrischende Lehre für jene, die nicht Pensionäre irgendeiner Wohltätigkeit sein wollen, komme sie von Menschen oder von Gott, sondern die sich damit zufriedengeben, mit Geduld und Fleiß selbst das zu erringen, was sie als ihr eigen beanspruchen.

Sehr schön hat Edward Carpenter diese Wahrheit in der Schrift *Secret of Time and Satan* ausgedrückt:

„Die Kunst der Schöpfung muß erlernt werden, wie jede andere Kunst.
Langsam, langsam, viele Jahre hindurch, baust du deinen Körper auf.
Und die Kraft, die du nun hast, diesen jetzigen Körper aufzubauen, hast du erworben in vielen anderen Körpern.

So wirst du in Zukunft wiederum die Kraft anwenden, die du jetzt erwirbst.

Doch die Kraft, den Körper aufzubauen, schließt alle Kräfte ein.

Nimm dich in acht, wie du dies und das für dich erstrebst; ich sage nicht, daß du nicht streben sollst, aber gib acht, wie du strebst.

Denn ein Soldat, der in den Kampf zieht, sieht sich nicht um, was für neues Gepäck er auf seinem Rücken tragen könnte, sondern vielmehr, was er zurücklassen kann.

Denn er weiß sehr wohl, daß jedes Ding mehr, das er nicht frei gebrauchen kann, ein Hindernis für ihn ist.

So, wenn du Ruhm suchst, Bequemlichkeit, Vergnügen oder irgendetwas anderes für dich selbst, dann wird das Bild dessen, wonach du strebst, kommen und sich an dich heften – und du wirst es mit dir umhertragen müssen.

Und die Bilder und Kräfte, die du so beschworen hast, werden sich um dich sammeln und für dich einen neuen Körper bauen – der nach Nahrung schreit und nach Befriedigung.

Und wenn du es nicht vermagst, jetzt dieses Bild fallen zu lassen, dann wirst du es nicht vermögen, diesen Körper abzulegen; du wirst ihn zu tragen haben.

Nimm dich darum in acht, daß er nicht dein Grab wird und dein Kerker – statt eine erhabene Wohnstatt zu sein und ein Palast der Freude.

Und erkennst du nicht, daß du niemals siegen könntest, wäre nicht der Tod?

Denn da du ein Sklave von Dingen der Sinne bist, hast du dich in deinen Körper gekleidet, über den du nicht Herr bist; du wärst zu einem lebendigen Begrabensein verurteilt, würde dieser Körper nicht zerstört. Aber jetzt sollst du durch Schmerz und Leiden aus diesem Grab auferstehen, und durch die Erfahrung, die du gemacht hast, solltest du dir einen neuen und besseren Körper bauen.

Und so wird es noch viele Male sein, bist du deine Flügel zu entfalten vermagst und alle Kräfte der Teufel und Engel in deinem Fleisch vereinigt hast.

Und alle Körper, die ich trug, wichen vor ihm, und sie waren auf mir wie Gürtel aus Flammen, und ich schleuderte sie fort.

Und die Schmerzen, die ich in meinem Körper ertrug, waren Kräfte, die mir dienten, im nächsten.“

Große Wahrheiten, in großen Worten ausgesprochen. Und eines Tages werden die Menschen im Westen sie glauben, wie sie im Osten an sie glauben und immer geglaubt haben.

Durch Tausende von Generationen hindurch müht sich so der unsterbliche Denker mit seiner Aufgabe, den Tiermenschen aufwärts zu führen, bis er bereit ist, eins mit dem Göttlichen zu werden. Vielleicht kann er aus einem Erdenleben nur einen kleinen Bruchteil seiner Aufgabe gewinnen, aber am Ende ist doch das Modell etwas weniger tierhaft als der Mensch, dessen Lebensarbeit sich darin verkörpert, am Anfange war, als er in dieses Erdenleben eintrat. Nach diesem ein wenig verbesserten Modell wird der nächste Mensch gestaltet werden, und bei seinem Tod wird von ihm ein neues Modell geschaffen werden, das wiederum etwas weniger tierhaft ist und nun für den nächsten physischen Körper verwendet werden kann, und so fort, immer wieder, Generation auf Generation, Jahrtausend auf Jahrtausend, mit vielen Rückschritten, die immer wieder wettgemacht werden müssen, mit vielem Versagen, das in ritterlicher Weise wieder gutgemacht werden muß, mit vielen Wunden, die nur langsam heilen, aber im ganzen doch aufwärts und vorwärts führend, wobei das Tierhafte schwächer wird, das Menschliche aber wächst: das ist die Geschichte der menschlichen Enwicklung, das die allmählich erfüllte Aufgabe des Egos, während es sich zum göttlichen Menschentum erhebt.

Auf einer bestimmten Stufe dieses Fortschreitens beginnen die Persönlichkeiten soweit durchlässig zu werden, daß sie auf die vom Denker kommenden Schwingungen antworten, daß sie fühlen, sie sind mehr als bloße isolierte Lebenseinheiten, sie sind mit etwas Dauerndem, Unsterblichen verbunden. Sie mögen zwar ihr Ziel noch nicht ganz erkennen, aber sie beginnen, unter der Berührung des Lichtes zu erzittern, wie Knospen in ihrer Umhüllung im Frühling erbeben, sich bereitend, daß sie im Sonnenlicht aufbrechen und ihre Blütenblätter öffnen. Dieses Empfinden von etwas innewohnendem Ewigen, dieses Fragen nach dem Ziel kommt in einem der Gedichte Walt Whitmans kraftvoll zum Ausdruck:

„Nach Westen blickend von den Küsten Kaliforniens,
Unermüdlich forschend, suchend das, was noch nicht gefunden ist,
Ich, ein Kind, uralt, weithin über die Wellen blicke ich,
zum Haus der Mutterschaft, zum Land der Wanderungen,
Blicke weg von den Küsten meiner westlichen See, nachdem den
Kreis ich fast geschlossen;
Denn westwärts startend von Hindustan, von den Tälern Kaschmirs,
Von Asien, vom Norden, von dem Gott, von der Bühne und von dem Helden,
Vom Süden, von den Halbinseln der Blumen und den Inseln der Gewürze,
Lange bis ich gewandert seither, rund um die Erde gewandert,
Und jetzt erblick' ich die Heimat wieder, froh beglückt.
(Aber wo ist das, zu dem ich aufbrach vor langer Zeit?
Und warum ist es noch immer nicht gefunden?)"

Der Zweck der Reinkarnation

Wir haben schon ganz allgemein gesehen, daß es der Zweck der Reinkarnation ist, den Tiermenschen zu schulen, bis er zu einem vollkommenen Werkzeug des Göttlichen wird, und daß das reinkarnierende Ego es ist, daß diese Schulung vornimmt. Wir wollen nun kurz den Weg verfolgen, auf dem dieses Ziel erreicht wird.

Wenn die Manasaputra herabsteigen, um den Tiermenschen zu beseelen, besteht ihre Behausung aus Materie, die noch nicht ihre größte Dichte erreicht hat. Der Denker, der durch diese arbeitet, bringt zuerst das hervor, was man im Gegensatz zu den intellektuellen die psychischen Eigenschaften nennt; das Spirituelle verwandelt sich bei seiner ersten Berührung mit astralem Stoff zunächst ins Psychische und wird erst allmählich durch längeren Kontakt mit Materie dichterer Art intellektuell, d.h. logisch urteilend und überlegend. Zuerst ist der Mensch intuitiv und hellsichtig und verkehrt mit seinen Mitgeschöpfen durch Gedankenübertragung. Später wird die Intuition, da er mit dichterem Stoff arbeiten und ihre schwereren Partikel zum Schwingen bringen muß, in vernunftgemäßes Urteilen verwandelt und die Gedankenübertragung in Sprache. Man wird den Vorgang am besten verstehen, wenn man sich vorstellt, daß in immer dichterem Stoff Schwingungen erzeugt werden; die Schwingungen im weniger dichten erscheinen als psychische, die im dichteren als verstandesmäßige Eigenschaften. Die psychischen Fähigkeiten sind die rascheren, feineren, direkteren, sie schließen Hellsehen ein, Hellhören, die niedrigeren Formen der Intuition und die Fähigkeit, Gedankeneindrücke zu senden und zu empfangen, ohne sich der Sprache zu bedienen; die verstandesmäßigen Fähigkeiten sind langsamer, sie umfassen alle Vorgänge im Gehirnverstand, ihr charakteristisches Merkmal ist überlegendes Urteilen, das Schmieden einer räumlichen Kette, die Glied um Glied ausgehämmert wird, und als notwendige Vorbedingung für diese mentale Arbeit die Ausbildung der Sprache.

Wenn dieser Prozeß zur Vollkommenheit gebracht ist und das Gehirn den höchsten Grad von Verstandestätigkeit entwickelt hat, wenn es astrale Impulse, die es erreichen, rasch in ihre intellektuellen Analogien übersetzt, dann ist die Zeit für den nächsten Schritt nach vorne gekommen, für eine Schulung des Gehirnes, unmittelbarer auf die feineren Schwingungen zu reagieren, sie ohne den verzögernden Vorgang einer Übersetzung in das Gehirnbewußtsein aufzunehmen. Dann wird die Ausübung psychischer Fähigkeiten zu einem Teil des bewußten Rüstzeugs des sich entwickelnden Menschen; er verwendet sie ganz normal, ohne Anstrengung oder Anspannung, er hat die psychischen Fähigkeiten wiedererlangt und die intellektuelle Erfahrung hinzugewonnen. Die zeitweilige Verdunkelung, die auf der Ansammlung dichtester Materie rund um den sich entwickelnden Menschen beruhte, nimmt allmählich in dem Maße ab, in dem die Materie formbarer und durchlässiger wird; die grobe Materie wird dadurch „erlöst", d.h. dazu geschult, ein vollkommenes Werkzeug für die Offenbarung des Geistes zu werden. „Die Zivilisation hat stets das Physische und das Intellektuelle auf Kosten des Psychischen und des Spirituellen entwickelt" [9]), aber ohne diese Entwicklung konnte der Tiermensch nicht göttlich, nicht das „vollkommene siebenfältige Wesen" werden, das zu entwikkeln der Zweck der Reinkarnation ist.

In der menschlichen Rasse befinden wir uns auf dem aufsteigenden Bogen; reine und einfache Intelligenz ist dabei, ihre höchsten Möglichkeiten zu erreichen, und allenthalben erscheinen Zeichen einer psychischen Aktivität, die, wenn sie über den Intellekt hinaus und nicht hinter ihm entwickelt wird, ein Zeichen für den beginnenden Triumph des spirituellen Menschen ist. Bei einzelnen Menschen unserer Rasse ist dieser Triumph bereits vollendet, das sind jene, die man Arhats, Mahatmas, Meister nennt. Für sie ist der Körper nur das Werkzeug des spirituellen Menschen, der durch den Körper, den er bewohnt, nicht mehr beengt und beschränkt wird; für ihn ist dieser Körper vielmehr das geeignete Werkzeug, um auf der physischen Ebene zu arbeiten, das gehorsam auf jeden Impuls seines Eigentümers reagiert und diesem Kräfte und Fähigkeiten für das Wirken in der Welt der dichten Materie zur Verfügung stellt, die auf andere Weise für ein spirituelles Wesen nicht erlangbar wären. Ein Geist kann auf der spirituellen Ebene tätig sein, aber er ist auf allen anderen Ebenen ohne Bewußtsein und vermöge seines verfeinerten Wesens unfähig, auf Ebenen dichterer Materie zu wirken. Ein spirituell-intellektuelles Wesen kann auf der spirituellen und mentalen Ebene tätig sein, aber es ist noch immer zu zart, um in dichterem Stoff zu arbeiten. Nur wenn es durch seine Inkarnation die Materie mit Hilfe der Materie besiegt, kann es auf allen Ebenen aktiv, zum „vollkommenen siebenfältigen Wesen" werden. Das ist die Bedeutung der Arhatschaft; der Arhat ist jenes intelligente spirituelle Wesen, das die Materie besiegt, unterworfen und geschult hat, bis sein Körper zum materialisierten Ausdruck seiner selbst geworden und er selbst für jenen Schritt bereit geworden ist, der ihn zum „Meister“, zum triumphierenden Christus macht.

In einem solchen vollkommen gewordenen siebenfältigen Wesen sind naturgemäß alle Kräfte des Universums zusammengefaßt, die spirituellen, psychischen und materiellen. So wie der lebendige Körper eines Menschen im kleinen die Kräfte in sich birgt, die es im physischen Universum gibt, so können, sobald die psychische und spirituelle Natur ihren Einfluß geltend macht, die Kräfte des psychischen und spirituellen Universums dazu gebracht werden, auf das physische einzuwirken. Daher kommt das scheinbar „Wunderbare“, das Hervorbringen von Wirkungen, deren Ursachen zwar verborgen sind, aber dennoch existieren; so wie das Schließen eines galvanischen Stromkreises in einer Entfernung von vielen Meilen eine Explosion auslösen kann, so kann die Tätigkeit eines geschulten Willens sich auf einer weit tiefer gelegenen Ebene in materiellen Erscheinungen manifestieren. Nur die Unwissenheit des Menschen erzeugt das Übernatürliche; denn die Natur ist nur ein Aspekt des ALLS, jener Aspekt, der zur Zeit manifestiert ist.

Hier mag die Frage erhoben werden: Wenn dies erreicht ist, welchem Ziel wird dadurch gedient? An diesem Punkte öffnen sich mehrere Wege vor dem triumphierenden geistigen Menschen. Er hat den Gipfel dessen erklommen, was hier in dieser Welt erreicht werden kann; zu weiterem Fortschritt muß er in andere Sphären des Daseins übergehen; Nirwana liegt offen vor ihm, die Fülle des geistigen Wissens, die beseligende Gottesschau, von der die Christen flüstern, der Frieden, der alles Verstehen übersteigt. Ein Pfad, der Pfad der Entsagung, das freiwillige Aufsichnehmen von weiterem Leben auf der Erde um der Menschheit willen ist jener, von dem Kwanyin sprach, als er entschlossen seinen Fuß darauf setzte:

„Niemals will ich nach persönlicher Erlösung für mich selbst streben oder sie annehmen – niemals allein in den endgültigen Frieden eintreten; aber immer und überall will ich für die universelle Befreiung aller Geschöpfe in der ganzen Welt leben und kämpfen.“ [10])

Wesen und Ziel dieser Wahl ist in dem *Buch der Goldenen Lehren* niedergelegt worden, von dem Teile durch H. P. Blavatsky in so edler Form in unsere Sprache übertragen worden sind. Triumphierend steht der Sieger da; „sein Denken, einem ruhigen, uferlosen Meere gleich, breitet sich aus im grenzenlosen Raum. Leben und Tod hält er in seiner starken Hand.“

Und dann kommt die Frage:

„Jetzt wird er gewiß seine große Belohnung erlangen. Soll er nicht die Gaben, die sie verleiht, zu seiner eigenen wohlverdienten Ruhe und Seligkeit verwenden, zu seinem Glück und seinem Ruhm – er, der Überwinder der Großen Täuschung?"

Aber klar ertönt die Antwort:

„Nein, du Erforscher der geheimen Lehre der Natur! Wenn du in die Fußstapfen des heiligen Vollendeten treten willst, dann sind diese Gaben und Kräfte nicht für dich selbst . . . Wisse, daß die Wasser übermenschlichen Wissens und der göttlichen Weisheit, die du gewonnen, von dir als Stromweg der Weltseele in ein anderes Bett geleitet werden müssen. Wisse, o Weiser des Geheimen Pfades, daß die klaren, frischen Wasser dazu verwendet werden müssen, die bitteren Wogen des Ozeans süßer zu machen – jene mächtige See der Trübsal, die aus den Tränen der Menschen gebildet ist . . . Selbstverurteilt, durch künftige Weltalter zu leben, ohne Dank der Menschen und unerkannt, eingekeilt als Stein unter zahllosen Steinen, die den „Schutzwall" bilden, das ist deine Zukunft, wenn du die siebente Pforte durchschritten hast. Von der Hand vieler Meister des Mitleids erbaut, aus ihren Qualen zusammengefügt, mit ihrem Blute verkittet, schützt er die Menschheit, seit der Mensch Mensch ist, und bewahrt sie vor weiterem und noch größerem Elend und Leid . . . Das Erbarmen spricht und sagt: Kann es Seligkeit geben, während der Schmerzensruf der ganzen Welt weitertönt? Nun hast du gehört, was gesagt worden ist. Du sollst die siebente Stufe erreichen und das Tor der letzten Erkenntnis durchschreiten, aber nur, um dich mit dem Leid zu vermählen – wenn du ein Vollendeter sein willst, folge den Fußstapfen deiner Vorgänger, bleibe selbstlos bis zum nie endenden Ende. Du bist erleuchtet – wähle deinen Weg!" [11])

Die Wahl, sich weiteren Inkarnationen zu unterziehen, bis die ganze Menschheit Vollendung erlangt hat, ist die Krönung des Meisters, des vollkommen gewordenen Menschen. Seine Weisheit und alle seine Kräfte werden der Menschheit zu Füßen gelegt, ihr zu dienen und zu helfen, sie auf dem Pfad zu führen, den er selbst geschritten ist. Dies ist, über die Reinkarnation hinaus, das Ziel für jene, deren starke Seelen die GROSSE ENTSAGUNG zu wählen vermögen. Sie werden die Erlöser der Welt, die Blüte und der Ruhm der Menschheit. Reinkarnation baut das vollkommene siebenfältige Wesen auf, und sein individueller Triumph dient der Erlösung der Menschheit als Ganzes.

Die Ursache der Reinkarnation

Die grundlegende Ursache der Reinkarnation ist, ebenso wie die jeglicher anderer Manifestation, das Verlangen nach tätigem Leben, der Durst nach empfindendem Dasein. Ein tiefes Prinzip der Natur, das in seinem Wirken offenbar, in seinem Ursprung und Grund aber unerkennbar ist, manifestiert sich als das „Gesetz der Periodizität". „Ein Wechsel wie jener von Tag und Nacht, Leben und Tod, Schlafen und Wachen ist eine so allgemeine Tatsache, so vollkommen universell und ohne Ausnahme, daß es leicht zu verstehen ist, daß wir in ihr eines der absolut grundlegenden Gesetze des Weltalls zu erkennen haben." [12]) Überall ist Ebbe und Flut, der rhythmische Pulsschlag des kosmischen Herzens, wahrnehmbar. Aber seinen Grund können wir nicht erkennen; wir können nicht sagen, warum es so sein muß, wir können nur sehen, daß es so ist. Und in der esoterischen Philosophie wird anerkannt, daß eben dieses selbe Gesetz auch für die Ausstrahlung und Wiederaufsaugung von Universen Geltung hat, für den Tag und die Nacht Brahmas, für das Ausatmen und Einatmen des Großen Atems.

Darum haben die Hindus den Gott des Begehrens als jenen bezeichnet, der den Impuls zur Manifestation gibt. „Kama ist im Rig Veda (X, 129) die Personifizierung jenes Gefühles, das zur Schöpfung führt und treibt. Kama war die erste Bewegung, die das Eine, nachdem es aus dem abstrakten Prinzip herausgetreten war, dazu antrieb zu erschaffen. Als erstes entstand Begehren in ihm, daß der erste Keim der Psyche war, und das, wie die Weisen, die es mit dem Intellekt erforschten, entdeckten, das Band ist, welches das Wesen mit dem Nicht-Wesen verbindet!" [13]) Kama ist seinem Wesen nach das Sehnen nach aktivem, empfindendem Dasein mit lebendigen Sinneseindrücken, mit der wirbelnden Turbulenz leidenschaftlichen Lebens. Wenn spirituelle Intelligenz mit diesem Durst nach Sinesempfindungen in Kontakt kommt, besteht ihr erstes Wirken darin, ihn zu verstärken. So sagt die Stanze: „Aus ihrem eigenen Wesen füllten (verstärkten) sie den Kama." [14]) So wird Kama für das Einzelwesen ebenso wie für den Kosmos zur ersten Ursache der Reinkarnation, und indem das Begehren sich zu einzelnen Begierden differenziert, kettet es den Denker an die Erde und bringt ihn immer wieder zur Wiedergeburt. Die hinduistischen und buddhistischen Schriften sind voll von Wiederholungen dieser Wahrheit. So lesen wir in der *Bhagavad Gita:*

> *„Er, dessen Buddhi nirgends an etwas haftet, der sich selbst besiegt hat und tot für alle Begierden ist, erlangt durch Entsagung die höchste Vollkommenheit der Freiheit von Karma."* [15])

Im *Udanavarga*, einer nordbuddhistischen Version des *Dhammapada* die aus dem Tibetanischen übersetzt ist, wird die gleiche Note angeschlagen:

> *„Für den, der von den Fesseln des Begehrens gehalten wird, ist es schwer, sich von ihnen zu befreien, sagt der Gesegnete. Die Standhaften, denen an der Beglückung durch Begierden nichts liegt, werfen diese ab, und alsbald entfernen sie sich (ins Nirwana)."*
>
> *„Immer wieder treten sie, nach Dasein strebend, in den Mutterschoß ein; Wesen kommen und gehen; so folgt ein Daseinszustand dem anderen. Es ist schwer, das Dasein dieser Welt abzuschütteln; wer die Lust abgeschüttelt hat, wer den Samen des Daseins ausgerissen hat, wird der Seelenwanderung nicht mehr unterworfen sein, denn er hat die Lust ausgejätet."*

In den Schriften der südbuddhistischen Kirche wird ständig der gleiche Gedanke betont. Der Schüler wird aufgefordert, sich nicht zufriedenzugeben, ehe er nicht die „Auslöschung der Begierden" erreicht hat, und nach der Beschreibung der Art und Weise, in welcher Begierden und Leidenschaften die Menschen an das irdische Leben fesseln, fährt der *Dhammapada* fort:

> *„Er, der die Vollendung erreicht hat, der nicht mehr zittert, der ohne Durst und Sünde ist, er hat alle Dornen des Lebens ausgerissen: dies wird sein letzter Körper sein. Er, der ohne Durst und ohne Gemütsbewegung ist, der die Worte und ihre Auslegung kennt, der die Anordnung der Buchstaben kennt (jene, die vorher, und jene, die nachher stehen), er hat den letzten Körper erhalten, er wird der große Weise, der große Mann genannt. ‚Ich habe alles überwunden, ich weiß alles, in allen Zuständen des Lebens bin ich frei von Makel; ich habe alles gelassen und durch die Vernichtung des Durstes bin ich frei.'"* [16])

Und dann kommt die triumphierende Ansprache, als Gautama die Buddhaschaft erreicht:

> *„Auf der Suche nach dem Erzeuger dieser Behausung muß ich einen Lauf durch viele Geburten machen, solange ich ihn nicht finde; und*

schmerzvoll ist immer wieder die Geburt. Aber jetzt, Erzeuger dieser Behausung, bist du erkannt; du wirst sie nicht noch einmal erbauen. Alle deine Balken sind zerbrochen, dein First ist gespalten, der Geist, dem Ewigen nahend, hat das Erlöschen aller Begierden erreicht.“ [17])

Wenn der Studierende sich über das Wesen des Begehrens klar geworden ist, wird er verstehen, warum seine Vernichtung für die Vervollkommnung des geistigen Menschen notwendig ist. Begehren muß es geben, bis die Ernte der Erfahrungen eingesammelt ist, denn nur durch diese Ernte an Erfahrungen kann das Wachstum genährt und erhalten werden. Solange es also noch an Erfahrungen mangelt, bleibt der Durst danach ungestillt, und das Ego wird wieder und wieder zur Erde zurückkehren. Aber seine Fesseln müssen eine nach der anderen fallen, wenn es sich der Vervollkommnung seiner Behausung nähert, *denn das Begehren ist persönlicher Natur und daher selbstsüchtig*, und wenn eine Handlung von Begehren veranlaßt wird, ist ihre Reinheit beeinträchtigt. Arhatschaft bedeutet unaufhörliches Tätigsein ohne Gegenleistung; der Arhat muß „allen Licht spenden, aber es von keinem nehmen“.[18]) Daher muß auf dem Weg nach oben ein Begehren nach dem anderen aufgegeben werden, alle Wünsche nach persönlichem Genuß, persönlicher Freude, persönlichem Gewinn, persönlichen Neigungen, persönlichem Erreichen und als letztes und verborgenstes von allen der Wunsch nach persönlicher Vollkommenheit, denn das persönliche Ich muß sich in dem EINEN SELBST verlieren, dem Selbst von allem, was lebt.

Hier sind zwei Warnungen vor Mißverständnissen notwendig: Persönliche Liebe darf nicht abgetötet werden, aber sie muß erweitert werden, bis sie allumfassend wird; wir sollen nicht die, die uns am teuersten sind, weniger lieben, sondern alle sollen uns so nahe werden, daß der Schmerz jedes Menschenkindes unser Herz ebenso bedrückt, als wäre es der unseres eigenen Kindes, und uns in gleicher Weise dazu antreibt zu helfen. Unsere Zuneigungen sollen nach oben nivelliert werden, nicht nach unten. Das Herz soll nicht erkalten, sondern für alle entflammt sein. Das Nichterkennen dieser Aufgabe und die ungeheure Schwierigkeit derselben, sobald man sie erkannt hat, haben dazu geführt, daß von vielen die Liebe erstickt wurde, statt sie wachsen zu lassen. Nur überströmende Liebe und nicht Lieblosigkeit wird die Welt retten. Ein Mahatma ist ein Meer von Mitgefühl und kein Eisberg.

Es ist leicht einzusehen, weshalb diese Ausweitung dem Erreichen der Meisterschaft vorangehen muß, denn der Meister besitzt seine

Kräfte zum Wohl aller und nicht zum Vorteil irgendeiner besonderen Familie oder Nation. Er ist ein Diener der Menschheit, und das Anrecht auf seine Hilfe muß die Not geben und nicht Verwandtschaft. Zu seinen übermenschlichen Kräften muß er übermenschliche Unparteilichkeit hinzufügen, und er darf persönlicher Zuneigung nie gestatten, die Waage der Gerechtigkeit zu beeinflussen. Mehr als alle anderen Menschen muß er ein Sklave seiner Pflicht sein, denn jedes Abweichen von dieser Linie würde Wirkungen zeitigen, die im Verhältnis zu seiner Größe stehen. Er soll eine Kraft für das Gute sein, und das Gute muß dorthin fließen, wo es am meisten benötigt wird, nicht dorthin, wo persönliche Zuneigung oder Vorliebe für eine Rasse es hinleiten möchte. Daher die lange Schulung, die Askese und die Isolierung, die Bedingungen für die Chelaschaft sind.

Zweitens: Deshalb, weil der Schüler nicht mehr nach den Früchten seines Tuns als Lohn verlangt, darf das Tun selbst nicht aufhören. „Untätigkeit in einem Werk der Barmherzigkeit wird zur Tätigkeit in einer tödlichen Sünde . . . Sollst du dich des Tuns enthalten? Nicht dadurch wird deine Seele Freiheit gewinnen. Um Vollendung zu erlangen, mußt du Selbsterkenntnis erringen, und Selbsterkenntnis ist das Kind von Taten der Liebe.“ [19])

Das Tätigsein muß im vollen Maße menschlicher Kräfte aufrechterhalten werden, aber der Wunsch nach persönlicher Befriedigung durch seine Früchte muß schwinden. Eine gute Tat muß deshalb getan werden, weil sie hilfreich ist, weil sie anderen nützt, und nicht, um von anderen oder auch von sich selbst Lob dafür zu erhalten, und auch nicht wegen des verborgeneren Wunsches nach Selbstvervollkommnung. Hier wiederum hat der Umstand, daß man nicht zwischen Tätigkeit und dem Wunsch nach den Früchten dieser Tätigkeit zu unterscheiden vermochte, zu jener Stagnation und Passivität geführt, die für die östlichen Völker so charakteristisch ist, seit spirituelle Selbstsucht und Gleichgültigkeit zu ihrem Verfall führten.

So wie das allgemeine Verlangen nach empfindendem Leben universell der Grund für die Reinkarnation ist, so ist die bestimmende Ursache jeder individuellen Reinkarnation ein erneutes Sehnen nach dem Empfinden des Daseins auf der physischen Ebene. Wenn ein langes Leben auf der irdischen Ebene zu Ende gelebt und ein Schatz an Erfahrungen gesammelt worden ist, dann ist dieses Sehnen nach physischer Existenz vorübergehend befriedigt und an seine Stelle tritt ein Verlangen nach Ruhe. Dann kommt die Zeitspanne der Körperlosigkeit, während welcher das Ego sich sozusagen in sich selbst zurückzieht, während welcher es aufhört, nach außen auf der physischen Ebene Kraft auszugeben, und alle seine Kräfte inneren Tätigkeiten zuwendet, indem es seine gesammelten Erfahrungen, die Ernte des eben abgeschlossenen Erdenlebens, sichtet, sie sondert und ordnet, sich einverleibt, was es assimilieren kann, und abstößt, was unfruchtbar und nutzlos ist. Das ist die Arbeit in der Periode des Dewachan, die Zeit, die notwendig ist, um diese Assimilierung durchzuführen und inneres Gleichgewicht zu erlangen. So wie ein Handwerker ausgeht, um das nötige Material für seine Arbeit zu beschaffen, und nachdem er es beschafft hat, wieder nach Hause geht, es sortiert und ordnet, um dann daraus irgendeinen künstlerischen oder nützlichen Gegenstand herzustellen, so muß der Denker, nachdem er seinen Vorrat an Material aus den Erfahrungen des Lebens gesammelt hat, dieses in das Gewebe seines jahrtausendelangen Lebens einweben. Er kann ebensowenig ständig im Wirbel des Erdenlebens geschäftig sein, wie ein Handwerker nicht ständig auf der Suche nach Material sein kann, ohne dasselbe zu Gütern zu verarbeiten, oder wie ein Mensch nicht ständig essen kann, ohne die Nahrung zu verdauen und zu assimilieren, um die Gewebe seines Körpers aufzubauen. Dies und die Ruhe, die alle Lebensformen zwischen Perioden der Aktivität brauchen, machen Dewachan zu einer absoluten Notwendigkeit und widerlegen die Ungeduld, mit der schlecht unterrichtete Theosophen gegen die Vorstellung meutern, auf diese Weise „Zeit zu vergeuden". Die Ruhe ist, man merke sich dies, etwas, ohne das wir nicht auskommen können. Das ermüdete und erschöpfte denkende Ego benötigt sie, und erst, wenn es wieder ausgeruht ist, ist es bereit und geeignet für die Reinkarnation. Wir haben nicht die Kraft, die Bürde des Fleisches erneut auf uns zu nehmen, solange nicht diese Periode der Erholung es den mentalen und spirituellen Kräften ermöglicht hat, sich wieder im geistigen Menschen aufzuladen. Erst wenn das Ego sich dem Ende des Zyklus der Wiedergeburten nähert und durch Erfahrungen vieler Jahrtausende stark geworden ist, wird es fähig, sich für die gewaltige Anstrengung seiner letzten Leben zu gürten, die ohne die Unterbrechung im Dewachan rasch aufeinanderfolgen und in denen es die letzten sieben Stufen des Daseins emporklimmt, mit Muskeln, die durch den langen Anstieg, den es schon hinter sich hat, zäh und unermüdbar geworden sind.

Eine Art von Fortschritt ist uns – abgesehen von dem besprochenen Assimilationsvorgang – der eine Vorbedingung für jedes weitere Wachstum ist – im Dewachan möglich. H. P. Blavatsky sagt:

„In einem Sinne können wir mehr Wissen erlangen, d. h. wir können jede Fähigkeit, die wir wertschätzten und nach der wir während des Lebens strebten, weiter entfalten, soferne sie abstrakte und ideelle Dinge betrifft, wie Musik, Malerei, Poesie usw., denn das Dewachan ist bloß eine idealisierte und subjektive Fortsetzung des Erdenlebens." [20])

Das mag die wunderbare Genialität erklären, die sich, besonders in der Musik, manchmal bei Kindern zeigt und weit über das hinausreicht, was bis dahin in der Geschichte dieser Kunst erreicht wurde. Wie dies aber auch sein mag, es ist gut, dessen eingedenk zu sein, daß ein entschiedenes Verfolgen abstrakter Gedanken und idealistischer Bestrebungen dem Dewachan-Zustand eine Richtung gibt, die ihn zu einem Zutand sowohl aktiven als auch passiven Fortschrittes macht. Obwohl Dewachan seinem Wesen nach eine Welt der Wirkungen ist, macht es in diesem Maße eine Anleihe von der Welt der Ursachen, doch muß der Impuls, der das Rad entlang dieser friedvollen Straße weiterrollen lassen wird, schon hier gegeben worden sein. Im Dewachan kann nicht der Anfang einer Ursache gesetzt, kein Streben neu begonnen werden, aber es gestattet die Fortsetzung von Anstrengungen, die sich auf die höchsten Ebenen richten, die der Mensch von seinem irdischen Leben aus erreichen kann. Warum diese Möglichkeit besteht, ist leicht einzusehen, denn die abstrakten und ideellen Höhen werden von der Ausstrahlung des Manas erleuchtet, und diese Helligkeit wird nicht verdunkelt, wenn Manas-Taijasi, das strahlende oder leuchtende Manas, sich seiner Fesseln frei in seine eigene Ebene erhebt.

In diesem Zusammenhang erhebt sich eine interessante Frage: Wenn die Ruhezeit vorbei ist, wenn die Kräfte, die das Ego aus dem Erdenleben hinausgetragen haben, sich erschöpft haben, wenn der Wunsch nach empfindendem physischem Leben wiederersteht und das Ego bereit ist, „die Schwelle des Dewachan" zu überschreiten und in die Ebene der Reinkarnation hinabzutauchen, was führt dieses Ego jetzt zu der besonderen Rasse, Nation und Familie, in der es sein neues Haus aus Fleisch finden soll, und was bestimmt das Geschlecht, das dieser Körper haben wird? Ist es verwandtschaftliche Anziehung? Hat es freie Wahl? Ist es eine Notwendigkeit? Das sind die Fragen, die am leichtesten von den Lippen Suchender kommen.

Es ist das Gesetz von Karma, welches das Ego unfehlbar zu der Rasse und zu dem Volk führt, in dem die allgemeinen charakteristischen Eigenschaften zu finden sind, die seinen neuen Körper aufbauen sollen, und jene soziale Umgebung, die für die Manifestation des grundsätzlichen Charakters geeignet ist, den das Ego in vergangenen Leben aufgebaut hat, so daß es nun das ernten kann, was es gesät hat.

„Karma wartet mit seiner Armee von Skandhas an der Schwelle des Dewachan, wenn das Ego wieder daraus herabtaucht, um eine neue Inkarnation anzunehmen. In diesem Augenblick schwankt das Schicksal des nun ausgeruhten Egos in der Waagschale gerechter Vergeltung, da es nun wieder unter die Gewalt des aktiven karmischen Gesetzes fällt. In der Wiedergeburt, die für dieses Ego nun bereit ist, eine Wiedergeburt, die ausgewählt und vorbereitet wurde durch dieses geheimnisvolle, unerbittliche, aber in der Unpersönlichkeit und Weisheit seiner Entscheidungen unfehlbare Gesetz, werden die Sünden seines vorhergehenden Lebens bestraft. Nur geschieht es nicht in einer eingebildeten Hölle mit theatralischen Flammen, mit lächerlichen geschwänzten und gehörnten Teufeln, in die das Ego geworfen wird, sondern auf dieser unserer eigenen Erde, auf der Ebene und in dem Bereich, in dem es gesündigt hat.

Hier wird es nun für jeden schlechten Gedanken und für jede schlechte Tat zu büßen haben. Wie es gesät hat, so wird es ernten. Die Wiedergeburt wird um dieses Ego alle anderen Egos sammeln, die direkt oder indirekt durch seine Hand oder auch nur durch die unbewußte Mittlerschaft seiner letzten Persönlichkeit gelitten haben. All diese werden von der Nemesis dem neuen Menschen, der das alte ewige Ego verbirgt, in den Weg gestellt werden . . . Die neue ‚Persönlichkeit' ist nicht mehr als eines neues Kleid mit seinen besonderen charakteristischen Eigenschaften, wie Farbe, Form und Qualität; aber der wirkliche Mensch, der dieses Kleid trägt, ist der gleiche Schuldige wie in der Vergangenheit." [21])

So wird zum Beispiel das Ego durch eine kämpferische Persönlichkeit in einer Inkarnation Ursachen setzen, die darauf hinwirken, es zur Wiedergeburt in eine Rasse und Nation zu ziehen, die durch eine kämpferische Periode in ihrer Geschichte hindurchgeht; das Ego eines Römers von kämpferischem, kolonialisierendem Typus würde zum Beispiel zur englischen Nation unter Königin Elisabeth gezogen worden sein, einem Volk und einer Epoche, in der die Vererbung ihm einen physischen Körper und die gesellschaftlichen Kräfte eine Umgebung bieten konnten, die für die Manifestation des fünfzehnhundert Jahre früher aufgebauten Charakters geeignet waren.

Ein anderer Strang im Seil des Karmas, und einer der stärksten, ist die herrschende Tendenz und Neigung im letztvergangenen Leben. Herrschende Tendenzen und entschlossenes Verfolgen irgendeiner Richtung des Denkens und Handelns erscheinen als angeborene Fähigkeiten wieder. Ein Mensch mit starkem Willen, der fest entschlossen ist,

Wohlstand zu erlangen und diesen Entschluß sein ganzes Leben hindurch unbarmherzig und bedenkenlos durchführt, wird in einer anderen Inkarnation wahrscheinlich einer von jenen Menschen sein, die sprichwörtlich vom „Glück“ begünstigt sind, von denen man sagt, daß „alles, was sie angreifen, zu Gold wird“. Daher die ungeheure Wichtigkeit, welche Ideale wir uns wählen, welches Ziel im Leben, denn die Ideale eines Lebens werden zu den Umständen des nächsten. Wenn sie selbstsüchtig, niedrig und materiell sind, wird unsere nächste Inkarnation uns in eine Umgebung bringen, in der sie in unsere Reichweite gelangen. So wie ein eiserner Wille schon hier das Glück zwingt, so streckt er seinen eisernen Griff noch über den Abgrund von Tod und Wiedergeburt aus und erreicht sein Ziel, das zu gewinnen er entschlossen ist; er verliert weder Anspannung noch Kraft während des Zwischenspiels im Dewachan, sondern sammelt alle seine Energien und arbeitet in der feineren Materie, so daß das Ego bei seiner Rückkehr ein Haus bereitet findet, das von diesem starken und leidenschaftlichen Wunsch erbaut und geeignet ist, das in Aussicht genommene Ziel zu erreichen. *Wie* der Mensch sät, *so* wird er auch ernten; er ist der Herr seines Schicksals, und wenn er für zeitlichen Erfolg bauen will, für physisches Wohlleben, so kann niemand ihm das verbieten. Nur durch Erfahrung wird er lernen, daß Macht und Luxus nur eine Täuschung sind, daß mit ihnen wohl der Körper umkleidet werden kann, das Ego selbst aber dabei nackt und fröstelnd bleibt, daß sein wahres Selbst nicht mit dem Futter zufrieden sein kann, das für die Schweine bestimmt ist; und wenn er das Tier in ihm vollgemästet hat und den Menschen hat hungern lassen, wird er, auch wenn er sich in dem fernen Land befindet, in das ihn seine ungeratenen Füße getragen haben, umkehren und seine sehnenden Augen der wahren Heimat zuwenden, und durch viele Leben wird er sich dorthin durchkämpfen, mit der ganzen Kraft, die er einst dazu verwendet hatte, um zu herrschen, die aber jetzt unter das Joch des Dienens gebracht wurde, und der starke Mensch, der einst seine Stärke entwickelte, um andere zu beherrschen, wird sie nun dazu verwenden, sich selbst zu beherrschen, und sie so schulen, daß sie dem Gesetz der Liebe gehorcht.

Auf die Frage, „wodurch wird das Geschlecht bestimmt?“, auch nur vermutungsweise eine Antwort zu geben, ist schwer, und irgendeine bestimmte Information ist über diesen Punkt nicht gegeben worden. Das Ego selbst ist geschlechtslos und wohnt im Laufe der Abertausende seiner Inkarnationen in männlichen und weiblichen Körpern. Da das Ziel der Reinkarnation im Aufbau eines vollkommenen Menschentums liegt und in diesem vollkommenen Menschentum positive und negative Elemente ein vollkommenes Gleichgewicht gefunden haben müssen, ist es leicht einzusehen, daß das Ego diese Merkmale durch eigene Erfahrung in dafür geeigneten physischen Persönlichkeiten entwickeln muß und daß daher wiederholter Geschlechtswechsel erforderlich ist. Im gegenwärtigen Entwicklungszeitpunkt ist durch Beobachtung bemerkbar, daß in diesem auf eine Synthese hinzielenden Vorgang schon Fortschritte gemacht wurden, und wir finden in beiden physischen Geschlechtern edle Typen, die manche Merkmale zeigen, welche im Laufe der Entwicklungsgeschichte vom anderen Geschlecht entfaltet wurden, so daß die Stärke, die Festigkeit und der Mut, die entlang der männlichen Linie entfaltet wurden, mit der Zartheit, Reinheit und Fähigkeit zum Ertragen und Dulden gepaart sind, die auf der weiblichen Linie entwickelt wurden, und wir gewinnen einen schwachen Einblick in das, was die Menschheit einmal sein wird, wenn die „Gegensatzpaare", die um der Entwicklung willen getrennt wurden, wieder vereinigt sein werden, um ihre Früchte zu tragen. Inzwischen scheint es wahrscheinlich, daß die Erfahrung in den einzelnen Geschlechtern immer wieder das Gleichgewicht des Evolutionsprozesses herstellt und jene Eigenschaften liefert, die auf einer bestimmten Stufe fehlen, und wohl auch, daß es, wenn ein Geschlecht dem anderen unrecht getan hat, die karmische Folge davon ist, daß der Übeltäter dorthin gezogen wird, wo er in dem Geschlecht, das verletzt wurde, die Wirkungen des von ihm begangenen Unrechtes erleiden kann.

So zeichnet Karma die Linie vor, die den Weg des Egos in seine neue Inkarnation bilden soll, und dieses Karma ist die Gesamtheit der Ursachen, die von dem Ego selbst gesetzt wurden. Wenn man das Spiel dieser karmischen Kräfte studiert, darf man aber eines nicht außer acht lassen – nämlich, daß das Ego in seiner klareren Schau bereitwillig Lebensumstände für seine Persönlichkeit akzeptiert, die ganz anders sind als jene, welche die Persönlichkeit selbst für sich zu wählen bereit wäre. Die Schulung durch Erfahrungen ist nicht immer angenehm, und für das beschränkte Erkenntnisvermögen der Persönlichkeit muß es viele irdische Erfahrungen geben, die unnötig schmerzvoll, ungerecht und nutzlos erscheinen. Das Ego aber sieht, ehe es in den „Lethe des Körpers" hinabtaucht, die Gründe, welche zu den Umständen der Inkarnation führen, in die es eintreten soll, und die Gelegenheiten für sein Wachstum, die sie birgt, und es ist leicht, sich zu vergegenwärtigen, welch geringes Gewicht bei dieser Beurteilung all die vorübergehenden Schmerzen und der Kummer haben werden und wie unbedeutend für diese durchdringende, weitblickende Schau die Freuden und Leiden der Erde sind.

Denn was ist jedes einzelne Leben anderes als ein Schritt in dem „ständigen Fortschritt für jedes inkarnierende Ego, für jede göttliche Seele in einer Entwicklung, die von außen nach innen, vom Materiellen zum Spirituellen führt und am Ende jeder Stufe absolute Einheit mit dem göttlichen Prinzip erreicht. Sie führt von Stärke zu Stärke, von der Schönheit und Vollkommenheit einer Ebene zur größeren Schönheit und Vollkommenheit der nächsten; jeder Zyklus bringt den Erwerb neuer Herrlichkeit, neuen Wissens und neuer Kraft. Von solcher Art ist die Bestimmung jedes Egos." [22])

Was bedeutet bei einer solchen Bestimmung der vorübergehende Schmerz eines Augenblicks, ja selbst die Qual eines verdüsterten Lebens?

Beweise für die Reinkarnation

Die Beweismittel für die Reinkarnation reichen nicht für einen allgemeinen, vollen Beweis aus, aber sie deuten auf eine so starke Wahrscheinlichkeit, wie sie nach der Natur des Falles möglich ist. Die von ihnen gestützte Theorie bietet die einzige ausreichende Erklärung für den Aufstieg und Verfall von Völkern, für die Tatsachen der individuellen Entwicklung, die Verschiedenheit der menschlichen Anlagen, für die sich wiederholenden Zyklen in der Geschichte, sowie für die Einzigartigkeit menschlicher Charaktere. Trotz meines eigenen bestimmten Wissens, daß die Reinkarnation eine Naturtatsache ist, gebe ich mich damit zufrieden, sie hier mehr als eine vernünftige Arbeitshypothese darzubieten, denn als einen bewiesenen Lehrsatz; denn ich schreibe für Leser, die Beweise in den Tatsachen des menschlichen Lebens und der Geschichte suchen, und für diese kann sie zunächst nicht mehr sein als eine vernünftige Hypothese. Und jene, die wissen, daß sie wahr ist, brauchen keine Begründung mehr von mir.

1. Es gibt heute lebende Menschen, die sich an ihre letzte Inkarnation erinnern und sich die Geschehnisse in derselben ebenso ins Gedächtnis rufen können wie die ihres gegenwärtigen Lebens. Das Gedächtnis – jenes Bindeglied zwischen den verschiedenen Stadien der Erfahrungen eines bewußten Wesens, das ihm das Gefühl gibt, eine Individualität und Persönlichkeit zu sein – erstreckt sich für sie über die Pforten vergangener Geburten und Tode hinaus, und die Nächte des Todes unterbrechen die Erinnerung ebensowenig wie es jene Nächte tun, welche die einzelnen Tage unseres gegenwärtigen Lebens voneinander sondern. Ereignisse in ihren vergangenen Leben sind für sie ebenso lebendige Erfahrungen ihres lebendigen Ichs, als wären sie erst vor wenigen Jahren geschehen, und wenn man ihnen sagte, es seien nicht sie gewesen, die diese Erlebnisse hatten, so klingt das für sie ebenso töricht, wie wenn man darauf bestehen würde zu sagen, die Erlebnisse, die sie vor zehn Jahren durchmachten, seien jemand anderem widerfahren und nicht ihnen selbst. Sie würden darüber nicht mit einem streiten, sondern bloß mit den Achseln zucken und den Gegenstand fallen lassen, denn man kann niemandem ein eigenes Erlebnis aus seinem Bewußtsein herausargumentieren. Andererseits aber kann das Zeugnis

eines Menschen für Tatsachen, die er weiß, nicht die Wirklichkeit dieser Tatsachen einem anderen Menschen beweisen, und es ist dies daher ein schlüssiger Beweis nur für den, der es erlebt hat. Dem Menschen, dessen Erinnerung ihm seine Vergangenheit bezeugt, gibt dies die endgültige Gewißheit, daß die Reinkarnation eine Tatsache ist; was für einen Wert dies für jemanden hat, dem es bloß erzählt wird, hängt davon ab, welche Meinung dieser Hörer von der gesunden Vernunft und moralischen Verläßlichkeit des Erzählenden hat. Wenn der Sprecher nicht nur ein Mensch von normaler Vernunft in den Angelegenheiten des täglichen Lebens ist, sondern von hervorragender Intelligenz, ein Mensch von nicht nur durchschnittlicher Moral, sondern von einer erhabenen moralischen Reinheit, Wahrheitsliebe und Genauigkeit, dann würde wohl seine ruhige Darlegung, er erinnere sich an Ereignisse, die sich vor einigen Jahrhunderten zugetragen haben, und sein ins einzelne gehender Bericht über diese Ereignisse und die sie umgebenden Umstände wahrscheinlich bei jenen, die seine Ehrlichkeit und seine Fähigkeiten kennen, beträchtliches Gewicht haben. Es wäre dies zwar ein Beweis aus zweiter Hand, aber ein in seiner Art schwerwiegender Beweis.

2. Pflanze, Tier und Mensch zeigen alle Zeichen des Wirkens eines „Gesetzes der Vererbung", nämlich des Übertragens der Besonderheiten ihres eigenen Organismus durch die Eltern auf die Nachkommen. Eine Eiche, ein Hund, ein Mensch, sind mit geringen Verschiedenheiten auf der ganzen Welt erkennbar. Sie alle werden gemäß bestimmten Entwicklungsrichtlinien gezeugt und wachsen diesen gemäß; sie gehen aus je zwei Zellen, einer männlichen und einer weiblichen, hervor und entwickeln sich den elterlichen Merkmalen gemäß. Die Nachkommenschaft bringt wieder die besonderen Merkmale der Eltern hervor, und wie weit auch Familien des gleichen Typus sich voneinander unterscheiden mögen, so erkennen wir doch die sie verbindenden gemeinsamen Merkmale. Wir vereinigen unter dem Namen „Hund" einen Bernhardiner, einen Windhund und einen Terrier, so wie wir unter dem Namen „Mensch" einen Buschmann, einen Engländer und einen Rajput vereinigen. Wenn wir aber die intellektuellen und moralischen Anlagen bei verschiedenen Gruppen von Hunden und Menschen untersuchen, fällt uns ein bemerkenswerter Unterschied auf. Beim Hund schwanken diese nur zwischen verhältnismäßig engen Grenzen; ein Hund kann klug oder dumm, bösartig oder verläßlich sein, aber der Unterschied zwischen einem klugen und einem dummen Hund ist verhältnismäßig gering. Wie groß aber ist der Unterschied zwischen den

niedrigsten und den höchsten Menschen, sowohl intellektuell als auch moralisch! Manche können nur „eins, zwei, drei, viele" zählen, während andere Entfernungen berechnen können, die nur in Lichtjahren auszudrücken sind. Beim Menschen, und nur beim Menschen, finden wir einerseits eine derartig große physische Gemeinschaft unter allen Rassen, die die Erde bevölkern, und andererseits so große intellektuelle Unterschiede.

Man kann die physische Vererbung als Erklärung für das eine anerkennen, aber wir benötigen einen neuen Faktor, der im Tier nicht vorhanden ist, als Erklärung für das andere. Die Reinkarnation, mit dem Begriff eines überdauernden intelligenten und moralischen Egos, das durch Erfahrungen lernt und sich durch Jahrtausende hindurch entwickelt, bietet eine ausreichende Begründung, eine Begründung die auch erklärt, warum der Mensch fortschreitet, während die Tiere, vom Standpunkt mentaler und moralischer Entwicklung gesehen, unverändert bleiben, außer sie werden vom Menschen künstlich geschult und abgerichtet. Soweit die Berichte aus der Vergangenheit reichen, haben die wilden Tiere immer so gelebt wie heute, als Raubtiere, als Herden von Büffeln, als Rudel von Affen oder als Völker von Ameisen; sie leben und sterben, Generation auf Generation, und wiederholen die elterlichen Gewohnheiten entlang der ererbten Bahnen, sie entwickeln kein höheres, soziales Leben. Sie besitzen eine physische Vererbung wie der Mensch, aber diese physische Vererbung kann ihnen nicht jene angesammelte Erfahrung bieten, welche die überdauernden menschlichen Egos befähigt, aufwärts zu klimmen, immer wieder große Zivilisationen aufzubauen, Wissen zu erwerben und immer höher und höher zu steigen, so daß niemand eine Grenze ziehen kann, über welche die Menschheit nicht hinauswachsen könnte. Dieses bleibende Element, das im Tier fehlt, im Menschen aber vorhanden ist, erklärt es, weshalb das Tier verhältnismäßig unveränderlich ist, der Mensch aber fortschreitet. Beim Tier fehlt ein individuelles Lagerhaus für die angesammelten Erfahrungen; der Mensch aber, der das Wesentliche aus seinen Erfahrungen in seinem unsterblichen Ego aufspeichert, beginnt Leben auf Leben mit jenem Vorrat an Erfahrungen, den er schon besitzt, und hat so die Möglichkeit fortgesetzten individuellen Wachstums. Denn wie kann intellektuelle Erfahrung weitergegeben werden, außer durch das Bewußtsein? Physische Gewohnheiten, die den Organismus verändern, können auf physischem Weg weitergegeben werden, wie die Neigung des Pferdes zu traben, der Katze zu lauern, und so weiter; diese Tatsachen sind bei Tieren und Menschen offenkundig. Ebenso offenkundig ist der intellektuelle und moralische Stillstand des Tieres im Vergleich zur Fortschrittlichkeit des Menschen.

Eine andere bemerkenswerte Tatsache ist es, daß kein Einfluß von außen dem Gehirn minder entwickelter Menschen die elementaren moralischen Begriffe einprägen kann, die das Gehirn der fortgeschritteneren fast sofort annimmt, wenn sie ihm gezeigt werden. Für das intellektuelle und moralische Auffassungsvermögen ist mehr notwendig als der Gehirnapparat, und dieses Etwas kann nicht durch bloße Schulung geschaffen werden. Schulung kann wohl den Apparat feinfühliger machen, aber ehe der Apparat auf Stimmen von außen reagieren kann, ist ein Impuls seitens des Egos nötig. Dem steht auch nicht die Tatsache entgegen, daß einmal ein europäisches Kind, das von jeder menschlichen Gesellschaft abgeschlossen wurde, sich als völlig tierisch und kaum menschlich erwies, als man es befreite; denn für das physische Organ ist es nötig, daß physische Einflüsse in gesunder Weise darauf einwirken, wenn es auf der physischen Ebene benützbar sein soll, und wenn es durch unnatürliche Behandlung verdorben wird, vermag es auf Anregungen des Egos ebensowenig zu reagieren, wie ein Klavier, das man feucht und rostig werden ließ, mit seinen beschädigten Saiten keine Melodien von sich geben kann.

3. Innerhalb einer Familie gibt es bestimmte besondere vererbte Merkmale, die immer wieder erscheinen, und eine gewisse „Familienähnlichkeit" verbindet die Mitglieder einer Familie. Diese physischen Ähnlichkeiten sind offenkundig und werden als Beweise für das Vererbungsgesetz betrachtet. Soweit geht dies in Ordnung. Aber was für ein Gesetz erklärt die erstaunlichen Unterschiede in der intellektuellen Befähigung und im moralischen Charakter, die oft innerhalb des engsten Familienkreises unter den Kindern der gleichen Eltern zu finden sind? In einer ruhigen, heimatverbundenen Familie, die seit Generationen am gleichen Ort ansässig ist, wird auf einmal ein Bursche mit wildem, streitsüchtigem Temperament geboren, den keine Strafe zähmen, keine Verlockung zurückhalten kann. Wie kann es in einer derartigen Umgebung einen solchen Typus geben, wenn die intellektuelle und moralische Natur sich auch von den Ahnen ableitet? Oder es wird in einer edlen, sauberen Familie ein „schwarzes Schaf" geboren, das die liebenden Herzen mit Schmerz erfüllt und über einen makellosen Namen Unehre bringt; woher kommt dieser Mensch? Oder es erblüht inmitten einer schmutzigen und rohen Familienumgebung eine weiße Blüte der Heiligkeit und entfaltet dort ihre strahlende Schönheit; was ließ den Samen dieser wunderbaren Pflanze in einen so üblen

Boden fallen? Hier gibt in jedem Falle die Reinkarnation den Schlüssel zur Lösung, da sie die intellektuellen und moralischen Eigenschaften in das unsterbliche Ego verlegt und nicht in den von den Eltern gezeugten physischen Körper. Starke physische Ähnlichkeit kann zwischen Brüdern gefunden werden, deren intellektueller und moralischer Charakter ganz entgegengesetzt ist. Die Vererbung kann das eine erklären, aber nicht das andere.[23]) Hier tritt die Reinkarnation in die Bresche und vervollständigt dadurch die Theorie vom menschlichen Wachstum.

4. Dasselbe Problem zeigt sich in noch stärkerem Maße im Falle von Zwillingen, in welchem die Kinder nicht nur die gleiche Abstammung, sondern auch die gleichen vorgeburtlichen Verhältnisse haben. Trotzdem verbinden Zwillinge oft nahezu vollständige physische Gleichheit mit starken Unterschieden im intellektuellen und moralischen Typus. Bedeutsam ist auch, daß Zwillinge als Kleinkinder selbst für das geübte Auge der Mutter oft voneinander ununterscheidbar sind, während später im Leben, sobald Manas durch sein physisches Gehäuse gewirkt hat, dieses sich dadurch so verändert, daß die physische Ähnlichkeit schwächer wird und die Unterschiede im Charakter sich auf den Gesichtszügen aufprägen.

5. Auch kindliche Frühreife verlangt nach einer Erklärung von seiten der Wissenschaft. Wie kann ein Mozart im Alter von vier Jahren ein Wissen zeigen, in dem ihn niemand unterrichtet hat? Nicht nur den Sinn für Melodik, sondern eine „instinktive" Fähigkeit, den richtigen Satz für ihm gegebene Melodien zu finden, einen Satz, der keines der komplizierten Gesetze der Harmonie verletzt, die der Musiker in geduldigem Studium erlernen muß. „Er war in einer musikalischen Familie geboren." Sicherlich, sonst wäre es auch schwer zu begreifen, wie der feine physische Apparat, der zur Offenbarung seines transzendenten Genies nötig war, hätte beigestellt werden können. Aber wenn seine Familie ihm nicht nur den physischen Apparat, sondern auch die geniale Veranlagung selbst gegeben haben sollte, möchte man wissen, warum von so vielen, die an diesem physischen Apparat Anteil hatten, er der einzige war, der diese Kraft offenbarte, die in seinen Symphonien, Sonaten, Opern und Messen emporquoll, die in glitzernden Kaskaden aus einer schier unerschöpflichen Quelle herabströmten. Wie konnte eine so machtvolle Wirkung von einer so unzulänglichen Ursache kommen? Denn unter all den vielen Angehörigen der Familie Mozart gab es nur einen MOZART! Und noch so manches andere Beispiel könnte gebracht werden, in dem ein Kind seine Lehrer übertraf und das mit Leichtigkeit vollbrachte, was ihnen große Mühe kostete,

und rasch erreichte, was sie auf keine Weise vermochten.

6. Kindliche Frühreife ist nur eine Form der Genialität, und diese selbst bedarf der Erklärung. Woher kommt sie? Ihre Spur ist schwerer zu verfolgen als der Zug von Vögeln in der Luft. Ein Plato, Dante, Giordano Bruno, Shakespeare und Newton, woher kommen diese Leuchten der Menschheit? Sie entstammen mittelmäßigen Familien. Sie sind die ersten, die ihren Namen berühmt machen, und zugleich die letzten; die Unbekanntheit ihrer Familien ist der beste Beweis dafür, daß diese nur durchschnittliche Fähigkeiten besitzen; und dann wird ein Kind geboren, es wird geliebt, umsorgt, gestraft und erzogen wie alle anderen, aber plötzlich erhebt sich der junge Adler aus dem Sperlingsnest drunten in den Höhlen, steigt empor zur Sonne und der Schlag seiner Flügel erschüttert die Luft. Würde so etwas auf der physischen Ebene geschehen, dann würden wir nicht murmeln: „Vererbung und ein seltsamer Fall von Atavismus", wir würden vielmehr nach dem Adler-Vater forschen und nicht den Stammbaum der Sperlinge zurückverfolgen. Und ebenso müssen wir, wenn ein mächtiges Ego sich in einer mittelmäßigen Familie niederläßt, in diesem Ego die Ursache dieses Genies suchen und nicht im Stammbaum der Familie.

Will irgend jemand es wagen, die Geburt der großen moralischen Genies in der Welt mit Vererbung zu erklären, die Geburt eines Lao-Tse, eines Buddha, Zarathustra oder Jesus? Soll man nach der göttlichen Wurzel, aus der diese Blüten der Menschheit sprießen, im Boden der physischen Ahnen graben, nach den Quellen ihrer gnadeerfüllten Leben in dem kleinen Brunnen alltäglicher Menschlichkeit? Woher brachten sie die Weisheit, die niemand sie gelehrt hatte, woher ihre spirituelle Einsicht, ihr Wissen um menschliche Sorgen und Nöte? Die Menschen waren so geblendet von ihren Lehren, daß sie träumten, es sei die Offenbarung einer übernatürlichen Gottheit, während es nur die herangereifte Frucht hunderter menschlicher Leben war; wer die übernatürliche Gottheit ablehnt, muß entweder die Reinkarnation akzeptieren oder zugeben, daß das Problem ihrer Herkunft unlösbar ist. Wenn die Vererbung Buddhas und Christusse hervorbringen könnte, dann müßte sie ebenso imstande sein, uns mehr von diesen zu geben.

7. Wir kommen zu dem gleichen Schluß, wenn wir die außerordentlich unterschiedliche Fähigkeit der Menschen betrachten, sich Wissen anzueignen. Man nehme zwei Personen von durchschnittlicher, aber im großen und ganzen gut ausgebildeter Intelligenz. Man lege jeder von ihnen das gleiche System der Philosophie vor. Eine erfaßt sofort dessen

Hauptprinzipien, die andere steht ihm passiv und schwerfällig gegenüber. Man zeige denselben Personen ein anderes System, und die Rollen der beiden werden vertauscht sein. Die eine „hat eine Neigung“ zu einer Form des Denkens, die andere zu einer anderen. Zwei Studierende werden von der Theosophie angezogen und beginnen, sie zu studieren; am Ende eines Jahres ist der eine mit ihren Hauptvorstellungen vertraut und vermag sie anzuwenden, der andere hat das Gefühl, sich durch ein Labyrinth hindurchzukämpfen. Dem einen schien jede These auf den ersten Blick vertraut, dem anderen neu, unverständlich, fremd. Wer an Reinkarnation glaubt, versteht, weshalb diese Lehre für den einen etwas Altes ist, für den anderen aber etwas Neues. Der eine lernt schnell, weil er sich erinnert, er erlangt nur ein altes Wissen wieder. Der andere lernt schwer, weil seine Erfahrung diese Naturwahrheiten noch nicht umfaßt und er sie mühsam zum ersten Mal erwerben muß.

8. Eng verwandt mit diesem raschen Wiedererlangen früheren Wissens ist die Intuition, die eine Wahrheit sofort als Wahrheit erkennt, wenn sie gezeigt wird, und keinen langsamen Begründungsvorgang benötigt, um überzeugt zu werden. Eine solche Intuition ist bloß ein Wiedererkennen einer Tatsache, die einem in einem vergangenen Leben schon vertraut war, wenn man ihr auch im gegenwärtigen Leben zum ersten Mal begegnet. Ihr Kennzeichen besteht darin, daß die innere Überzeugung, die sofort beim bloßen Wahrnehmen der Tatsache aufstieg, durch irgendwelche Beweise nicht weiter verstärkt werden kann. Man mag um anderer willen nach Beweisen suchen, die ihre Realität sichtbar machen, und sie ausbauen, für den Gläubigen selbst sind sie zu seiner Befriedigung nicht vonnöten. Diese Arbeit ist, soweit es ihn betrifft, schon durch seine eigenen Erfahrungen in vergangenen Leben getan worden, und er braucht den gleichen Weg nicht noch einmal zu gehen.

9. Die Reinkarnation löst wie keine andere Theorie über das menschliche Dasein die Probleme der Ungleichheit in den Lebensumständen, Anlagen und Möglichkeiten der Menschen, die sonst ein Beweis dafür wären, daß es keinen Faktor der Gerechtigkeit im Leben gibt, sondern daß die Menschen nur ein Spielball entweder der Gunst eines verantwortungslosen Schöpfers oder der blinden Kräfte einer seelenlosen Natur sind. Ein Kind wird mit einem Gehirn geboren, das zum Werkzeug für alle tierischen Leidenschaften geeignet ist, ein „kriminelles Gehirn“, das Werkzeug böser Gelüste und brutaler Instinkte; als Kind eines Diebes und einer Hure strömt sein Lebensblut

aus einer schmutzigen und vergifteten Quelle; seine Umgebung erzieht es zu lasterhaftem Leben und schult es auf jede üble Weise. Ein anderes Kind wird mit einem edel ausgestatteten Gehirn geboren, geeignet, den glänzendsten Intellekt zu offenbaren, mit nur geringem Keimboden für tierische Leidenschaften, ein Kind sauberer und gedankenreicher Eltern, seine physische Natur wird aus gutem Material aufgebaut und seine Umgebung führt es auf den Weg rechten Verhaltens, schult es zu gutem und hochherzigem Handeln und hilft ihm, alle niedrigen und bösen Gedanken zu unterdrücken. Das eine ist durch seinen Organismus und seine Umgebung zu einem kriminellen Leben verurteilt, oder bestenfalls, wenn das Göttliche sich in ihm bemerkbar machen sollte, zu einem furchtbaren Ringen gegen ungeheuer übermächtige Umstände, ein Ringen, welches, selbst wenn es mit einem Sieg enden sollte, den Sieger erschöpft, verstümmelt und mit gebrochenem Herzen zurücklassen müßte. Das andere ist durch seinen Organismus und seine Umgebung zu einem Leben wohltätiger Aktivität bestimmt, und sein Ringen wird sich nicht gegen Böses richten, das es hinabziehen will, sondern auf höhere Güter, die es aufwärts locken. Woher kommt dieses unterschiedliche Schicksal, wenn diese beiden Menschenwesen das erste Mal die Bühne des Lebens betreten? Sollen wir sagen, daß eine bewußte, übermächtige Vorsehung diese beiden Leben erschafft und das eine zu äußerster Erniedrigung verurteilt, das andere aber mit den erhabensten Möglichkeiten segnet? Dann kann eine hilflose, jammernde Menschheit in der Gewalt einer bodenlosen Ungerechtigkeit sich nur schaudernd unterwerfen, aber sie muß damit aufhören, Gerechtigkeit und Liebe als Eigenschaften der Gottheit zu bezeichnen, die sie anbetet. Und wenn ein ähnliches Ergebnis durch die blinden Kräfte der Natur zustandekommt, dann ist der Mensch ebenso hilflos in der Gewalt der Ursachen, die er weder zu ergründen noch zu beherrschen vermag, und wenn auch seine Rasse fortbestehen mag, so muß sich doch um sein Herz die giftige Schlange eines zersetzenden Grolles ringeln, gegen die Ungerechtigkeit, die gute und böse Lose vom Glücksrad eines blinden Schicksals zuteilen läßt, ohne daß der Mensch die Möglichkeit hat, über ihre Annahme oder Ablehnung zu entscheiden. Wenn aber die Lehre von der Reinkarnation wahr ist, dann regiert wieder Gerechtigkeit die Welt, und das Schicksal des Menschen liegt in seinen eigenen Händen. Wenn ein Mensch bösen Gedanken und Handlungen nachgibt, wenn er anderen Unrecht zufügt, wenn er skrupellos eigennützige Ziele verfolgt, dann baut all dies dem sich wieder verkörperten Menschen ein Gehirn auf, das ein geeignetes Werkzeug für eine verstärkte Manifestation solchen Tuns ist, ein Gehirn, in dem alle üblen Neigungen Bahnen vorfinden, die es ihnen leicht machen, sich auszuwirken, und in dem die guten Kräfte vergeblich nach physischen Ausdrucksmitteln für sich suchen. Und eine Natur mit einer solchen üblen Ausstattung wird in eine passende Umgebung hineingezogen werden, wo sich ihr auf allen Seiten Gelegenheiten zu bösem Handeln bieten, und zu Eltern, deren vergiftete Körper das für solches Tun am besten geeignete Material liefern können. Schrecklich? Freilich; ebenso, wie es schrecklich ist, daß fortgesetzte Trunkenheit zur Zerstörung von Hirn und Körper führt. Aber wo Gerechtigkeit und ein unverletzliches Gesetz herrschen, da gibt es auch Hoffnung, denn wir sind dann nicht mehr bloße vom Wind hin und her getriebene Strohhalme, sondern Meister unseres eigenen Schicksals, denn wenn wir sie erkennen, können wir diese Gesetze benützen, und sie werden uns nie im Stich lassen und statt zu unseren Feinden zu unseren Helfern werden. Denn so wie ein Mensch zum Bösen gestaltet werden kann, so kann er auch zum Guten gestaltet werden, und es kann genau das Gegenteil der soeben geschilderten Wahrheiten zustandegebracht werden. Wer bösem Denken und Handeln widersteht, geduldig anderen dient und sich gewissenhaft selbstlosen Zielen widmet, dem baut all dies bei seiner Wiedergeburt ein Gehirn auf, das geeignet ist, auch diesen Dingen vermehrten Ausdruck zu geben, ein Gehirn, in dem alle guten Neigungen Bahnen vorfinden, die es ihnen erleichtern, sich auszuwirken, und in dem es die bösen Kräfte sind, die vergeblich nach physischen Organen für ihren Ausdruck suchen müssen.

Solch eine Natur wird ebenso in eine Umgebung hineingezogen, wo sich Gelegenheiten zum Guten in Menge finden, und zu Eltern, die würdig sind, ihr das physische Haus zu bauen. In jedem der Fälle aber wird dieses Haus nach dem Plan gebaut, den der Architekt beigestellt hat, das Ego, und dieses ist verantwortlich für das Werk.[24])

Die Reinkarnation erklärt uns den außerordentlichen Gegensatz zwischen dem Streben vieler Menschen und ihren Fähigkeiten. Wir finden zum Beispiel einen eifrig strebenden Geist, der in einem höchst ungeeigneten Körper eingekerkert ist, und wir wissen, daß er jetzt durch die Trägheit gehemmt wird, die er in einem früheren Leben bei der Nutzung seiner Fähigkeiten zeigte. Wir finden einen anderen, der sich nach den höchsten Zielen sehnt, der sich bemüht, die erhabensten Begriffe zu fassen, während er in beklagenswerter Weise dabei versagt, auch nur die elementarsten und grundlegendsten Begriffe der Philosophie, die er bemeistern will, zu verarbeiten oder die bescheidenen

Erfordernisse eines einigermaßen selbstlosen und nützlichen Lebens zu erfüllen. Wir erkennen, daß in der Vergangenheit Gelegenheiten versäumt, Möglichkeiten großer Fortschritte nicht beachtet oder absichtlich zurückgewiesen worden sind, so daß der Weg des Egos nach oben jetzt behindert und seine Kraft gelähmt ist; die Seele verlangt mit hoffnungslosem Eifer nach einem Wissen, das ihr durch keine äußere Kraft vorenthalten wird, sondern deshalb für sie unerreichbar ist, weil sie es nicht sehen kann, obwohl es unmittelbar vor ihren Füßen liegt.

Noch einen weiteren Hinweis gibt es, der vielleicht jenen zu denken geben mag, die an eine persönliche übermächtige Vorsehung glauben, die die Seelen der Menschen erschafft. Ist es angebracht, sich vorzustellen, daß die Gottheit bei der Ausübung ihrer Schöpferkraft ihren Geschöpfen nach deren Willkür zur Verfügung steht, daß sie wie ein Diener wartend den Leidenschaften und Lüsten der Menschen zusieht, um dann einen menschlichen Geist zu schaffen, der den Körper bewohnen soll, der durch irgendeinen üblen Akt ungehemmter Zügellosigkeit ins Leben gerufen wird? Diese ständige Schöpfung neuer Menschenseelen, die Formen bewohnen sollen, deren Existenz von der Laune der Menschen abhängt, birgt etwas in sich, das für jene, die ihr Ideal eines göttlichen Wesens hochhalten, abstoßend wirken muß. Und doch gibt es keine andere Alternative, wenn sie glauben, daß der Mensch eine Seele ist – oder eine Seele hat, wie es meistens ausgedrückt wird, wenn sie die Reinkarnation ablehnen.

10. Ein anderes Argument, das allerdings nur für jene von Bedeutung ist, die an die Unsterblichkeit des Menschen glauben, ist das, daß alles, was in der Zeit beginnt, auch in der Zeit endet. Alles, was einen Anfang hat, hat auch ein Ende, und das notwendige Gegenstück zur Unsterblichkeit nach dem Tode ist ewiges Dasein vor der Geburt. Das ist der Grund, weshalb der Philosoph Hume erklärte, daß Metempsychosis die einzige Theorie von der Seele sei, der die Philosophie Beachtung schenken könne, denn „was unzerstörbar ist, muß auch unerzeugbar sein". Ein Denken, das sich zur Würde der Philosophie erhebt, muß entweder die Reinkarnation akzeptieren oder das Aufhören der individuellen Existenz nach dem Tode.

11. Ist es außerdem nicht, wenn man die Unsterblichkeit der geistigen Intelligenz im Menschen annimmt, etwas unsinnig anzunehmen, eine solche Intelligenz komme in die Welt, bewohne, sagen wir, den Körper eines primitiven Menschen, verlasse ihn und kehre nie wieder zurück, um die unzähligen Lektionen zu lernen, die dieses irdische Leben lehren kann, sie aber nicht gelehrt hat? Wir sehen, wieviel mehr

intellektuelles und moralisches Wachstum für einen Menschen möglich ist als das, was ein unzivilisierter Mensch erreicht. Warum sollte diese Intelligenz das Erdenleben endgültig verlassen, ehe dessen Lektionen beherrscht sind? Eine solche unerfahrene Intelligenz in irgendeine höhere Sphäre des geistigen Lebens weiterzusenden, wäre das gleiche, wie wenn man einen Knaben aus der untersten Klasse einer Schule auf die Universität senden würde. Die Vernunft gebietet, daß er ein Jahr um das andere nach der Ruhe der Ferien wiederkehren muß, bis er die höchste Klasse erreicht und erst von dieser, nachdem er alles gelernt hat, was die Schule ihn lehren kann, zu dem umfassenderen Leben und tieferem Studium auf der Universität weiterschreitet.

12. Die Analogie deutet auf das gleichzeitige Vorhandensein vergänglicher und bleibender Elemente in einem Lebens-Zyklus hin. Die Blätter eines Baumes entstehen, reifen und fallen ab; während ihres Lebens nehmen sie Nahrung auf, verwandeln sie in Substanzen, die für den Baum nützlich sind, und sterben. Sie leben nicht wieder auf, aber der Baum lebt weiter und läßt mit dem nächsten Frühling eine neue Ernte von Laub sprießen. So lebt auch die Persönlichkeit, sammelt Erfahrungen ein, verwandelt sie in bleibende Werte, übergibt sie dem fortdauernden Baum, aus dem sie entstanden ist, und löst sich dann auf: nachdem der Winter vorüber ist, läßt das Ego die neue Persönlichkeit hervorsprießen, um neuerlich eine ähnliche Arbeit zu vollbringen und so den Aufbau und das Wachstum des Menschen-Baumes zu fördern. In der ganzen Natur sehen wir, daß in solcher Art Vergängliches dem Dauernden dient und für das Wachstum des bleibenderen Lebens wirkt, von dem es selbst nur ein vorübergehender Ausdruck ist.

13. Die periodischen Zyklen der Geschichte weisen auf die Reinkarnation einer großen Anzahl von Personen, sozusagen als Gesamtheit, hin. Wir finden am Ende des Ablaufes von fünfzehn Jahrhunderten das Wiederauftauchen von Typen einer gleichen Art von Intelligenz und Charakter, wie sie den Anfang dieser Perioden kennzeichneten. Der Studierende möge unter Berücksichtigung dieses Gedankens die Augustinische Periode der römischen Geschichte mit der Elisabethianischen Periode der englischen Geschichte vergleichen. Er möge den erobernden, kolonisierenden und staatsbildenden Typus der Römer mit dem der Engländer vergleichen. Er möge die Strömungen des religiösen Denkens im dritten und vierten Jahrhundert nach Christus mit jenen des achtzehnten und neunzehnten Jahrhunderts vergleichen und untersuchen, ob er nicht in der weiten Verbreitung mystischen und gnostischen Denkens in der heutigen Zeit ein Wiederauftauchen solcher

Gedanken aus dem Ende des vierten Jahrhunderts erkennen kann. Wenn er eine Zeitlang diese Richtung des Studiums verfolgt hat, wird ihm klar werden, daß die Behauptung in theosophischen Büchern, daß fünfzehn Jahrhunderte die „durchschnittliche Zwischenzeit zwischen den Inkarnationen" sei, keine bloße Phantasie oder Vermutung ist.

14. Der Aufstieg und Verfall von Rassen wird am besten durch die Hypothese der Reinkarnation erklärt. Es ist wahrzunehmen, daß manche Rassen im Aussterben sind, trotz der Anstrengungen, die gemacht wurden, um ihrem Verfall Einhalt zu gebieten; ihre Frauen werden von Unfruchtbarkeit heimgesucht, und so nimmt ihre Zahl ständig ab, ihr gänzliches Aussterben ist nur mehr eine Frage der Zeit. Der Anhänger der Reinkarnationslehre sagt: „Die Egos verlassen diese Rasse; alles, was durch diese besondere Ausdrucksmöglichkeit gelernt werden konnte, ist gelernt worden; die Egos, die ehedem die Kinder dieser Rasse beseelten, sind in andere Rassen übergegangen; es gibt keine Baby-Egos mehr, die in ihr die Lektionen ihrer frühesten menschlichen Erfahrung lernen könnten; daher ist kein Bedarf mehr für sie in der Ebene der Ursachen, und sie muß unweigerlich verschwinden." So finden wir auch, wenn eine Rasse ihren Höhepunkt erreicht hat, daß ein allmählicher Abstieg einsetzt und gleichzeitig eine andere Rasse ihren Aufstieg beginnt und sich in dem Maß erhebt, wie die andere absinkt. Denn die fortgeschrittenen Egos, die einen Rassentypus bis zur äußersten Möglichkeit ausgenützt haben, suchen nach einem anderen Typus mit höheren Möglichkeiten. Sie überlassen es den weniger fortgeschrittenen Egos, in dem alten Typus zu inkarnieren, sie selbst jedoch schreiten in eine jüngere Rasse weiter; und so geht es fort, immer weniger fortgeschrittene Egos inkarnieren im ersten Typus, welcher daher allmählich degeneriert, bis das oben beschriebene Stadium erreicht ist und Anzeichen des nahenden Unterganges sichtbar werden.

Noch viele andere Beweise für die Tatsächlichkeit der Reinkarnation könnten gegeben werden, aber wegen des beschränkten Raumes, der uns hier zur Verfügung steht, müssen diese genügen. Der ernst und sorgfältig Studierende wird noch andere hinzufügen können, wenn seine Kenntnisse sich erweitern.

Einwände gegen die Reinkarnation

Die folgende Aufstellung wurde aus Einwänden zusammengestellt, die von den Gegnern und Fragestellern erhoben wurden; sie ist nur ein Beispiel von solchen, denen man am häufigsten begegnete.

1. *Der Verlust der Erinnerung.* Dieser Einwand wurde in dem Abschnitt „Was reinkarniert" ausführlich behandelt; die dort gegebene Erklärung braucht daher hier nicht wiederholt zu werden.

2. *Das Bevölkerungswachstum.* Es wird gefragt, wieso die Bevölkerung der Erde zunehmen kann, wenn doch die Zahl der Egos eine feste Begrenzung hat. Dies ist kein Widerspruch, wenn man erwägt, wie klein die Zahl der inkarnierten Egos im Verhältnis zu der Zahl jener ist, die nicht inkarniert sind. Um der Antwort eine konkrete Form zu geben: Wenn dreitausend Egos für die Inkarnation zur Verfügung stehen, dann sind gleichzeitig nur hundert davon inkarniert, zweitausendneunhundert aber sind nicht inkarniert; eine Zeit von fünfzehnhundert Jahren vergeht, ehe die ersten hundert neuerlich zur Inkarnation gelangen und so ist es auch mit jedem weiteren Hundert; eine geringfügige Verkürzung der Zwischenzeit zwischen zwei Inkarnationen für einen Teil davon muß schon die inkarnierte Bevölkerung stark vermehren. Wer diesen Einwand erhebt, nimmt gewöhnlich für gegeben an, daß das Verhältnis der Zahl der nicht inkarnierten Egos zu jener der inkarnierten etwa halb und halb ist, tatsächlich aber ist die Zahl der nicht inkarnierten Egos weitaus größer als die der inkarnierten. Der Erdball gleicht einem kleinen Vortragssaal in einer großen Stadt, in den die Zuhörer aus der ganzen Bevölkerung kommen. Er mag einmal halb leer sein, ein anderes Mal wieder überfüllt, ohne daß sich die Gesamtbevölkerung der Stadt deshalb verändert hat. So kann unser Globus einmal dünn und ein anderes Mal dicht bevölkert sein, die Gesamtzahl der Egos, aus der er seine Bewohner bezieht, ist praktisch unerschöpflich.

3. *Die Reinkarnation beachtet das Gesetz der Vererbung nicht.* Im Gegenteil, sie bringt es auf der physischen Ebene erst recht zur Geltung. Sie räumt ein, daß die Eltern, wenn sie das physische Material beistellen, dieses sozusagen mit ihrem Siegel versehen, und daß die in den Körper des Kindes eingebauten Moleküle die Gewohnheit mitbrin-

gen, in bestimmter Weise zu schwingen und sich zu bestimmten Kombinationen zu verbinden. So werden Erbkrankheiten übertragen, so auch kleine Eigenheiten im Verhalten, in der Gestik usw. „Aber“, fährt der Opponent fort, „das ist nicht alles. Auch mentale Ähnlichkeiten werden übertragen, nicht nur physische, sondern auch mentale Eigenheiten.“ Das ist bis zu einem gewissen Grade richtig, aber nicht in dem Ausmaß, in dem es jene, die alles aus einem einzigen Gesetz erklären wollen, als erwiesen annehmen. Von den Eltern werden sowohl physische als auch ätherische Atome beigestellt, und – besonders von der Mutter – auch kamische Elemente; diese wirken ebenso wie auf den übrigen Körper auch auf die Atome des Gehirns ein und verursachen so das Wiedererscheinen von vitalen und emotionellen Eigenschaften der Eltern im Kinde; sie modifizieren dadurch die Offenbarung des Denkers, Manas, des reinkarnierenden Egos. Die Reinkarnationstheorie gibt alle diese Arten von Einflüssen der Eltern auf das Kind zu, aber wenn sie auch diese in vollem Maße anerkennt, so weigert sie sich doch, alle die unabhängigen Erscheinungen zu ignorieren, für die es ebenso schlagende Beweise gibt wie für den elterlichen Einfluß auf die niedere Vierheit. Auf diese Weise gibt die Theosophie eine volle Erklärung sowohl der Unterschiede als auch der Ähnlichkeiten, während die Vererbungstheorie nur eine teilweise und einseitige Erklärung bietet, da sie die Ähnlichkeit betont und die Verschiedenheiten nicht beachtet.

4. *Die Erscheinung des Atavismus genüge, um die Unterschiede zu erklären,* ist häufig die Antwort auf die letztgenannte Kritik; auch das Genie wird ebenso wie alle anderen Arten gänzlicher Verschiedenheit von den unmittelbaren Vorfahren durch Atavismus erklärt. Aber wenn Genie ein Fall von Atavismus wäre, dann müßte es möglich sein, jenen Vorfahren ausfindig zu machen, der die gleiche Begabung hatte, denn diese läßt ihren Besitzer ja deutlich aus der Masse hervorstechen. Geniale Begabung dürfte, so groß die Zwischenräume auch sein mögen, nur in Familien auftreten, in denen sie sich schon einmal gezeigt hat. Wenn Shakespeare ein Fall von Atavismus war, wo war der Ahne, dessen Begabung in ihm wieder erschien? Allein die Tatsache, daß ein Genie plötzlich den Namen einer Familie berühmt macht, die bis dahin unbekannt war, bringt die Hypothese des Atavismus zu Fall, denn eben diese Unbekanntheit ist ein Beweis dafür, daß es keine Genies in ihr gab. Auch wenn man die Geburt eines lasterhaften Kindes in einer lauteren Familie auf Atavismus zurückführt, muß bemerkt werden, daß das eine reine Vermutung ohne den Schatten eines Beweises ist. Wenn

das Erscheinen eines Genies einwandfrei als Atavismus festgestellt werden könnte, dann könnte man in analoger Weise auch in anderen Fällen damit argumentieren; aber wenn die Wahrscheinlichkeit in dem Fall, der am leichtesten überprüft werden kann, gegen diese Erklärung spricht, dann kann man sie kaum in anderen Fällen vorbringen, in denen ein Beweis notwendigerweise nahezu unmöglich ist.

5. *Das Erscheinen eines bösartigen Kindes in einer ehrenhaften Familie, sowie das eines gutartigen Kindes in einer lasterhaften Familie stehe im Widerspruch mit der Theorie, daß das Ego zu solchen Menschen hingezogen wird, die ihm einen passenden Körper und eine geeignete Umgebung bieten können.* Auf den ersten Blick scheint dieser Einwand stichhaltig zu sein, aber er läßt die sehr wichtige Frage karmischer Bindungen außer Betracht. Die esoterische Philosophie lehrt, daß die künftigen Schicksale der Egos miteinander durch Beziehungen verflochten werden, die sie in den einzelnen Erdenleben knüpfen. Liebe und Haß, geleistete Dienste und zugefügtes Unrecht, Kameradschaft im Guten und im Bösen, das alles wirkt dahin, die Egos wieder im irdischen Leben zusammenzuführen, um gemeinsam die Folgen auszuwirken, für die sie gemeinsam die Ursachen gesetzt haben. Daher kommt der schockierende – und auf dieser Ebene unnatürliche – Haß, den man manchmal zwischen Eltern und Kindern oder Brüdern und Schwestern findet, ein ebenso unerklärlicher wie heimtückischer Haß, gekennzeichnet durch Züge, die einer Sucht nach Rache für ein nicht mehr erinnerliches, aber übermächtiges Unrecht gleichen. Daher aber kommen auch die untrennbaren Bande, die Herzen aneinander schließen über Entfernungen und Zeiten hinweg, Bindungen, für deren Stärke in diesem Leben keine Ursache zu finden ist und die auf eine Entstehung vor der Pforte der Geburt hindeuten.

Ein letztes Wort

Damit muß diese unvollkommene Abhandlung über ein Thema enden, das zu umfassend und zu tief für die Kraft einer so schwachen Feder wie der meinen ist. Diese Skizze kann nur als eine elementare Einführung in ein Studium dienen, das für unsere gegenwärtige Entwicklungsstufe vielleicht lebenswichtiger ist als irgendein anderes, mit dem das Denken des Menschen sich beschäftigen kann. Das ganze Leben verändert sein Gesicht, wenn die Reinkarnation zu einer tief verankerten Überzeugung geworden ist, die über allem Streit und jeglicher Erörterung steht. Jeder Lebenstag ist dann nur eine Seite in dem großen Drama des Daseins; jeder Schmerz nur ein flüchtiger Schatten, der von einer vorbeiziehenden Wolke geworfen wurde; jede Freude nur ein Sonnenstrahl, zugeworfen von einem auf und ab schwingenden Spiegel; und jeder Tod nur der Auszug aus einem abgewohnten Haus. Die Kraft einer ewigen Jugend fängt dann an, in das wacher werdende Leben einzuströmen, die Ruhe einer weitblickenden heiteren Klarheit waltet über den schäumenden Wogen des menschlichen Denkens, die strahlende Herrlichkeit einer todlosen Erkenntnis dringt durch die trüben Wolken der Materie und ein unvergänglicher Friede, den nichts erschüttern kann, läßt sein reines weißes Licht über den triumphierenden Geist erstrahlen. Gipfel auf Gipfel geistiger Höhen erheben sich in den unbegrenzten Äther, Stufen, die in die azurne Unermeßlichkeit führen und in der unendlichen Entfernung verschwinden, die eine Zukunft verhüllen, deren Größe selbst für den Geist des Menschen unvorstellbar ist. „Geblendet durch ein Übermaß an Licht", gewandet in eine Hoffnung, die zu tief ist, um Freude genannt zu werden, zu sicher, um triumphieren zu können, zu unermeßlich, um in Worte gefaßt zu werden, tritt der Mensch in das Allbewußtsein ein, im Verhältnis zu dem unser Bewußtsein Bewußtlosigkeit ist, bis die Ewigkeit wiederum von dem Rufe erbebt: KOMMET HERVOR, DENN ES DÄMMERT DER TAG BRAHMAS, UND DAS NEUE RAD BEGINNT SICH ZU DREHEN!

FRIEDE SEI MIT ALLEN WESEN!

Anmerkungen:

[1]) Josephus *Antig.*, XVIII, I, § 3 sagt, „die Tugendhaften werden die Kraft haben wieder zu erwachen und nochmals zu leben."
[2]) *Zohar* II, fol. 99.
[3]) E. D. Walker, *Reincarnation: A Study of Forgotten Truth,* S.65, 66.
[4]) Zweiter Gesang, Vers. 18 bis 25.
[5]) *Die Geheimlehre,* Band 1, Kapitel „Weitere Tatsachen und Erklärungen betreffend die Globen und die Monaden. (Seite 119 der gekürzten einbändigen Ausgabe).
[6]) *Die Geheimlehre,* Band 2, Anthropogenesis, Stanze 7, Sloka 24 und 27.
[7]) A. P. Sinnett, *The Occult World.*
[8]) Worte eines Meisters in Sinnetts *The Occult World.*
[9]) H. P. Blavatsky, *Die Geheimlehre,* Band 2.
[10]) Zitiert in dem Buch *Sacred Anthology* von Moncure D. Conway, S. 233.
[11]) H. P. Blavatsky, *Die Stimme der Stille,* Seite 82 bis 88.
[12]) H. P. Blavatsky, *Die Geheimlehre,* Band 1, Proem.
[13]) *Die Geheimlehre,* Band 2.
[14]) *Die Geheimlehre,* Band 2, Stanze 7, 24.
[15]) 18. Gesang, Vers 49.
[16]) Kap. XXIV, S. 351 bis 353.
[17]) Kapt. XI, S. 153/154.
[18]) *Die Stimme der Stille,* Seite 84.
[19]) *Die Stimme der Stille,* Seite 45.
[20]) H. P. Blavatsky, *Der Schlüssel zur Theosophie,* Seite 118.
[21]) H. P. Blavatsky, *Der Schlüssel zur Theosophie,* S. 109, 110.
[22]) *Der Schlüssel zur Theosophie*, Seite 118.
[23]) Ich vergesse dabei nicht die Fälle von „Atavismus", und auch nicht die Frage, wieso solche nicht übereinstimmende Typen in eine Familie gelangen können, wenn, wie gesagt wird, die Egos ja in eine für sie passende Umgebung gezogen werden; aber diese Punkte werden im Abschnitt „Einwendungen" besprochen werden.
[24]) Es darf dabei nie vergessen werden, daß weltlicher Rang, Wohlstand usw. nicht mit guter oder schlechter Umgebung gleichzusetzen sind. Im ersten geschilderten Extremfall ist die Umgebung ausgesprochen schlecht, aber im zweiten Fall kann das Ego gerade deshalb mit weltlichen Schwierigkeiten umgeben werden, weil es das Recht erworben hat, Gelegenheiten zum Wachstum zu haben.

DIE LEHRE DES WACHSTUMS (BAND II)

DRITTES BUCH

Annie Besant

Karma

F. HIRTHAMMER VERLAG MÜNCHEN

„Jeder Gedanke eines Menschen geht, sobald er entwickelt ist, in die inneren Welten über und wird zu einer tätigen Wesenheit, indem er sich mit einem Elemental verbindet – verschmilzt, könnte man sagen – das heißt, mit einer der halbintelligenten Kräfte der Naturreiche. Er lebt als eine aktive Intelligenz weiter – ein vom Verstand gezeugtes Geschöpf – für eine längere oder kürzere Periode, entsprechend der ursprünglichen Intensität der Gehirntätigkeit, die es erzeugte. So wird ein guter Gedanke als aktive wohltätige Kraft verewigt, ein böser Gedanke aber als ein übelwollender Dämon. So bevölkert der Mensch seinen Weg im Raum beständig mit einer selbstgeschaffenen Welt, erfüllt mit den Sprößlingen seiner Phantasien, Begierden, Impulse und Leidenschaften. Er schafft so eine Strömung, die auf jeden empfindungsfähigen nervlichen Körper einwirkt, der in Berührung mit ihr kommt, und zwar nach dem Maß ihrer dynamischen Intensität. Der Buddhist nennt dies seine ‚Skandhas', der Hindu gibt ihm den Namen ‚Karma'. Der Adept schließt diese Gedanken bewußt ein, andere Menschen werfen sie unbewußt ab." [1])

Kein anschaulicheres Bild der wesentlichen Natur Karmas ist jemals gegeben worden als mit diesen Worten, die einem der frühesten Briefe des Meisters K. H. entnommen sind. Wenn diese mit all ihren Folgerungen klar verstanden werden, verschwinden die Verwirrungen, die diesen Gegenstand umgeben, und das Hauptprinzip, das dem karmischen Wirken zugrundeliegt, kann erfaßt werden. Sie zeigen daher die beste Richtung für das Studium an, und wir wollen mit einer Betrachtung der schöpferischen Kräfte des Menschen beginnen. Alles, was wir als Vorbereitung benötigen, ist ein klarer Begriff von der Unwandelbarkeit des Gesetzes und von den Daseinsbereichen der Natur.

Die Unwandelbarkeit des Gesetzes

Daß wir in einem Reiche des Gesetzes leben und von Gesetzen umgeben sind, die wir nicht ändern können, ist eine allgemein anerkannte Wahrheit. Wenn wir uns aber in sie hineinleben, sie wirklich als Tatsache einsehen und ihre Gültigkeit nicht nur in dem physischen, sondern auch in dem mentalen und sittlichen Gebiete erkannt haben, dann überkommt uns ein gewisses Gefühl der Hilflosigkeit, wie wenn wir von einer mächtigen Kraft erfaßt wären, die uns dahinwirbelt, wohin sie will. In Wahrheit ist gerade das Gegenteil der Fall, denn die recht begriffene mächtige Kraft wird uns gehorsam dahin tragen, wohin *wir* wollen; alle Naturkräfte werden vom Menschen in dem Ausmaß benützt, in dem er sie versteht. „Die Natur wird durch Gehorsam besiegt" – und ihre unwiderstehlichen Kräfte stehen uns zu Gebote, sobald wir durch ihre Kenntnis mit ihr statt gegen sie arbeiten. Dann vermögen wir aus ihrem unermeßlichen Vorrate die Kräfte auszuwählen, die unserm Zweck, dem Kraftaufwand, der Richtung usw. nach am besten dienen, und gerade ihre Unveränderlichkeit wird zur Bürgschaft unseres Erfolges.

Auf der Unwandelbarkeit von Gesetzen beruhen die Beweiskraft der wissenschaftlichen Experimente und die Möglichkeit, ein Ergebnis zu planen und etwas zukünftig Eintreffendes vorauszusagen. Auf sie verläßt sich der Chemiker, sicher, daß die Natur ihm stets die gleiche Antwort geben wird, wenn er seine Fragen genau stellt. Erhält er ein verändertes Ergebnis, so nimmt er ohne weiteres an, daß bei seinem Verfahren, aber nicht in der Natur, eine Veränderung eingetreten ist. Und so ist es mit allen menschlichen Handlungen; je mehr sie auf Wissen beruhen, desto sicherer können sie vorher berechnet werden. Der „Zufall" ist nur das Ergebnis von Unwissenheit, und wo immer er auftritt, beruht er auf dem Wirken unbekannter oder nicht in Berechnung gezogener Gesetze. So gut wie in der physischen können auch in der mentalen und moralischen Welt die Ergebnisse vorhergesehen, geplant und berechnet werden. Die Natur betrügt uns nie; nur durch unsere Blindheit werden wir betrogen. In allen Welten bedeutet wachsende Kenntnis auch wachsende Macht; Allwissenheit und Allmacht sind eins.

Daß das Gesetz in der mentalen und moralischen Welt ebenso unveränderlich ist wie in der physischen, ist einleuchtend, da ja das Weltall der Ausfluß des EINEN ist; was wir Gesetz nennen, ist nur der Ausdruck des göttlichen Wesens. Wie es nur *ein* Leben gibt, aus dem alles strömt, so gibt es auch nur das *eine* Gesetz, das alles erhält; auf diesem Felsen der göttlichen Natur, als auf einem festen, unwandelbaren Grunde, beruhen alle Welten.

Die Ebenen in der Natur

Um das Wirken des Karma auf dem von dem Meister angegebenen Wege zu erforschen, müssen wir zunächst eine klare Vorstellung von den drei niederen Ebenen oder Sphären des Weltalls und den mit ihnen in Beziehung stehenden Prinzipien gewinnen. Hierbei soll uns ein

		Ātma	
Sushupti-Ebene		Buddhi	Spiritualer Körper
Devachanische Ebene		Manas	Verstandes-Körper / Kausal-Körper
Psychische oder astrale Ebene	Niedere psychische Ebene	Káma-Manas	Feinerer Körper
	Höhere psychische Ebene	Káma	
Physische Ebene		Linga Sharīra	Ätherischer (Doppel-)Körper
		Sthūla-Sharīra	Dichter Körper

Diagramm behilflich sein, welches uns die Ebenen und die mit ihnen in Beziehung stehenden Prinzipien, sowie die Bewußtseinsträger (Körper) zeigt, vermittels welcher ein denkendes Wesen sie betreten kann. Im praktischen Okkultismus lernt der Schüler, diese Ebenen zu betreten und durch seine eigenen Untersuchungen die Theorie in Erfahrung umzusetzen. Ihre Namen geben den Zustand des Bewußtseins an, das auf dieser Ebene tätig ist. Der niedrigste Bewußtseinsträger, der grobe Körper, dient dem Bewußtsein für sein Wirken auf der physischen Ebene, und darin ist das Bewußtsein durch die Fähigkeiten des Gehirns beschränkt. Der Ausdruck „feinerer Körper" schließt eine Vielfalt astraler Körper ein, von denen ein jeder für einen der verschiedenen Zustände der sehr komplizierten Region geeignet ist, die mit dem Namen psychische Ebene bezeichnet wird. Auf der devachanischen Ebene gibt es zwei deutlich unterschiedene Stufen, die Form-Stufe und die formlose Stufe; auf der niederen benutzt das Bewußtsein einen künstlichen Körper, den Mayavi Rupa, aber ein passender Ausdruck ist Verstandeskörper, da er angibt, daß das Material, aus dem er zusammengesetzt ist, zur Manas-Ebene gehört. Auf der formlosen Stufe muß der Kausal-Körper benutzt werden. – Von der Buddhi-Ebene ist es nicht nötig zu sprechen.

Der Stoff auf diesen Ebenen ist nicht gleich; im allgemeinen gilt: Der Stoff jeder Ebene ist dichter als jener auf der nächst höheren Ebene. Dies entspricht der Natur selbst, denn die abwärts gerichtete Entwicklung geschieht von dem Zarten zum Groben, vom Feineren zum Dichten. Zahllose Wesen wohnen auf diesen Ebenen, von den erhabensten Geisteswesen des spirituellen Bereichs abwärts bis zu den niedrigsten halbbewußten Elementalen der physischen Welt. Auf jeder Ebene sind Geist und Stoff in jedem kleinsten Teilchen miteinander verbunden; – jeder kleinste Teil hat den Stoff als seinen Körper und den Geist als sein Leben –; und alle unabhängigen Gruppen von kleinsten Teilchen, alle gesonderten Gestaltungen jeder Art und jeglichen Charakters sind durch diese lebenden Wesen beseelt, deren Ranghöhe der Ranghöhe der Körperbildungen entspricht. Keine körperliche Gestaltung, die nicht auf diese Weise beseelt wäre, aber die beseelende Wesenheit kann entweder die erhabenste Intelligenz oder das niedrigste Elemental sein oder zu einer der unzähligen, zwischen beiden sich abstufenden Scharen gehören. Hier haben wir es hauptsächlich mit den Wesen der psychischen Ebene zu tun, denn diese geben dem Menschen den Begierdenkörper (Kama Rupa), oder den Körper der Empfindungen, wie er oft genannt wird; sie sind tatsächlich in seine astrale Grundsubstanz hineingebaut und beleben seine astralen Sinne. Sie sind, um den technischen Ausdruck anzuwenden, die Form-Elementale (Rupa Devatas) der Tierwelt; sie sind die wirkenden Kräfte, die Schwingungen in Empfindungen verwandeln.

Das am meisten in die Augen springende Kennzeichen der kamischen Elementale ist Empfindung, die Fähigkeit, auf Schwingungen nicht nur zu reagieren, sondern auch sie zu fühlen; die psychische Ebene ist von solchen mit verschiedenen Graden des Bewußtseins ausgestatteten Wesen reich bevölkert, welche Eindrücke aller Art empfangen und sie zu Empfindungen zusammenfassen. Also jedes Wesen, welches einen Körper besitzt, in den diese Elementale hineingebaut worden sind, kann empfinden, und vermittels eines solchen Körpers empfindet der Mensch. Das Bewußtsein eines Menschen liegt nicht in den Teilchen oder Zellen seines Körpers; diese haben vielmehr ihr eigenes Bewußtsein, vermittels dessen sie die verschiedenen Vorgänge des vegetativen Lebens vollziehen. Aber an ihrem Bewußtsein hat der Mensch, dessen Körper sie bilden, keinen Teil; weder unterstützt noch hindert er bewußterweise ihr Auswählen, Insichaufnehmen, Absondern und Aufbauen; in keinem Augenblick könnte er sein Bewußtsein in so enge Beziehungen mit dem Bewußtsein einer Zelle seines Herzens setzen, um genau angeben zu können, was sie gerade tut. Sein Bewußtsein bewegt sich vielmehr der Regel nach auf der psychischen Ebene, und selbst in den höheren psychischen Regionen, wo der Intellekt wirkt, ist es mit Kama vermischter Intellekt, da das reine Manas auf der Astral-Ebene nicht wirken kann.

Die astrale Ebene ist gedrängt voll von Elementalen, ähnlich denen, welche in den Begierdenleib des Menschen eintreten und auch den einfacheren Begierdenkörper der niederen Tiere gestalten. Durch diesen Teil seiner Natur kommt der Mensch in unmittelbare Berührung mit diesen Elementalen, und durch sie knüpft er Verbindungen zu allen Dingen um ihn her an, die ihn anziehen oder abstoßen. Durch seinen Willen, seine Gemütsbewegungen, seine Begierden beeinflußt er diese zahllosen Wesen, welche auf all die Gefühlsschwingungen, die er in alle Richtungen entsendet, antworten. Sein eigener Begierdenkörper bildet den Apparat, der ebenso, wie er die von auswärts kommenden Schwingungen zu Gefühlen zusammenfaßt, auch die in seinem Innern entstehenden Gefühle in Schwingungen umsetzt.

Die Erzeugung der Gedankenformen

Jetzt sind wir in der Lage, die Worte des Meisters besser verstehen zu können. Wenn der Intellekt in seinem eigenen Gebiete schafft, d. h. in dem feinen Stoff der höheren psychischen Ebene, dann erzeugt er Bilder, Gedankenformen. Die schöpferische Fähigkeit des Denkvermögens nennen wir sehr passend Einbildungskraft, und das ist sie in einem viel wörtlicheren Sinne, als mancher sich träumen läßt, der die Bezeichnung gebraucht. Diese bilderschaffende Fähigkeit ist die bezeichnende Macht des Denkens, und ein Wort ist nur ein plumper Versuch, ein mentales Bild teilweise wiederzugeben. Eine Idee, ein Mental-Bild, ist ein zusammengesetztes Ding und bedarf vielleicht eines ganzen Satzes, um genau beschrieben zu werden; darum fassen wir nur einen auffälligen Umstand auf, und das Wort, welches diesen Umstand benennt, bezeichnet dann in unvollkommener Weise das Ganze. Wir sagen z. B. „Dreieck“ und dieses Wort ruft im Geist des Hörers ein Bild hervor, welches zu seiner vollständigen Darstellung in Worten eine lange Beschreibung erfordern würde; unsere Gedanken arbeiten am besten mit Sinnbildern, und wir zwängen dann in mühevoller und unvollkommener Weise diese Sinnbilder in Worte. In Bereichen, wo Denken zu Denken spricht, findet ein vollkommener Ausdruck des Gedachten statt, den Worte nie zu geben vermögen. Auch dort, wo in beschränkter Weise eine Gedankenübertragung stattfindet, werden in Wahrheit nicht Worte, sondern Vorstellungen übertragen. Ein Redner überträgt, soviel er kann, von seinen Gedankenbildern in Worte, und diese Worte rufen im Hörer wieder die entsprechenden Bilder hervor; der Verstand befaßt sich mit Bildern, nicht mit Worten, und die Hälfte aller Streitigkeiten und Mißverständnisse kommt daher, daß die Menschen mit denselben Worten verschiedene Bilder in Beziehung setzen oder verschiedene Worte zur Bezeichnung desselben Bildes gebrauchen.

Eine Gedankenform ist daher ein mentales Bild, welches der Intellekt aus dem feinen Stoff der höheren psychischen Ebene schafft oder bildet, wo er, wie oben gesagt, tätig ist. Eine solche Form besteht aus den in schnellster Bewegung befindlichen Atomen dieser Region und erzeugt in seiner ganzen Umgebung Schwingungen. Diese Schwingungen lassen in allen Wesen, die fähig sind, sie so zu übersetzen, Empfindung von Klang und Farbe entstehen, und sobald eine solche Gedankenform aus ihrer Ebene heraustritt – oder abwärts sinkt, oder wie man sonst den Übergang in eine andere Region bezeichnen will – und in den dichteren Stoff der niederen psychischen Region gelangt, werden ihre Schwingungen wie eine singende Farbe nach jeder Richtung hinausklingen und zu der Gedankenform, von der sie ausgingen, die entsprechenden Elementale herbeirufen.

Alle Elementale, wie überhaupt alle Dinge im Weltall, gehören einem oder dem anderen der sieben Urstrahlen, der sieben erstgeborenen Söhne des Lichtes an. Das weiße Licht bricht aus dem dritten Logos, dem offenbar gewordenen, göttlichen Intellekt, in sieben Strahlen hervor, „den sieben Geistern vor dem Throne“; jeder dieser sieben Strahlen hat seine sieben Unterstrahlen und so weiter, in immer weiteren Unterabteilungen. Unter den zahllosen Einzeldingen, welche ein Weltall bilden, befinden sich daher Elementale, welche den verschiedenen Unterabteilungen angehören; sie sind verbunden durch eine Farbensprache, die sich auf die Farbe gründet, zu der sie gehören. Aus diesem Grunde ist die wahre Kenntnis der Töne, Farben und Zahlen stets so sorglich gehütet worden (denn von Zahlen sind sowohl Ton als auch Farbe abhängig), weil der Wille durch sie mit den Elementalen spricht und weil die Kenntnis Macht verleiht, sie zu beherrschen.

Meister K. H. spricht sehr klar über diese Farbensprache wie folgt: „Wie könnten Sie sich jenen halbintelligenten Kräften verständlich machen, wie Ihnen gebieten, deren Kommunikationsmittel mit uns nicht aus gesprochenen Worten, sondern aus Tönen und Farben bestehen – in Wechselbeziehungen zwischen den Schwingungen dieser beiden? Denn Ton, Licht und Farben sind die Hauptfaktoren bei der Bildung dieser Grade von Intelligenzen, dieser Wesenheiten, von deren Dasein Sie nicht einmal eine Ahnung haben und an die zu glauben Ihnen auch nicht erlaubt ist – da Atheisten, Christen, Materialisten und Spiritisten alle ihre verschiedenen Argumente gegen einen solchen Glauben vorbringen – und die Wissenschaft noch stärkere Einwände als diese gegen einen solchen ‚entwürdigenden Aberglauben‘ erhebt.“ [2])

Kenner des Altertums werden sich erinnern, daß sich hier und da dunkle Anspielungen auf eine Farbensprache finden; sie werden sich der Tatsache entsinnen, daß im alten Ägypten heilige Bücher in Farben geschrieben worden sind und daß der Abschreiber einen Irrtum mit dem Tode büßen mußte. Aber ich darf diesen Seitenweg nicht weiter verfolgen, so anziehend er ist. Wir haben es hier nur mit der Tatsache zu tun, daß Elementale vermittels Farben angerufen werden und daß ihnen Farbenworte so verständlich sind wie gesprochene Worte den Menschen.

Die Tönung der singenden Farbe hängt von der Beschaffenheit des Beweggrundes ab, welcher den Schöpfer des Gedankenbildes geleitet hat. Ist dieser Beweggrund lauter, liebevoll und wohlwollend, so wird die hervorgebrachte Farbe der Gedankenform ein Elemental zuführen, welches die der Form durch den Beweggrund gegebenen charakteristischen Züge annimmt und in der so bezeichneten Richtung auch handelt; dieses Elemental geht in die Gedankenform ein und spielt in ihr die Rolle der Seele; auf diese Weise wird ein unabhängiges Wesen in der astralen Welt geschaffen, ein Wesen wohlwollenden Charakters. Ist andererseits der Beweggrund unlauter, rachedürstig oder böswillig, so wird die hervorgebrachte Farbe der Gedankenform ein Elemental zuführen, welches gleicherweise die dem Bilde durch den Beweggrund gegebenen charakteristischen Züge annimmt und ebenfalls in der so bezeichneten Richtung handelt; auch in diesem Falle geht das Elemental in die Gedankenform ein und spielt in ihr die Rolle der Seele; so wird auch hier ein unabhängiges Wesen in der astralen Welt geschaffen, aber ein Wesen bösartigen Charakters. Ein zorniger Gedanke wird z. B. einen roten Blitzstrahl hervorrufen, da die Schwingungen einer solchen Gedankenform *rot* verursachen. Dieser rote Strahl ist ein Anruf an die Elementale, sie strömen auf den Anrufenden zu und eines von ihnen tritt in die Gedankenform ein, die ihm nun eine selbständige Tätigkeit zerstörender und vernichtender Art bietet. Ohne es zu wissen, reden die Menschen fortwährend in solcher Farbensprache und rufen dadurch einen Schwarm dieser Elementale um sich, welche ihren Aufenthalt in den ihnen entsprechenden Gedankenformen nehmen. Auf diese Weise *bevölkert ein Mensch seinen Weg im Raume mit seiner eigenen Welt, mit den Gebilden seiner Launen, Wünsche, Triebe und Leidenschaften.* Engel und Dämonen unserer eigenen Schöpfung umgeben uns auf allen Seiten, bringen anderen Wohl und Weh', bringen Wohl und Weh' uns selbst – fürwahr eine karmische Schar!

Hellsehende vermögen diese beständig wechselnden Farbenblitze in der Aura zu sehen, die jeden Menschen umgibt; jeder Gedanke, jedes Gefühl, wenn es sich in die astrale Welt überträgt, ist dem astralen Auge sichtbar. Personen, welche mehr als die gewöhnlichen Hellsehenden entwickelt sind, können auch noch die Gedankenformen und die Wirkungen wahrnehmen, welche die Farbenblitze unter den Scharen der Elementale erzeugen.

Die Wirkungsweise der Gedankenformen

Die Lebensdauer dieser beseelten Gedankenformen hängt zunächst von ihrer Ursprungskraft ab, d. h. von der Willensstärke, welche ihr menschlicher Erzeuger in sie gelegt hat; sodann von der ihnen nach ihrer Erzeugung gelieferten Nahrung durch die Wiederholung des Gedachten entweder durch den ursprünglichen Erzeuger oder durch andere. Durch solche Wiederholung kann ihr Leben fortdauernd verstärkt werden, und ein Gedanke, über den der Mensch brütet und der den Gegenstand wiederholter Meditation bildet, erlangt auf der psychischen Ebene eine Form von großer Dauerhaftigkeit. So ziehen auch Gedankenformen ähnlichen Charakters einander an und stärken sich gegenseitig, so daß sie schließlich ein sehr willensstarkes und lebensfähiges Gebilde in der astralen Welt darstellen.

Gedankenformen bleiben mit ihrem Erzeuger in einer Art magnetischer Verbindung – wir haben keinen passenderen Ausdruck dafür; sie wirken auf ihn zurück und beeinflussen ihn in der Art, daß sie ihn zu ihrer Wiedererzeugung veranlassen. Wird – wie oben beschrieben – eine Gedankenform durch Wiederholung gekräftigt, so wird der betreffende Gedanke zu einer bestimmten Gewohnheit, es entsteht gleichsam eine Form, in welche der Gedanke leicht hineinfließt – entweder, wenn er erhabenen Charakters ist, hilfreich als edles Ideal, meistens aber einschränkend und ein Hindernis für das geistige Wachstum.

Bei der Entstehung von Gewohnheiten wollen wir einen Augenblick verweilen, da sich dabei das Wirken des Karma in sehr hilfreicher Weise im Kleinen zeigt. Nehmen wir einmal das fertige Dasein eines vernünftigen Wesens an, das keine vergangene Tätigkeit hinter sich hat – natürlich an sich eine Unmöglichkeit; aber durch die Annahme wird der zu zeigende springende Punkt klar werden. Man könnte sich vorstellen, ein solches Wesen handle mit vollkommener Freiheit und Selbständigkeit und bringe eine Gedankenform hervor. Es wiederhole dies viele Male durch denselben Gedanken, bis ihm dies zur Gewohnheit geworden ist, zu einer ganz bestimmten Gewohnheit, so daß ohne eine bewußte, bestimmende Handlung des Willens der Intellekt unbewußt in diesen Gedanken hineingleitet und seine Kräfte auf ihn wirken. Nehmen wir weiter an, daß dieser Mensch anfängt, diese Gewohnheit, so zu denken, zu mißbilligen und sie als einen Hemmschuh auf seinem Wege zu empfinden. Ursprünglich war die Gewohnheit durch ein spontanes Wirken seines eigenen Intellekts entstanden, und sie erleichterte ihm dadurch das Ausströmen der mentalen Energie, daß sie ihm einen bequemen Kanal bot; nun aber fängt sie an, ihn zu beengen; will er sich befreien, muß er eine neue intellektuelle Anstrengung machen, um die Gewohnheit zu überwinden, diese lebendige Fessel zu schwächen und schließlich zu zerstören. Da haben wir einen kleinen schnell durcheilten ideellen karmischen Kreislauf; der freie Geist schafft sich eine Gewohnheit und muß dann innerhalb dieser Schranken arbeiten; aber seine Freiheit behält er und kann von innen gegen jene selbstgesetzte Schranke ankämpfen, bis er sie schließlich wieder niedergerissen hat. Natürlich sind wir anfänglich niemals frei, denn wir bringen in die Welt unsre selbst geschaffenen Fesseln aus unserer Vergangenheit mit; aber bei jeder einzelnen Fessel ist der Verlauf der eben dargestellte; der Geist schmiedet und trägt sie, und während er sie trägt, kann er sie durchfeilen.

Gedankenformen können auch durch ihren Erzeuger einzelnen Personen zugesandt werden, ihnen zum Heil oder Unheil, je nach dem Charakter des Elementals, das sie beseelt. Es ist keine bloße poetische Phantasie, daß gute Wünsche, Gebete und liebevolle Gedanken jenen von Nutzen seien, denen sie zugesandt werden, sondern sie bilden wirklich eine schützende Schar um den geliebten Menschen und wehren üblen Einfluß und Gefahr von ihm ab.

Aber der Mensch erzeugt nicht nur seine eigenen Gedankenformen und sendet sie aus, sondern er ist auch ein Magnet, welcher aus der ihn rings umgebenden Astralebene Gedankenformen anderer anzieht, welche denen seiner eigenen Gedanken verwandt sind. Auf diesem Wege vermag der Mensch eine Menge Kräfte zur Verstärkung seiner Energie herbeizuziehen, und es hängt von ihm ab, ob diese aus der Außenwelt ihm zuströmenden Kräfte heilsame oder verderbliche Kräfte sind. Sind seine Gedanken rein und edel, so werden sie Scharen wohltätiger Wesen in seine Nähe ziehen, und manchmal wird er sich vielleicht wundern, woher ihm solche Tatkraft kommt, die ihm, mit Recht, so viel größer als seine eigene zu sein scheint. Ganz ebenso zieht ein Mensch voll niedriger und gemeiner Gedanken böswillige Wesen an und begeht durch die so gestärkte böse Kraft Verbrechen, über die er nachträglich selbst erstaunt. „Ein Teufel muß mich in Versuchung geführt haben", ruft er aus, und so ist es; dämonische Mächte werden durch das Böse in ihm herbeigerufen und vergrößern dessen Gewalt.

Die guten oder bösen Elementale, welche die Gedankenformen beseelen, verbinden sich mit den Elementalen im Begierdenkörper und mit denen, welche die eigenen Gedankenformen des Menschen beseelen, und werden auf diese Weise, obwohl von außen kommend, im Innern des Menschen wirksam. Aber dazu müssen sie Wesen ihrer eigenen Art im Menschen vorfinden, mit denen sie sich verbinden können, sonst sind sie nicht imstande, Wirkungen auszuüben. Elementale in entgegengesetzten Gedankenformen werden sie abstoßen, der gute Mensch vertreibt schon durch seine bloße Atmosphäre, durch die ihn umgebende Aura, alles Schlechte und Gemeine aus seiner Nähe. Sie umgibt ihn wie ein Schutzwall und hält ihm das Böse fern.

Noch eine andere Wirkung von weitgehender Bedeutung üben die Elementale aus, die wir daher in dieser einleitenden Übersicht der Karma-bildenden Kräfte nicht unerwähnt lassen dürfen. Diese ist mit inbegriffen in der früher gemachten Feststellung, daß diese Gedankenformen den Strom bevölkern, der im Maß seiner dynamischen Intensität auf jeden mit Nerven und Empfindung begabten Organismus einwirkt, mit welchem er in Berührung tritt. Dieser Strom wirkt in irgendeiner Weise fast auf jeden, aber je empfindlicher der Organismus, desto stärker die Wirkung. Elementale gleicher Art haben das Bestreben, sich gegenseitig anzuziehen; sie vereinigen sich zu Klassen, sie haben die Neigung, sich ihrer Art nach zusammen zu gruppieren; sendet ein Mensch eine Gedankenform aus, so bleibt diese nicht nur mit ihm in magnetischer Verbindung, sondern wird auch zu anderen Gedankenformen ähnlicher Art hingezogen; diese tun sich dann auf der astralen Ebene je nachdem zu einer guten oder bösen Macht zusammen und bilden eine Art von Kollektiver Wesenheit. Von diesen Ansammlungen unter sich ähnlicher Elementale rühren die oft so auffälligen, charakteristischen Merkmale einer Familie, einer lokalen oder nationalen Gesinnung her; sie bilden die astrale Atmosphäre, durch welches alles angesehen wird, und welche allen Gegenständen, auf die der Blick sich richtet, eine bestimmte Farbe verleiht; sie wirken auf die Begierdenkörper der zu ihrer Gruppe gehörenden Personen zurück und regen in ihnen die entsprechenden Schwingungen an. Solche familieneigenen lokale oder nationale Umgebungen beeinflussen sehr weitgehend die Tätigkeit des Einzelnen und beschränken sehr stark den freien Ausdruck seiner Fähigkeiten. Alle Gedanken, die an ihn herantreten, kann er nur durch die ihn umgebende Atmosphäre schauen, welche sie färbt und oft stark verzerrt. Dies sind karmische, weitreichende Einwirkungen, die wir noch näher betrachten müssen.

Der Einfluß dieser vereinigten Elementale beschränkt sich nicht auf die Wirkung, welche sie auf die Menschen durch deren Begierdenkörper ausüben. Wenn eine solche kollektive Wesenheit, wie ich sie genannt habe, aus Gedankenformen zerstörerischer Art besteht, so werden die sie beseelenden Elementale wie eine zerstörende Kraft wirken, und oft genug richten sie Verwüstung auf der physischen Ebene an. Als Wirbel zerstörender Kräfte sind sie die unheilvolle Quelle unglücklicher „Zufälle", von Erschütterungen der Natur, von Stürmen, Zyklonen, Orkanen, Erdbeben, Überschwemmungen. Diese karmischen Wirkungen müssen später ebenfalls noch näher betrachtet werden.

Wie Karma im allgemeinen entsteht

Nachdem wir im Vorhergehenden die Beziehung zwischen dem Menschen und dem Elementalreich erkannt haben, sowie die formenden, ja wahrhaft schöpferischen Kräfte des Intellekts, durch welche die oben beschriebenen lebendigen Gebilde in das Dasein gerufen werden, sind wir in der Lage, wenigstens etwas davon zu verstehen, wie das Karma während einer Lebensperiode entsteht und wirkt. „Lebensperiode“ sage ich lieber als „Leben“, denn Leben im gewöhnlichen Sinne einer einmaligen Verkörperung ist hier zu wenig, und andererseits im Sinne des ganzen Lebens, das aus vielen in und außer dem irdischen Leben verbrachten Zeitabschnitten besteht, wiederum zu viel. Unter „Lebensperiode“ verstehe ich einen kleinen Kreislauf menschlichen Daseins mit seinen physischen, astralen und devachanischen Erfahrungen, sowie seiner Rückkehr über die Schwelle physischen Seins, also die vier deutlich voneinander unterschiedenen Zeiträume, welche den von der Seele zu durchmessenden Kreislauf ausmachen. Immer und immer wieder müssen diese vier Stationen auf der Reise des ewigen Wanderers durch die Stufen der Menschheit durchlaufen werden. Die in solcher Periode gemachten Erfahrungen mögen an Zahl und Art voneinander abweichen, immer aber sind es dieselben vier Stationen und keine anderen für die gewöhnlichen Menschenwesen.

Es ist wichtig zu erkennen, daß das Dasein außerhalb des irdischen Körpers von viel größerer Dauer ist als innerhalb desselben. Das Wirken des karmischen Gesetzes wird deshalb nur zum kleinsten Teil begriffen, solange man die Tätigkeit der Seele in den nichtphysischen Zuständen außer Augen läßt. Wir wollen hier an die Worte eines Meisters erinnern, welche das Leben außerhalb des Leibes als das allein wirkliche kennzeichnen.

„Die Wedantisten erkennen zwei Arten bewußten Daseins an, das irdische und das geistige, sprechen aber nur dem letzteren unzweifelhafte Wirklichkeit zu. Das irdische Leben ist infolge seiner Wandelbarkeit und Kürze nur ein Trugspiel unserer Sinne. Als unser wahres Leben muß das Leben in den geistigen Sphären angesehen werden, weil dort unser endloses, unwandelbares, unsterbliches Ich, das Sutratma, lebt . . . Daher bezeichnen wir allein das nachirdische Leben als wirklich, das irdische aber mitsamt der irdischen Persönlichkeit als scheinbar." [3])

Während des Erdenlebens offenbart sich die Tätigkeit der Seele am klarsten in der Schöpfung der oben beschriebenen Gedankenformen. Um aber das Wirken von Karma annähernd genau zu verfolgen, müssen wir den Ausdruck „Gedankenform" näher untersuchen und einige Überlegungen nachholen, welche in der zunächst gebotenen allgemeinen Darstellung notwendigerweise ausgelassen werden mußten.

Die als Intellekt wirkende Seele schafft ein mentales Bild, die ursprüngliche „Gedankenform"; wir wollen den Ausdruck „mentales Bild" ausschließlich für diese unmittelbare Schöpfung des Intellekts gebrauchen und seine Anwendung auf diese Anfangsstufe dessen beschränken, was allgemein, unbestimmter ausgedrückt „Gedankenform" genannt wird. Dieses Mentalbild bleibt seinem Schöpfer nahe und bildet einen Teil seines Bewußtseins-Inhalts; es ist eine lebendige, vibrierende Form aus feinem Stoff, das Wort, das *gedacht,* aber noch nicht ausgesprochen ist, empfangen, aber noch nicht Fleisch geworden. Der Leser möge einige Augenblicke seine Gedanken scharf auf dieses Mentalbild konzentrieren und es sich klar vorstellen, allein, ohne Rücksicht auf seine Wirksamkeit auf anderen Daseinsebenen als auf seiner eigenen. Es bildet, wie gesagt, einen Teil des Bewußtseins-Inhalts seines Schöpfers, einen Teil seines unverlierbaren Eigentums; es kann von ihm nicht getrennt werden, er trägt es während seines irdischen Lebens mit sich, er trägt es durch die Todespforte mit sich hinein in die jenseitigen Regionen, und wenn er durch diese Regionen aufwärts wandelnd in ein Gebiet gelangt, wo dem Mentalbild sozusagen die Luft zu dünn wird, dann läßt er den in dasselbe hineingebauten zu dichten Stoff zurück und nimmt nur die mentale Materie, seine essentielle Form mit; bei seiner Rückkehr zur dichteren Region wird die Materie dieser Ebene wieder in die mentale Matrix hineingebaut, und die entsprechende dichtere Form wird wiedererzeugt. Dieses Mentalbild kann während langer Zeit sozusagen schlafen, aber es kann wiedererweckt und wiederbelebt werden; jeder neue Impuls – von seinem Schöpfer, von seiner Nachkommenschaft (wovon wir weiter unten reden werden) oder von ihr gleichartigen Wesen – vermehrt seine Lebenskraft und verändert seine Gestalt.

Es entwickelt sich, wie wir sehen werden, nach bestimmten Gesetzen, und die Gesamtheit dieser Mentalbilder schafft den Charakter des Menschen. Das Äußere spiegelt das Innere wieder, und wie Zellen sich zu körperlichen Geweben verbinden und sich bei diesem Vorgange oft verändern, so vereinigen sich diese Mentalbilder zum intellektuellen Charakter und erleiden dabei mannigfache Abänderungen. Das Studium des Auswirkens von Karma wird viel Licht auf diese Veränderungen werfen. Viele Dinge können bei der Schaffung dieser Mentalbilder durch die schöpferische Kraft der Seele einen Einfluß ausüben: die Begierde (Kama) mag dabei als Triebkraft wirken und mag das Bild gestalten, je nach Leidenschaft oder Gier; der Antrieb kann vom höheren Selbst ausgehen, auf ein edles Ideal gerichtet sein und das Bild dementsprechend formen; oder es mag auf rein intellektuelle Vorstellungen zurückzuführen sein und dementsprechend geformt werden. Ob aber hohen oder niederen Charakters, durch Gedanken oder durch Leidenschaften bewegt, dienstwillig oder bösartig, göttlich oder tierisch, immer ist es beim Menschen *ein mentales Bild,* das Erzeugnis der schöpferischen Seele, und von seinem Dasein hängt das Karma des einzelnen Menschen ab. Ohne diese Mentalbilder kann es kein individuelles Karma geben, das eine Lebensperiode mit der anderen verbindet. Die Bilder müssen mentaler Art sein, damit ein bleibendes Element vorhanden ist, an welchem das einzelne Karma haften kann. Weil Manas in dem Reich der Steine, der Pflanzen und der Tiere fehlt, kann dort auch individuelles Karma nicht vorhanden sein, welches durch den Tod hindurch bis zur Wiederverkörperung wirkt.

Betrachten wir nunmehr die ursprüngliche Gedankenform in ihrer Beziehung zur sekundären Gedankenform, die reine und einfache Gedankenform in Beziehung zu der beseelten Gedankenform auf der astralen Ebene, das Mentalbild in Beziehung zum Astro-Mentalbild, oder zur Gedankenform auf der niederastralen Ebene. Wie kommt es zustande und was ist es?

Um das oben gebrauchte Bild zu wiederholen: es kommt zustande, indem das gedachte Wort zum gesprochenen Wort wird; die Seele atmet den Gedanken aus, und der Ton gestaltet in dem astralen Stoff eine Form; wie die ausgeatmeten Gedanken des universellen Geistes zur offenbar gewordenen Welt werden, so werden diese Mentalbilder des menschlichen Intellekts, wenn sie ausgeatmet werden, zur geoffenbarten Welt ihres Schöpfers. Der Mensch *bevölkert seinen Weg im Raum mit seiner eigenen Welt.* Die Schwingungen des Mentalbildes rufen ähnliche Schwingungen in dem dichteren Astralstoff hervor, und diese lassen die sekundäre Gedankenform entstehen, welche ich das Astro-Mentalbild genannt habe. Das Mentalbild selbst bleibt, wie schon gesagt, in dem Bewußtsein seines Schöpfers, aber seine Schwingungen treten aus diesem Bewußtsein heraus und reproduzieren die Form in dem dichteren Stoff der astralen Ebene. Dies ist die Form, die dann das Gehäuse für einen gesonderten Teil von Elementalkraft bildet und diesen während der Zeit, während der die Form besteht, spezialisiert, da das manasische Element in der Form dem von ihm Beseelten einen Hauch von Individualität verleiht. (Wie wunderbar und lichtspendend sind doch die Analogien in der Natur.) Diese Form ist das *tätige Wesen,* von welchem der Meister in seiner Beschreibung spricht; sie ist das Astro-Mentalbild, welches in der astralen Ebene umherwandert und doch mit seinem Erzeuger durch das erwähnte magnetische Band verbunden bleibt; es wirkt dabei sowohl auf seinen Vater, das Mentalbild, zurück als auch auf andere. Die Länge oder Kürze der Lebensdauer eines Astro-Mentalbildes hängt von verschiedenen Umständen ab, sein Untergang berührt nicht die Fortdauer seines Erzeugers. Jeder dem letzteren zuteil werdende frische Impuls wird es veranlassen, sein astrales Gegenstück neu zu erzeugen, so wie jede Wiederholung eines Wortes eine neue Formbildung hervorruft.

Die Schwingungen des Mentalbildes gehen nicht nur hinunter in die niedrigere astrale Ebene, sondern auch aufwärts in die darüber befindliche spirituelle Ebene.[4]) Und wie diese Schwingungen ein dichteres Formgebilde in der niedrigeren Ebene verursachen, so erzeugen sie eine weit feinere Form in der höheren, wenn wir hier überhaupt von Form reden dürfen, denn für uns gibt es keine „Form" im Akascha, in dem aus dem Logos selbst fließenden Weltstoff. Akascha ist das Vorratshaus aller Formen, die Schatzkammer, in welche aus dem unermeßlichen Reichtum des Weltintellekts die reichen Schätze von Gedanken strömen, welche in einem gegebenen Weltganzen verkörpert werden sollen. Dorthinein gelangen auch die Schwingungen des Weltganzen, der Gedanken aller Denkenden, der Begierden aller kamischen Wesen, der Handlungen, welche von den Gebilden jeder Ebene vollzogen werden.[5]) Sie alle haben ihre Wirkungen, die uns zwar gestaltlos, aber den feiner organisierten Intelligenzen gestaltet erscheinen; sie sind die Abbilder aller Ereignisse, und diese Akaschabilder, wie wir sie fortan nennen wollen, bleiben immerdar, sie sind die wahren Aufzeichnungen des Karma, das Buch der „Lipika" [6]), welches von jedermann gelesen werden kann, der das geöffnete Auge des Dangma besitzt. Durch Schulung der Aufmerksamkeit vermag der Mensch den Widerschein dieser Akaschabilder zu erkennen, der gleichsam auf den Schirm der Astralmaterie projiziert wird, so daß eine längst vergangene Szene in lebendiger Wirklichkeit und in allen Einzelheiten genau reproduziert wird. Denn in der Akaschachronik ein für allemal eingetragen, bleibt sie dort aufbewahrt, und jede Seite dieser Chronik kann als ein flüchtiges lebendes Bild nach Belieben auf der astralen Ebene dramatisiert und von jedem geübten Seher erlebt werden.

Wenn der Leser dieser unvollkommenen Schilderung gefolgt ist, vermag er, sich eine schwache Vorstellung vom Karma in seiner ursächlichen Wirkung zu machen. Eine Seele schafft ein von ihr untrennbares Mentalbild im Akascha. Dies Mentalbild ruft dann das Astro-Mentalbild ins Dasein, ein beseeltes tätiges Geschöpf, das auf der Astralebene umherschweift und dortseits unzählige Wirkungen hervorruft, welche alle in Verbindung mit ihm genau widergespiegelt werden. Es kann daher die Spur von diesen auf das Astro-Mentalbild, von diesem auf dessen Erzeuger zurückgeführt werden. Wie eine Spinne ihr Gewebe webt, so spinnt sozusagen das Astro-Mentalbild aus seiner eigenen Substanz seine Fäden, und jeder dieser sich miteinander verschlingenden Fäden ist an seiner besonderen Färbung erkennbar und bleibt erkennbar, wieviele Fäden sich auch in einer Wirkung verschlingen mögen, daher die Möglichkeit, die Spur bis zur Seele zu verfolgen, welche das Mentalbild entstehen ließ. So können wir mit unserem schwerfälligen, erdgebundenen Denken und unserer armseligen, der Sache nicht gewachsenen Sprache die Spuren des Weges verfolgen, auf welchem die Verantwortlichkeit des einzelnen Menschen mit einem Blicke von den großen Herren des Karma, den Verwaltern des karmischen Gesetzes, erfaßt wird. Sie erschauen die volle Verantwortlichkeit der menschlichen Seele für das von ihr geschaffene Mentalbild und die teilweise Verantwortlichkeit für die von diesem Gebilde verursachten, weitreichenden Wirkungen, die größer oder geringer ist, je nachdem andere karmische Fäden als Ursachen mitwirken. Auf diese Weise können wir begreifen, warum der Beweggrund eine so vorherrschende Rolle im Wirken des Karma spielt und warum die Handlungen in ihrer verursachenden Kraft verhältnismäßig untergeordnet sind, warum das Karma auf jeder Ebene gemäß der dieser Ebene zukommenden Ursachen wirkt und doch die Ebenen durch seinen fortlaufenden Faden miteinander verbindet.

Wenn die erleuchtenden Gedanken der Weisheitsreligion ihre Lichtströme über die Welt ergießen, die Dunkelheit zerstreuen und die allwaltende Gerechtigkeit enthüllen, welche allen scheinbaren Ungerechtigkeiten, Ungleichheiten und Unfällen des Lebens zum Trotz ihre Wirkung übt, ist es da zu verwundern, daß unser Herz in unsagbarer Dankbarkeit aufjauchzt zu den „Großen“ – gesegnet seien sie! – welche die Fackel der Wahrheit in dunkler Finsternis emporgehalten und uns von dem Druck befreit haben, unter dem wir zusammenzubrechen drohten, – von dem uns übermannenden Schmerze beim Anblick all des Unrechts, das unheilbar scheint, von unserem hoffnungslosen Verzagen an aller Gerechtigkeit, – von unserem Verzweifeln an aller Liebe!

„Ihr tragt kein Band! Der Dinge Seel' ist süß,
Des Wesens Herz ist himmlische Ruh;
Und mehr als Weh ist Wille, das Gute strebt
Dem Bessern, Besten zu – Dies das Gesetz, das uns zum Rechten führt,
Das kein Mensch hemmen kann, kein Mensch verhüten;
Gehorcht! Sein Herz ist Lieb', sein Ende ist
Die süßeste Vollendung und der Frieden.“ [7])

Vielleicht trägt es zur Klarheit bei, wenn wir das dreifache Ergebnis der Tätigkeit der Seele, durch welche das Karma verursacht wird, mehr dem Prinzip nach als im einzelnen in einer Tabelle übersichtlich darstellen. Das Folgende bezieht sich auf eine Lebensperiode:

	Ebenen	Materie	Ergebnis
Der Mensch schafft auf	der spirituellen Ebene	in Akascha	Akaschabilder, welche die Akaschachronik zusammensetzen.
	der psychischen Ebene	höher astrale	Mentalbilder, welche im Bewußtsein des sie Schaffenden bleiben.
		nieder astrale	Astro-Mentalbilder, tätige Wesen auf der psychischen Ebene.

Die Ergebnisse sind: Neigungen, Fähigkeiten, Tätigkeiten, Gelegenheiten, Umgebungen usw., besonders in zukünftigen Lebensperioden, die sich nach bestimmten Gesetzen ausgestalten.

Wie Karma im einzelnen entsteht

Der Schüler muß die Seele im Menschen, das Ego, den Schöpfer des Karma, als ein wachsendes Wesen, als eine lebende Individualität erkennen, welche an Weisheit und mentaler Größe zunimmt, während es Äonen hindurch den Pfad der Entwicklung wandelt; hierbei darf die fundamentale Identität des höheren und des niederen Manas nie außer acht gelassen werden. Nur aus Gründen der Zweckmäßigkeit unterscheiden wir zwischen beiden, doch dieser Unterschied besteht nur in der Art ihrer Tätigkeit, aber nicht in ihrem Wesen. Das höhere Manas ist jenes, welches auf der spirituellen Ebene im vollen Bewußtsein seiner Vergangenheit wirkt; das niedere Manas wirkt auf der psychischen oder astralen Ebene, gehüllt in astrale Materie, verwebt mit Kama und in allen seinen Tätigkeiten beeinflußt und gefärbt durch die Begierdennatur. Es ist großenteils durch die umhüllende Astralmaterie geblendet und besitzt nur einen Teil des ganzen Manasbewußtseins; dieser Teil besteht für die meisten nur aus einer beschränkten Auswahl der gerade in dieser gegenwärtigen Verkörperung gemachten auffallenden Erfahrungen. Für die praktischen Zwecke des Lebens, wie die meisten Menschen es ansehen, ist das niedere Manas das „Ich", und zwar das, was wir das persönliche Ich nennen; die Stimme des Gewissens, welche in verwirrender Unklarheit als übernatürlich und als Stimme Gottes angesehen wird, ist für sie die einzige Offenbarung des höheren Manas auf der psychischen Ebene, und so sehr sie sich in betreff des Wesens dieses Gewissens irren mögen, so erkennen sie es doch mit Recht als Autorität an. Aber der Schüler muß sich dessen bewußt sein, daß das niedere Manas mit dem höheren eins ist, wie der Strahl eins ist mit der Sonne. Das Sonnenmanas scheint immerdar am Himmel der spirituellen Ebene, während das Strahlenmanas die psychische Ebene durchdringt; nur aus Gründen der Zweckmäßigkeit dürfen wir sie in ihrer Tätigkeit voneinander unterscheiden, sonst entsteht hoffnungslose Verwirrung.

Das Ego ist also eine wachsende Wesenheit, eine sich vermehrende Größe. Der herabgesendete Strahl gleicht einer Hand, welche ins Wasser taucht, um einen Gegenstand zu ergreifen und beim Zurückziehen den Gegenstand gefaßt hält. Das Anwachsen des Ego hängt von dem Werte der von seiner ausgestreckten Hand gefaßten Gegenstände ab, und die Bedeutung seines ganzen Wirkens wird betimmt und bedingt durch die Erfahrungen, welche während der Tätigkeit des Strahles auf der psychischen Ebene gesammelt werden konnten; es ist so, wie wenn ein Landmann bei Regen und Sonnenschein, bei Kälte und Hitze in schwerer Arbeit auf dem Felde schafft bis an den Abend und dann heimkehrt. Aber der Landmann ist auch der Eigentümer, und alle Früchte seiner Arbeit bereichern seine eigenen Scheuern und füllen seine eigene Vorratskammer. Jedes persönliche Ich ist der unmittelbar wirkende Teil des dauernden oder individuellen Ichs und vertritt es in der niederen Welt; dieses persönliche Ich ist notwendigerweise mehr oder weniger entwickelt gemäß der Stufe, welche das eigentliche Ich in seiner Ganzheit als Individualität erreicht hat. Hält man diese Einheit zwischen dem persönlichen und dem dauernden Ich mit Klarheit fest, so wird das Gefühl schwinden, welches von theosophischen Anfängern oft als Schwierigkeit empfunden wird, daß nämlich dem persönlichen Ich durch Übernahme seiner karmischen Erbschaft ein Unrecht geschehe. Denn dann wird die Erkenntnis klar, daß dasselbe Ich Karma schafft und erntet, daß derselbe Landmann die Saat sät und im Herbst die Garben sammelt, wenn auch die Kleider, die er bei der Arbeit benützte, in der Zeit zwischen Saat und Ernte abgetragen wurden. Auch die astralen Gewänder des Egos sind zwischen Saatzeit und Ernte in Stücke zerfallen; in neuer Gewandung schickt sich der Arbeiter zur Ernte an; aber immer ist „er“ es, der einst gesät hat und nun erntet; hat er wenig oder schlechte Saat gesät, wird er zur Zeit des Herbstes auch nur eine ärmliche Ernte sammeln.

In den anfänglichen Stadien wird das Wachstum des Egos nur außerordentlich langsam fortschreiten, denn es wird durch Begierden hin- und hergezogen, und es folgt seinen Trieben auf der physischen Ebene. Die von ihm erzeugten Mentalbilder werden meistens leidenschaftlicher Art sein und daher seine Astro-Mentalbilder eher heftig und von kurzer Dauer als stark und weitwirkend. Je mehr Manaselemente in die Zusammensetzung des Mentalbildes eintreten, von desto längerer Dauer wird das astro-mentale Bild sein. Fest aufrecht erhaltene Gedanken werden scharf umgrenzte Mentalbilder und folglich starke und dauernde Astro-Mentalbilder gestalten; hierdurch wird ein deutlicher Lebenszweck und ein klar erkanntes Lebensideal geschaffen, auf das das Bewußtsein immer wieder zurückkommt, mit welchem es sich immer wieder beschäftigt. Dieses Mentalbild wird daher einen beherrschenden Einfluß auf das mentale Leben gewinnen und in hervorragendem Maße den Kräften der Seele die Richtung anweisen.

Wir wollen nun sehen, wie durch das Mentalbild Karma geschaffen wird. Ein Mensch formt in seinem Leben eine unzählbare Menge dieser Mentalbilder; einige sind fest und klar, verstärkt durch stetig wiederholte mentale Antriebe, andere sind schwach und unbestimmt, gleich nach ihrer Bildung vom Verstand sozusagen wieder im Stich gelassen; im Tode findet sich die Seele von Myriaden dieser Mentalbilder umringt, ebenso verschieden im Charakter wie in Stärke und Bestimmtheit.

Einige stammen von geistigem Streben, von der Sehnsucht nach dienender Liebe, von Suchen nach Erkenntnis und von Gelübden, sich einem höheren Leben zu weihen, andere sind rein verstandesmäßig Perlen klaren Denkens, Behälter von Ergebnissen tiefen Studiums; andere sind empfindungsvoll und leidenschaftlich, sie atmen Liebe, Zärtlichkeit, Mitleid, Frömmigkeit oder – Ärger, Ehrgeiz, Stolz und Gier – manche stammen von Wünschen des Körpers, angefacht durch ungezügelte Begierden, und repräsentieren Gefräßigkeit, Trunkenheit und Sinnlichkeit. Jede Seele hat das ihr eigene Bewußtsein, das mit solchen Mentalbildern, den Folgen seines mentalen Lebens, bevölkert ist; nicht ein Gedanke, so flüchtig er gewesen sein mag, fehlt in dem Reigen; vielfach mögen die astro-mentalen Bilder längst untergegangen sein, sie hatten nur Lebenskraft für wenige Stunden, die Mentalbilder bleiben jedoch als eiserner Bestand des Besitzes der Seele, nicht eins fehlt. Die Seele schleppt alle diese Mentalbilder mit sich durch die Todespforte in die astrale Welt hinein.

Kama-Loka oder der Ort der Begierden ist sozusagen in verschiedene Schichten geteilt, und die Seele ist unmittelbar nach dem Tode mit ihrem vollständigen Begierdenleibe oder Kama-Rupa belastet; alle durch Kama-Manas geformten Mentalbilder, welche grober und tierischer Art sind, üben ihre Macht auf den niedrigsten Ebenen dieser astralen Welt aus. Eine schwach entwickelte Seele wird bei diesen Bildern verweilen, sie immer wieder darstellen und sich dadurch vorbereiten, sie in ihrem nächstfolgenden Erdenleben wieder physisch auszuführen. Ein Mensch, welcher sinnlichen Gedanken nachgehangen und derartige Mentalbilder geschaffen hat, wird nicht nur zu irdischen, mit sinnlichen Begierden zusammenhängenden Szenen hingezogen werden, sondern er wird sie sich beständig in Gedanken handelnd immer wieder vorstellen und dadurch immer mehr den Trieb, in Zukunft ähnliche Sünden zu begehen, verstärken. Ebenso geht es mit anderen Mentalbildern, deren Stoff durch die Begierdennatur geliefert wird und welche anderen Schichten des Kama Loka angehören. Erhebt sich die Seele von den niederen Schichten zu den höheren, so verlieren die Mentalbilder, welche aus den Stoffen der niederen Schichten gebildet sind, diese Elemente und werden dadurch im Bewußtsein „latent“ oder „stofflos“, wie H. P. Blavatsky sich auszudrücken pflegte: vorhanden, doch nicht materiell manifestiert.

Nebenbei bemerkt sind manche Mentalbilder, welche die neuerlich angekommene Seele umringen, die Quelle vielfacher Unruhe während der Anfangsstadien des Lebens nach dem Tode. So quält der Aberglaube in Gestalt von Mentalbildern die Seele mit Schreckensgemälden, welche in deren wirklicher Umgebung gar nicht vorhanden sind.

Die kamarupische Gewandung wird von ihren gröberen Elementen gereinigt, sobald das niedere Ich aufwärts oder einwärts gegen die Region des Dewachan gezogen wird; jede abgeworfene „Schale“ zersetzt sich zur gegebenen Zeit, bis die letzte abgelegt und der Strahl, von allen astralen Gehäusen befreit, vollständig zurückgezogen worden ist. Kehrt dann das Ego zum Erdenleben zurück, so werden diese latenten Bilder nach außen geworfen, sie ziehen die ihnen angemessenen kamischen Stoffe zu sich heran und werden durch diese befähigt, sich auf der astralen Ebene zu manifestieren; sie eben werden die Neigungen, Leidenschaften und niederen Emotionen des Begierdenleibes für die neue Wiederverkörperung des Egos.

Alle aus den Leidenschaften und Begierden gestalteten Mentalbilder sind dem oben beschriebenen Prozeß unterworfen und werden bei der Rückkehr des Ich zum Erdenleben wieder offenbar. So sagt der Verfasser der „Astralebene“:

„Die Lipika, die großen karmischen Gottheiten des Kosmos, wägen die Taten jeder einzelnen Persönlichkeit ab, wenn die endgültige Scheidung ihrer Grundbestandteile in Kama-Loka stattfindet, und bilden sozusagen das Modell für den ätherischen Körper, das dem Karma des Menschen für die Zeit seiner nächsten Verkörperung genau angepaßt ist.“

Für diesmal von diesen niederen Elementen befreit schreitet die Seele ins Dewachan, wo sie eine Zeit verbringt, die dem Reichtum oder der Armut an Mentalbildern entspricht, die rein genug sind, um in diese Region mit hineingebracht werden zu können. Hier findet sie jede ihrer edleren Bestrebungen wieder, so kurz und flüchtig sie auch gewesen sein mögen; an diesen arbeitet sie dann und baut aus diesem Material die Kräfte für ihr zukünftiges Leben auf.

Das Leben im Dewachan ist ein Assimilieren; hier werden die auf

Erden gesammelten Erfahrungen in das Gewebe der Seele eingewirkt, und auf diese Weise wächst das Ego. Dessen Entwicklung hängt von der Zahl und Mannigfaltigkeit der während der Erdenzeit gestalteten Mentalbilder ab, welche es nun in die ihnen entsprechenden dauernden Charakterzüge verwandelt. Das Ego sammelt alle Mentalbilder einer bestimmten Art und zieht aus ihnen das Wesentliche, die Essenz; durch Meditation bildet es ein mentales Organ und flößt ihm als Fähigkeit diese Essenz ein.

Zum Beispiel: Jemand hat viele Mentalbilder geschaffen durch Streben nach Erkenntnis und durch Anstrengungen im Nachdenken über hohe und erhabene Gedanken; nun legt er seinen Leib ab; im Dewachan wird er sich nun mit all' diesen Mentalbildern beschäftigen und sie zu Fähigkeiten entwickeln. Bei seiner Rückkehr zum Erdenleben wird er ein höheres mentales Werkzeug als zuvor besitzen und sich vermittels seiner gestärkten intellektuellen Kräfte an die Lösung von Aufgaben machen können, denen er früher nicht gewachsen war. Das ist die Umwandlung der Mentalbilder, durch welche diese als Mentalbilder aufhören zu existieren; will die Seele sie in einem künftigen Leben wieder sehen, wie sie waren, so muß sie sie in der karmischen Chronik suchen, wo sie für immer als Akaschabilder aufbewahrt bleiben. Durch diese Umwandlung hören sie auf, von der Seele bearbeitete Bilder zu sein, und werden zu Kräften der Seele und zu einem Teil ihrer Natur selbst. Will demnach jemand höhere Geisteskräfte erwerben, als er jetzt besitzt, so kann er sich ihrer Entwicklung vergewissern, indem er seine Gedanken eifrig auf sie gerichtet und ihren Erwerb beständig im Auge behält, denn die Wünsche und das Streben in einem Leben werden zu Fähigkeiten in einem anderen, und der Wille zum Vollbringen verwandelt sich in Kraft zum Ausführen. Man muß sich aber darüber klar sein, daß die so aufgebaute Fähigkeit streng durch das Material dem Baumeister zur Verfügung steht. Aus nichts wird nichts; und wenn es die Seele auf Erden versäumt, ihre Kräfte durch die Aussaat von Wunsch und Streben zu üben, so wird sie in Dewachan nur eine kärgliche Ernte halten.

Beständig wieder geschaffene Mentalbilder, welche nicht den Charakter des Strebens und der Sehnsucht haben, mehr ausführen zu können, als die schwachen Kräfte der Seele gestatten, werden zu einer bestimmten Gewohnheit im Denken, zu einem Kanal, in welchen die mentale Kraft leicht und bereitwillig hineinströmt. Daher ist es so wichtig, das Bewußtsein nicht unter unbedeutenden Gegenständen ziellos umhertreiben und müßig triviale Mentalbilder erzeugen und diese sich ihm einnisten zu lassen. Denn diese werden dort haften und Kanäle zur künftigen Ableitung mentaler Kraft bilden, welche auf diese Weise verleitet wird, sich auf niedrigen Gebieten zu zersplittern und in die gewohnten Pfade zu strömen auf den Wegen des geringsten Widerstandes.

Werden andrerseits Wille und Wunsch, eine bestimmte Handlung auszuführen, vereitelt, nicht weil die Fähigkeit, sondern die Gelegenheit gemangelt hat, oder weil Umstände die Vollendung gehindert haben, so werden Mentalbilder entstehen, welche, falls jene Handlung hoher und reiner Natur war, auf der dewachanischen Ebene in Gedanken ausgeführt werden und nach der Rückkehr zur Erde sich in Handlungen umsetzen. Lag dem Mentalbild der Wunsch, wohltätige Handlungen zu vollbringen, zugrunde, so wird es im Dewachan die Ausführung solchen Tuns in Gedanken bewirken, und diese Ausführung – eine Widerspiegelung des Bildes – wird dieses im Ego als ein verstärktes, zur Handlung treibendes Mentalbild zurücklassen, welches auf der physischen Ebene sofort zur physischen Handlung werden wird, sobald eine günstige Gelegenheit den Gedanken zur Tat kristallisieren läßt. Diese physische Handlung geschieht mit Notwendigkeit, wenn das Mentalbild im Dewachan die Vorstellung der Handlung war. Diesem nämlichen Gesetze unterliegen auch die aus minder edlen Trieben herrührenden Mentalbilder, welche, obwohl sie nie ins Dewachan eingehen, doch dem beschriebenen Prozeße unterworfen sind und auf dem erdwärts führenden Wege wieder entstehen müssen. Wird z. B. die Begierde der Habsucht gepflegt, so werden die daraus gestalteten Mentalbilder unter geeigneten Umständen zu diebischen Handlungen kristallisieren. Das Karma der Ursachen ist reif, und die physische Handlung ist seine unausbleibliche Wirkung geworden, sobald das Karma den Punkt erreicht hat, auf welchem eine Wiederholung des Mentalbildes bedeutet, daß es zur Handlung wird.

Wir müssen beachten, daß die Wiederholung einer Handlung die Wirkung hat, eine Handlung automatisch zu machen, und dieses Gesetz wirkt auch auf anderen Ebenen als der physischen. Wird also eine Handlung beständig auf der psychischen Ebene wiederholt, dann wird sie automatisch werden, und sobald sich Gelegenheit bietet, wird sie automatisch auf der physischen Ebene nachgeahmt werden. Wie oft hat es nach einem begangenen Verbrechen geheißen: „Ich habe es getan, ohne nachzudenken," oder: „Hätte ich einen Augenblick vorher nachgedacht, so würde ich es nie getan haben." Wer so spricht, ist in seiner Verteidigung ganz im Recht: er war wirklich nicht durch einen bewußten Gedanken zu dem Verbrechen bewogen worden und wußte natürlich nicht, daß vorhergehende Gedanken eine Kette von Ursachen bildeten, schließlich zu der unausbleiblichen Wirkung führten. So geht eine übersättigte Lösung in den festen Zustand über, sobald man noch einen einzigen Kristall hineinfallen läßt. Wenn die Ansammlung von Mentalbildern den Punkt dieser Sättigung erreicht hat, genügt ein einziges weiteres Bild, um sie zur Tat werden zu lassen. Die Tat selbst geschieht mit Notwendigkeit, denn die Wahlfreiheit hat sich bereits erschöpft durch die beständig wiederholte Wahl des Mentalbildes, und das Physische ist gezwungen, dem mentalen Antrieb zu gehorchen. Der Wunsch nach einer Tat in einem Erdenleben wird zu einem Zwang zu dieser Tat in einem folgenden, und es scheint so, als wirke ein Wunsch auf die Natur wie ein Befehl, dem sie durch Darbietung der Gelegenheit zur Ausführung nachkommt.

Die Mentalbilder, die das Gedächtnis von den Erfahrungen aufspeichert, die die Seele während ihres Lebens auf der Erde gemacht hat, gleichsam den Bericht über die Wirkungen, die die äußere Welt auf die Seele gehabt hat, muß sie ebenfalls dort durcharbeiten. Durch das Studium derselben, durch Nachdenken über sie, lernt die Seele, ihre Beziehungen untereinander zu erkennen und ihre Bedeutung als Übertragung des Wirkens der Weltseele in der geoffenbarten Natur und auf sie selbst, kurz: die Seele zieht aus ihnen durch sorgsames Nachdenken jede Belehrung, die sie zu bieten haben. Belehrung über Lust und Leid, daß Lust Leid und daß Leid Lust erzeugt, auch daß es unverletzliche Gesetze gibt, denen der Mensch sich fügen muß. Belehrung über Erfolg und Mißerfolg, über Gelingen und Enttäuschung, über Befürchtungen, die sich als grundlos, und Hoffnungen, die sich als falsch erwiesen haben; über Kraft, die in der Versuchung zusammenknickt, und eingebildete Weisheit, die sich als Torheit erweist; geduldiges Ausharren, das eine drohende Niederlage zum Sieg wendet, und Sorglosigkeit, welche einen schon sichtbaren Sieg in Niederlage kehrt. Die Seele denkt nach und verwandelt diese Mischung von Erfahrungen durch ihre eigene Alchimie in das Gold der Weisheit, so daß sie als eine weisere Seele einst auf die Erde zurückkehrt und das Ergebnis der Erfahrungen des alten Erdenlebens auf die Ereignisse des neuen anwendet. Hier finden wir wieder die Mentalbilder umgewandelt, so daß sie als solche nicht mehr da sind. Nur in der „karmischen Chronik" können sie in ihrer früheren Gestalt wieder aufgefunden werden.

Aus den Mentalbildern der Erfahrungen und besonders aus denen, die zeigen, wie aus der Unkenntnis des Gesetzes Leiden entspringen, entsteht und entwickelt sich das Gewissen. Die Seele wird während ihrer aufeinanderfolgenden Erdenleben beständig durch das Verlangen verleitet, anziehenden Dingen unbesonnen nachzujagen; hierbei prallt sie gegen das Gesetz und kommt blutend und zerschlagen zu Fall. Viele solche Erfahrungen belehren die Seele, daß Befriedigungen, die sie entgegen dem Gesetz sucht, nur Leiden gebären. Will nun in einem neuen Erdenleben der Begierdenleib die Seele in unheilvolle Freuden stürzen, so tritt die Erinnerung vergangener Erfahrungen als Gewissen auf, ruft laut: „Halt!“ und zügelt die eilenden Rosse der Sinne, welche unbesonnen dem Gegenstande der Lust nachjagen. Auf der gegenwärtigen Stufe der Entwicklung haben, mit Ausnahme der am meisten zurückgebliebenen Seelen, wohl alle genügende Erfahrungen gemacht, um in rohen Umrissen Recht und Unrecht erkennen zu können, d. h. sie vermögen Harmonie und Disharmonie mit der göttlichen Natur von einander zu unterscheiden; und über diese Hauptfragen der Ethik kann sich die Seele infolge ihrer ausgedehnten Erfahrung klar und deutlich äußern. Was aber die höheren und feineren Fragen angeht, welche sich auf den gegenwärtigen Entwicklungsstand und nicht auf die hinter uns liegenden Stufen beziehen, so ist darüber die Erfahrung noch so beschränkt und ungenügend, daß sie noch nicht in das Gewissen hinein verarbeitet worden ist; daher kann die Seele wohl in ihrer Entscheidung irren, wie gut auch der Wille sein mag, klar zu sehen und richtig zu handeln. Aber ihr *Wille zu gehorchen* setzt sie doch mit der göttlichen Natur auf den höheren Ebenen in Einklang, und ihrem Mißerfolg im Finden des rechten Weges, *wie* sie auf der niederen Ebene gehorchen soll, wird für die Zukunft durch das Leid abgeholfen, das sie bei jeder Gesetzesverletzung empfindet. Die Leiden werden die Seele lehren, was sie vorher nicht wußte, und ihre kummervollen Erfahrungen werden sich in ihr Gewissen verweben, um sie vor gleichem Leid in der Zukunft zu bewahren, um ihr die Freude einer reicheren Gotteserkenntnis in der Natur, der selbstbewußten Harmonie mit dem Gesetze des Lebens, der selbstbewußten Mitarbeit am Werke der Entwicklung zu verleihen.

Wir erkennen bis jetzt folgende bestimmte Prinzipien der Wirkung des karmischen Gesetzes aufgrund von Mentalbildern als Ursachen:

Bestrebungen und Wünsche werden zu Fähigkeiten.
Wiederholte Gedanken werden zu Neigungen.
Wille zum Handeln wird zu Taten.
Erfahrungen werden zu Weisheit.

Schmerzliche Erfahrungen werden zum Gewissen.

Wie das karmische Gesetz mit den astro-mentalen Bildern wirkt, betrachten wir besser im Kapitel: „Wie sich Karma auswirkt“, dem wir uns jetzt zuwenden.

Wie sich Karma auswirkt

Wenn die Seele ihr Leben im Dewachan zu Ende gelebt und, soviel sie vermochte, von dem Material, das sie in ihrem letzten Erdenleben gesammelt, assimiliert hat, wird sie wieder durch ihre Wünsche, die zu materiellem Dasein drängen, zur Erde zurückgezogen. Der letzte Abschnitt ihrer Lebensperiode steht nun vor ihr, der Abschnitt, in dem sie sich mit den erforderlichen Hüllen für neue Erfahrungen im irdischen Leben umgibt und der durch das Tor der neuen Geburt abgeschlossen wird.

Die Seele schreitet über die Schwelle des Dewachan in das, was man die Ebene der Wiederverkörperung genannt hat, ausgerüstet mit dem, was sie im dewachanischen Leben errungen hat, sei es viel, sei es wenig. Ist sie noch eine junge Seele, wird sie nur wenig erreicht haben. Der Fortschritt in den ersten Stadien der Seelenentwicklung geht so langsam voran, wie die meisten Schüler es sich gar nicht vorstellen können, und während der Kindheit der Seele folgt in ermüdender Aufeinanderfolge ein Lebenstag dem andern; jedes Leben streut nur geringe Saat, jedes Dewachan reift nur wenig Frucht. Sobald die Fähigkeiten sich entwikkeln, wird das Wachstum in stetig zunehmendem Verhältnis beschleunigt, und die Seele, die mit vielem Material ins Dewachan gelangt, kehrt aus ihm mit einem großen Zuwachs von Fähigkeiten zurück, die unter den vorher angegebenen allgemeinen Gesetzen sich ausbildeten. Die Seele kommt aus dem Dewachan heraus nur angetan mit dem Körper, der nicht vergeht, der während des ganzen Manwantas wächst, umgeben von ihrer individuellen Aura, die, mehr oder weniger strahlend, vielfarbig leuchtend, bestimmt und umfangreich sein mag, je nach dem Entwicklungsstadium, das die Seele erreicht hat. Sie ist im himmlischen Feuer geschmiedet und kommt hervor als König Soma.[8])

Auf ihrer Wanderung erdwärts durch die Astralebene umhüllt sie sich wieder mit einem neuen Begierdenleib, die erste Folge der Wirksamkeit ihres vergangenen Karmas. Die während der Vergangenheit entstandenen Gedankenbilder aus Material, das die Begierdennatur geliefert hat und die in dem Bewußtsein latent geworden waren, oder – wie H. P. Blavatzky sich ausdrückte – „stofflos“, daseinsfähig, doch zur Zeit nicht materiell im Dasein befindlich, diese Gedankenbilder treten nun aus der Seele heraus und ziehen unmittelbar aus der Materie der Astralebene die ihrer Natur entsprechenden kamischen Elemente heran; sie werden zu den Neigungen, Leidenschaften und niederen Emotionen seines (des Egos) Begierdenkörpers in der neuen Verkörperung [9]). Wenn das geschehen ist, was manchmal sehr schnell vor sich geht, manchmal lange Zeit in Anspruch nimmt – steht das Ego in dem karmischen Gewande, das es sich selber geschaffen, bereit „weiterbekleidet" zu werden, aus der Hand der Vertreter der großen Herren des Karma, das ätherische Gegenstück des physischen Körpers [10]) zu empfangen, das sie ihm aus den Elementen, die er sich selber gewählt, gebaut haben und nach welchem sein physischer Körper geformt werden wird, das Haus, das er während seines kommenden physischen Lebens bewohnen muß. Das individuelle und das persönliche „Ich" sind somit unmittelbar, selbstgestaltet – es wurde, was es dachte; seine Eigenschaften, seine „natürliche Begabung" gehören zu ihm als direkte Folgen seines Denkens; der Mensch ist in Wirklichkeit selbstgeschaffen, verantwortlich im vollsten Sinne des Wortes für alles, was er ist.

Doch besitzt der Mensch einen physischen und einen ätherischen Körper, die beide der Ausübung seiner Fähigkeiten beträchtliche Schranken setzen; er hat in einer bestimmten Umgebung zu leben, die seine äußeren Lebensverhältnisse bedingt; er hat einen Pfad zu betreten, der ihm durch die von ihm selbst ins Leben gerufenen Ursachen vorgezeichnet ist, anderen Ursachen als jenen, die ihren Ausdruck in seinen Fähigkeiten finden; freudige und betrübte Ereignisse werden ihm zustoßen, die den Kräften, die er geschaffen, entspringen. Hierzu scheint eine höhere als seine individuelle und persönliche Natur erforderlich zu sein. Wie kann das Feld für seine Kräfte bereitet werden? Wie sind die geeigneten Werkzeuge und die rückwirkenden Umstände zu finden und zusammenzupassen?

Wir nähern uns einer Region, von der nur wenig gesagt werden kann; einer Region mächtiger geistiger Intelligenzen, deren Natur zu begreifen weit über den Bereich unserer sehr begrenzten Fähigkeiten hinausgeht, deren Dasein erkannt und deren Wirken verfolgt werden kann, doch denen wir gegenüberstehen, wie uns selbst das niedrigst entwickelte Tier gegenübersteht, das wissen mag, daß wir existieren, doch keinen Begriff von dem Gesichtskreis und der Tätigkeit unseres Bewußtseins hat. Diese erhabenen Großen sind die schon erwähnten Lipika und die vier Maharajahs. Wie wenig wir von den Lipikas wissen können, mag aus folgendem ersehen werden:

„Die Lipika, von welchen im Kommentar zur Stanze 4, Strophe 6 des Buches Dzyan eine Beschreibung gegeben ist, sind die Geister des Universums . . . sie gehören dem okkultesten Teil der Kosmogonie an, der hier nicht näher ausgeführt werden kann. Ob die Adepten – selbst die Höchsten – diese Engelhierarchie in ganzer Vollständigkeit ihrer drei Grade kennen oder nur den einen niedrigsten, der mit dem Buch des Lebens unserer Welt in Beziehung steht, vermag die Verfasserin nicht zu sagen, doch möchte sie zur letzteren Annahme hinneigen. Von ihrem höchsten Grade wird nur eins gelehrt, die Lipika stehen mit Karma im Zusammenhang – sie sind seine unmittelbaren Aufzeichner." [11])

Sie sind die „zweiten Sieben" und bewahren die astralen Aufzeichnungen, die die früher erwähnten Bilder im Akascha enthalten.[12]) Sie sind beteiligt „am Schicksal jedes einzelnen Menschen und an der Geburt jedes Kindes".[13])

Sie liefern das Modell des ätherischen Doppelkörpers,[14]) der dann seinerseits als Typus für einen physischen Körper zu dienen hat, der geeignet ist, den Geistes- und Gemütsanlagen Ausdruck zu geben, die das Ego, das ihn bewohnt, entwickelt hat; sie geben es den „Vieren" – den Maharajahs, welche „die Beschützer der Menschheit und zugleich die Vermittler des Karma auf Erden sind".[15])

Von diesen schreibt H. P. Blavatsky weiter unter Anführung der fünften Stanze des Buches Dzyan: „Vier geflügelte Räder an jeder Ecke . . . für die vier Heiligen und ihre Heere (Scharen) . . . Das sind die ‚vier Maharajahs' oder großen Könige der Dhyan-Chohane, die Dewas, von denen jeder einem der vier Kardinalpunkte vorsteht . . . Diese *Wesen* stehen auch mit Karma in Verbindung, da letzteres physische und materielle Mittler benötigt, die seine Beschlüsse ausführen." [16])

Wenn die Seele das Modell – wiederum das „Stofflose" – von den Lipikas empfängt, wählen die Maharajahs zur Bildung des ätherischen Körpers die Elemente, welche den Eigenschaften entsprechen, die durch sie zum Ausdruck gelangen sollen; und dieser ätherische Körper wird somit das geeignete karmische Werkzeug für das Ego, gibt ihm die Basis, auf welcher seine entwickelten Fähigkeiten sich äußern können, und stellt ihm gleichzeitig die Grenzen, die ihm durch seine eigenen Verfehlungen und ungenutzt gelassenen Gelegenheiten in seiner Vergangenheit selber auferlegt sind. Dieses Modell wird von den Maharajahs zu dem Lande, der Rasse, der Familie und in die soziale Umgebung hingeführt, welche das passendste Feld für das Karma liefern, das in der in Frage kommenden besonderen Lebensspanne sich auszuwirken hat, nämlich jenes, das die Inder Prarabdha oder beginnendes Karma nennen; d. h. das, was in der beginnenden Lebensperiode ausgewirkt werden muß. Nicht in einem Leben kann das angesammelte Karma der Vergangenheit ausgewirkt werden – weder das Werkzeug könnte geschaffen, noch die Umgebung könnte gefunden werden, welche geeignet wäre, alle die langsam entwickelten Fähigkeiten des Egos zum Ausdruck zu bringen, noch böten sie alle die erforderlichen Gelegenheiten, alle Früchte reifen zu lassen, alle die Verpflichtungen abzutragen, die es gegen andere auf sich geladen, mit welchen die inkarnierte Seele im Laufe ihrer langen Entwicklung in Berührung gekommen ist. Für jenen Teil des Gesamtkarmas, dessen Auswirkung in einer Lebensperiode ermöglicht werden kann, wird durch einen passenden ätherischen Körper vorgesorgt, und das Modell desselben wird einem geeigneten *Felde* zugeführt, wo das Ego in Beziehung mit einigen von solchen schon verkörperten oder während seines Lebens noch sich inkarnierenden Egos treten kann, mit denen es schon in seinen früheren Lebensläufen Beziehungen gehabt hat. Ein *Land* wird ausgewählt, in dem ihm die religiösen, politischen und sozialen Zustände Gelegenheit geben, einige der Fähigkeiten, die es errungen hat, zu betätigen und einige der Wirkungen ausleben zu lassen, zu denen es die Ursachen geschaffen hatte. Eine *Rasse* wird gewählt – natürlich entsprechend den größeren Gesetzen, welche die Wiederverkörperung in Rassen bestimmen, auf die wir aber hier nicht eingehen können –, deren Merkmale einigen der Fähigkeiten entsprechen, die bei dem Ego zur Betätigung reif sind. Eine *Familie* wird gefunden, in welcher die physische Vererbung die Art des physischen Materials entwickelt hat, die in den ätherischen Körper hineingeformt sich seiner Eigenart anpassen wird; eine Familie, in welcher die allgemeine und besondere physische Organisation ihm Spielraum für seine Geistes- und Gemütsanlagen gewährt. Aus den mannigfachen Eigenschaften der Seele und den vielen physischen Typen, die in der Welt vorhanden sind, kann das Zusammenpassende ausgewählt werden, um eine geeignete Behausung für das wartende Ego zu bauen, ein Werkzeug und ein Feld, auf welchem es einen Teil seines Karma auswirken kann. So unermeßlich für unsern begrenzten Blick die Erkenntnis und die Kraft, welche Anpassung erfordert, sein mag, können wir doch, wenn auch nur undeutlich, erkennen, daß sie bewerkstelligt und vollkommene Gerechtigkeit geübt werden kann. Das Schicksalsgewebe des Menschen mag in der Tat aus für uns unzählbaren Fäden bestehen, die in ein für uns unentwirrbares Muster eingewebt werden müssen; ein Faden mag verschwinden – er ist nur auf die andere Seite durchgewebt, um bald wieder sichtbar zu werden; ein anderer Faden mag plötzlich vortreten – er war längere Zeit im Untergewebe verschlungen. Da wir nur einen Teil des Gewebes sehen, mag das Muster für unseren kurzsichtigen Blick nicht erkennbar sein. Doch wie der weise Jamblichus sagt: „Was unsern Begriffen als strenge Gerechtigkeit erscheint, ist dies nicht bei den Göttern. Denn wir sehen nur, was uns nahe liegt, richten unsern Blick auf die Gegenwart, das augenblickliche Leben und die Art seines Bestehens, aber die höheren Mächte kennen das Leben der Seele und alle ihre früheren Leben.“ [17])

Die Versicherung, daß vollkommene Gerechtigkeit die Welt regiert, wird bei zunehmender Erkenntnis von der sich entwickelnden Seele bestätigt, denn wie sie fortschreitet und anfängt, auf höheren Ebenen zu sehen, erkennt sie mit immer wachsender Gewißheit und daher mit immer zunehmender Freude, daß das „Gute Gesetz“ mit niemals abweichender Sorgfalt waltet, daß seine Vollstrecker es überall mit nie irrender Einsicht mit unfehlbarer Kraft anwenden und daß es daher um die Welt und ihre sich mühenden Seelen gut bestellt ist. Von den Wächterseelen, die die Leuchte der göttlichen Weisheit durch dunkle Wege der Menschheitsstätten tragen, tönt rings durch die Finsternis der Ruf: „Alles ist gut.“ –

Einige Prinzipien, nach denen das Gesetz sich vollzieht, können wir erkennen und diese Kenntnis ermöglicht uns, einige Wirkungen zu verstehen und ihren Ursachen nachzuspüren.

Wir haben gesehen, daß *Gedanken den Charakter bilden;* nun wollen wir zu verstehen suchen, wie *Handlungen die Umgebungen* schaffen.

Wir haben es hier mit einem allgemeinen Gesetz von weitreichender Wirkung zu tun; und es wird zweckmäßig sein, es in seinen Einzelheiten durchzunehmen.

Durch Handlungen wirkt der Mensch auf seine Mitmenschen auf der physischen Ebene; er verbreitet Glück um sich, oder verursacht Leiden, vermehrt oder vermindert dadurch menschliche Wohlfahrt. Diese Vermehrung oder Verminderung von Glück kann verschiedene Beweggründe haben – gute, schlechte oder gemischte. ein Mensch tut etwas, das weithin große Freude verursacht, aus reinem Wohlwollen, aus dem Verlangen, seine Mitmenschen glücklich zu machen; nehmen wir an, daß er aus solchem Grunde einer Stadt zur freien Benutzung ihrer Einwohner einen Park schenkt. Ein anderer tut dasselbe aus reiner Protzerei mit dem Wunsche, die Aufmerksamkeit von solchen, die öffentliche Ehren verleihen können, auf sich zu lenken, um einen Titel zu erlangen. Ein Dritter gibt den Park aus gemischten Gründen, halb selbstlos, halb selbstsüchtig. Diese Motive werden bei der nächsten Verkörperung auf den Charakter dieser drei Menschen in verschiedener Weise einwirken, veredelnd, erniedrigend oder geringe Resultate erzielend. Aber die Wirkung dieser Handlung, einer großen Menge Menschen große Freude zu verschaffen, hängt nicht von den Motiven des Gebers ab; man genießt die Annehmlichkeiten des Parkes, gleichgültig was zu dieser Gabe Veranlassung gegeben hat; und diese durch die Handlung des Gebers verursachte Freude begründet für ihn einen karmischen Anspruch an die Natur, einen Schuldtitel, der gewissenhaft eingelöst werden wird. Ihm wird eine physisch angenehme oder luxuriöse Umgebung zuteil werden, da er eine weitreichende physische Freude um sich verbreitet hat, und die Aufopferung seines physischen Reichtums wird ihm eine gebührende Belohnung zuteil werden lassen, die karmische Frucht seiner Handlung. Dies ist sein Recht; doch der Gebrauch, den er von seiner Stellung macht, die Befriedigung, die ihm sein Reichtum und seine Umgebung gewähren, wird hauptsächlich von seinem Charakter abhängen, und auch hier wird ihm der gerechte Lohn zufallen; *jede* Saat trägt ihre eigene Frucht.

In einem Leben im vollen Maße der sich darbietenden Gelegenheiten erwiesene Dienste haben in einem anderen Leben vermehrte Gelegenheiten zum Dienen zur Folge; jemand, der nur in einem beschränkten Kreise jedem half, dem er helfen konnte, wird sich so in einem zukünftigen Leben in einer Lage befinden, wo sich ihm ein Feld zu vielen und weitreichenden Hilfeleistungen eröffnet.

Ebenso verwandeln sich andererseits unausgenützte Gelegenheiten in Beschränkung des Werkzeuges und in unglückliche Lebensumstände. Zum Beispiel wird das Gehirn des ätherischen Doppelkörpers mangelhaft und dadurch nur ein mangelhaftes physisches Gehirn gestalten können; das Ego wird planen, aber es wird ihm an Geschicklichkeit zur Ausführung fehlen, es wird einen Gedanken fassen, aber es wird unfähig sein, ihn dem Gehirn bestimmt einzuprägen. Die versäumten Gelegenheiten haben sich in fruchtloses Verlangen gekehrt, in Wünsche, welche vergeblich Ausdruck suchen, in den Wunsch zu helfen, der durch mangelnde Möglichkeit, entweder wegen zu schwacher Fähigkeit oder fehlender Gelegenheit es auszuführen, vereitelt wird.

Dieses selbe Prinzip tritt auch in Wirksamkeit, wenn ein innig geliebtes Kind oder ein vergötterter junger Mensch der zärtlichen

Sorgfalt entrissen wird. Wenn ein Ego unfreundlich oder rücksichtslos gegen jemand ist, dem es Zuneigung und Schutz oder irgendwelche Hilfe zu leisten schuldig ist, wird es sich nur zu wahrscheinlich in enge Beziehung zu diesem Vernachlässigten wiedergeboren finden und sich vielleicht zärtlich zu ihm hingezogen fühlen, und nur zu bald wird dieser durch frühen Tod aus seinen ihn liebevoll umschlingenden Armen entrissen werden; der arme verachtete Verwandte mag als der vielverehrte Erbe, der einzige Sohn, wieder erscheinen, und wenn das Schicksal ihn den Eltern entreißt und ihr Haus verödet ist, wundern sie sich über die „ungleichen Wege der Vorsehung", die ihnen ihren Einzigen raubt, auf den sie alle Hoffnungen setzten, und die vielen Kinder ihrer Nachbarn unberührt läßt. Und doch sind die Wege des Karma gleich für alle, wenn dies auch nicht zu erkennen ist, außer für jene, deren Augen geöffnet sind.

Angeborene Gebrechen kommen von einem fehlerhaften, ätherischen Doppelkörper und sind lebenslängliche Strafen für ernste Vergehen gegen das Gesetz oder für Verletzungen, die man anderen zugefügt hat. Alle diese sind durch die physischen Zeichen der Mißgestaltung des Ätherkörpers, die als Folge der Verirrungen, der Ausschweifungen oder des Versagens des Ego von diesen in das Äthermodell hineingearbeitet werden mußte. Durch ihre gerechte Anwendung des Gesetzes wird auch die Tendenz bewirkt, eine Familienkrankheit wiedererscheinen zu lassen, der ätherische Körper wird dementsprechend zusammengebaut und zu einer Familie gebracht, in der die betreffende Krankheit erblich ist und die daher das für die Entwicklung der erforderlichen Keime notwendige Erbplasma beistellen kann.

Die Entwicklung von künstlerischen Fähigkeiten – um einen andern Typus von Eigenschaften zu wählen – wird durch die Herren des Karma dadurch gefördert, daß sie ein Modell des ätherischen Körpers schaffen, nach dem ein feines physisches Nervensystem gestaltet werden kann, und ferner häufig dadurch, daß sie es in eine Familie leiten, bei deren Mitgliedern die vom Ego entfaltete Fähigkeit manchmal schon mehrere Generationen hindurch Ausdruck gefunden hat. Zum Beispiel ist, um musikalische Befähigung zum Ausdruck zu bringen, ein besonders feiner physischer Körper nötig, eine Feinheit von Ohr und Händen, und zu solcher Feinheit würde eine besondere physische Vererbung förderlich sein.

Das Wirken zum Wohle der ganzen Menschheit durch gute Bücher oder Reden, die schriftliche oder mündliche Verbreitung von erhebenden Ideen, gibt ebenso einen Anspruch an das Gesetz, der gewissenhaft durch seine mächtigen Vollstrecker eingelöst wird. Solches Helfen kehrt als Hilfe zurück zum Geber, als ihm erwiesener geistiger Beistand, der ihm rechtmäßig gebührt.

So können wir die allgemeine Grundlage erfassen, auf der das karmische Wirken stattfindet, den Anteil erkennen, den die Herren des Karma und das Ego selber an seiner Schicksalsbereitung haben. Das Ego stellt das ganze Material bei, doch das Material wird seiner Natur gemäß von den Herren des Karma und von dem Ego verwendet. Das letztere baut den Charakter auf und entwickelt sich allmählich; die ersteren gestalten das Modell, das Schranken setzt, wählen die Umgebung und richten ganz allgemein alles so ein, daß das gute Gesetz seinen nie irrenden Ausdruck findet, ungeachtet des widerstrebenden Willens des Menschen.

Wie man sich zu den Folgen des Karma stellen soll

Bei dem ersten Bekanntwerden mit dem Gesetz des Karma glauben manche Menschen, daß, wenn alles eine Wirkung des Karma ist, sie dem Schicksal gegenüber nur wie hilflose Sklaven seien. Ehe wir prüfen, wie das Gesetz zur Beherrschung des Schicksals nutzbar gemacht werden kann, wollen wir zuerst einen typischen Fall annehmen und sehen, wie Notwendigkeit und freier Wille – um die üblichen Worte zu gebrauchen – beide wirken und in Harmonie wirken.

Ein Mensch kommt mit gewissen angeborenen intellektuellen Fähigkeiten zur Welt, sagen wir mit denen eines Durchschnittsmenschen mit einer leidenschaftlichen Natur, die bestimmte charakteristische Eigenschaften, einige gute und einige schlechte, aufweist; mit einem einigermaßen wohlgebildeten und gesunden ätherischen und physischen Körper, aber mit keinem besonders hervorragenden Charakter. Dieses sind seine ihm klar gezeichneten Grenzen; er findet sich, wenn er erwachsen, mit diesem intellektuellen, emotionellen, astralen und physischen „Betriebskapital" ausgerüstet, und er hat dieses, so gut er kann, auszunützen. Es gibt viele geistige Höhen, die er ganz gewiß unfähig ist zu erreichen, geistige Vorstellungen, die sein Begriffsvermögen übersteigen; Versuchungen werden an ihn herantreten, denen seine leidenschaftliche Natur nachgibt, obgleich er gegen sie ankämpft; es gibt Erfolge physischer Kraft und Geschicklichkeit, die er nicht zu erringen imstande ist; er findet, daß er weder wie ein Genie denken, noch schön wie Apollo sein kann. Er ist an Schranken gebunden, die er nicht überschreiten kann, so sehr er auch sich nach Befreiung sehnen mag. Außerdem kann er es nicht vermeiden, daß ihm Unannehmlichkeiten mancherlei Art zustoßen; sie treffen ihn, und er muß sein Leid auf sich nehmen, er kann ihm nicht entfliehen.

Dies ist nun einmal so. Schranken sind dem Menschen gezogen durch seine früheren Gedanken, durch versäumte Gelegenheiten, durch verkehrtes Wählen, durch törichtes Verlangen; er ist gebunden durch seine jetzt vergessenen Wünsche, gefesselt durch seine Irrtümer in früheren Tagen. Und doch ist *er* der wirkliche Mensch, nicht gebunden. Er, der die Vergangenheit schuf, die ihn jetzt gefangen hält, kann in dem Gefängnis arbeiten und eine Zukunft der Freiheit schaffen. Laß ihn nur *erkennen,* daß er selbst frei ist, und die Fesseln werden von seinen Gliedern fallen, und wie die Erkenntnis zunimmt, wird auch die Illusion seiner Fessel schwinden; doch für den gewöhnlichen Menschen, dem die Erkenntnis nur wie ein Funke und nicht wie eine Flamme kommt, ist der erste Schritt zur Freiheit, seine Schranken als selbstgeschaffene zu erkennen und daranzugehen, seinen Freiraum auszuweiten. Natürlich kann er nicht sofort gleich einem Genie denken, doch er kann es versuchen, so weit seine Fähigkeit irgend reicht, und nach und nach wird er ein Genie werden; er kann und wird Kräfte für die Zukunft schaffen. Er kann auch nicht gleich frei werden von seinen leidenschaftlichen Torheiten, aber er kann gegen sie ankämpfen, und wenn er unterliegt, kann er wieder kämpfen, und sicher wird er eines Tages siegen. Gewiß hat er astrale und physische Schwächen und Häßlichkeiten, doch wenn seine Gedanken fest, rein und schön werden und sein Wirken wohltätig wird, sichert er sich für die Zukunft eine vollkommenere Gestalt. Er ist immer er selbst, die freie Seele innerhalb seines Gefängnisses, und er kann die Mauern, die er selbst errichtet hat, niederreißen. Er hat keinen andern Kerkermeister, als sich selbst, er kann seine Freiheit wollen und dadurch, daß er will, wird er sie erlangen.

Ein Kummer trifft ihn; ihm wird ein Freund entrissen, er begeht einen schweren Fehler. Sei es denn so; er sündigte als Denkender in der Vergangenheit, und er leidet als Handelnder in der Gegenwart. Aber sein Freund ist nicht verloren, er hält ihn durch seine Liebe fest und in der Zukunft wird er ihn wiederfinden; währenddessen sind andere um ihn, denen er die Dienste erweisen kann, die er dem Geliebten zugewendet hätte, und er wird nicht wieder die ihm obliegenden Pflichten vernachlässigen und so eine Saat streuen, die ihm ähnlichen Verlust im künftigen Leben bringt. Er hat ein offenbares Unrecht getan, und er erleidet seine Strafe, er aber beging es in Gedanken in der Vergangenheit. Er wird geduldig die Strafe ertragen, die er sich durch seine Gedanken zugezogen hat, und wird heute so denken, daß er morgen keine Scham zu fühlen braucht. In die Dunkelheit dringt ein Lichtstrahl, der singt ihm zu:

„Ihr, die Ihr leidet, wisset,
Ihr leidet durch Euch selbst.
Kein andrer zwingt Euch.“ [18])

Das Gesetz, das eine Fessel schien, hat Schwingen bekommen, es kann ihn zu Regionen tragen, von welchen er ohne dasselbe nur träumen könnte.

Die Gestaltung der Zukunft

Die Masse der Seelen treibt vorwärts mit dem trägen Strom der Zeit. Die Erde trägt sie in ihren Kreisen mit sich. Wenn ein Globus dem anderen folgt, so folgen auch sie. Nun ist aber von neuem der Welt die Weisheitsreligion verkündet, daß alle, die nicht mehr mit dem trägen Strome treiben wollen, lernen können, die langsame Entwicklung der Welten hinter sich zu lassen.

Wenn der Schüler etwas von der Bedeutung des Gesetzes begreift, seine absolute Sicherheit, seine nie irrende Genauigkeit, dann wird er sich selbst in die Hand nehmen und tatkräftig seine Entwicklung überwachen. Er prüft seinen eigenen Charakter und beginnt dann, ihn zu gestalten, mit Überlegung intellektuelle und moralische Eigenschaften zu üben, Fähigkeiten zu erweitern, was schwach ist zu kräftigen, Fehler zu bessern , Auswüchse zu beseitigen. Da er weiß, er wird, was er denkt, wird er planvoll und regelmäßig über ein hohes Ideal meditieren; denn er versteht, warum der christliche Initiierte Paulus seine Schüler anwies, nachzudenken „über das, was wahrhaftig ist, was ehrbar, was gerecht, was keusch, was lieblich und was wohllautet" (Philipp. 4,8). Täglich wird er über sein Ideal meditieren, täglich wird er danach streben, das Ideal zu leben; und er tut dies beständig und ruhig, „ohne Hast, ohne Rast", denn er weiß, er baut auf sicherem Fundament, dem Fels des Ewigen Gesetzes. Er ruft das Gesetz an, er sucht Zuflucht im Gesetz; für einen solchen Menschen gibt es kein Mißlingen; es gibt keine Macht im Himmel und auf der Erde, die ihm seinen Weg versperren kann. Während des Erdenlebens sammelt er seine Erfahrungen und nützt, was ihm in den Weg kommt; während des Dewachans assimiliert er sie und entwirft die Pläne für sein künftiges Bauen.

Darin liegt der Wert einer richtigen Lebenstheorie, auch wenn sie nur auf dem Zeugnis anderer beruht und nicht auf eigener Erkenntnis. Sobald ein Mensch das Wirken von Karma anerkannt und es auch nur teilweise versteht, kann er sofort mit der Bildung seines Charakters beginnen, und wenn er mit überlegter Sorgfalt Stein auf Stein setzt, weiß er, er baut für die Ewigkeit. Dann gibt es kein hastiges Hin und Her, heute einen Plan haben, morgen einen andern und am Tag danach gar keinen, sondern dann wird ein wohldurchdachter Plan entworfen und danach gebaut, denn die Seele wird sowohl zu einem entwerfenden Architekten wie zu einem ausführenden Baumeister und verschwendet nicht mehr Zeit mit unreifem Beginnen. Daher die Schnelligkeit, mit welcher die letzten Stadien der Entwicklung vollendet werden, die überraschenden, fast unglaublichen Fortschritte, die von der starken gereiften Seele gemacht werden.

Wie man das Karma gestalten kann

Ein Mensch, der sich nun mit Überlegung daran macht, seine Zukunft selbst zu gestalten, wird bei zunehmender Erkenntnis gewahr werden, daß er mehr tun kann, als nur seinen eigenen Charakter bilden und so seine Zukunft bestimmen. Es wird ihm klar, daß er im wahren Sinne im Mittelpunkt der Dinge steht, daß er ein lebendes, tätiges, selbstbestimmendes Wesen ist, das ebenso auf die Umstände wie auf sich selbst einwirken kann. Er hat sich lange gewöhnt, den großen ethischen Gesetzen nachzuleben, die die göttlichen Lehrer, welche von Zeitalter zu Zeitalter geboren werden, zur Lebensführung der Menschheit niedergelegt haben, und er erfaßt nun die Tatsache, daß diese Gesetze in Grundprinzipien der Natur wurzeln und daß Moral eine auf die Lebensführung angewandte Wissenschaft ist. Er erkennt, daß er in seinem täglichen Leben die üblichen Resultate, die irgendeiner schlechten Handlung entspringen, ausgleichen kann, indem er auf denselben Punkt eine gleichstarke entsprechende Kraft zum Guten ausübt. Ein Mensch hegt gegen ihn einen böswilligen Gedanken; er könnte diesen mit einem der gleichen Art erwidern, und diese zwei Gedankenformen würden dann gleich Wassertropfen zusammenfließen, eine durch die andere verstärkt und gekräftigt; doch der, gegen welchen der üble Gedanke gerichtet war, ist ein Kenner des Karma, und er begegnet der übelwollenden Form mit der Kraft des Mitleids und zerstört sie. Die zerstörte Form kann nun nicht mehr von Elementalleben beseelt werden; das Leben verschmilzt wieder mit seinem eigenen Bereich, die Form löst sich auf; ihre Kraft zum Bösen ist so durch Mitleid zerstört und „Haß durch Liebe besiegt". Trügerische Formen der Falschheit gehen in die astrale Welt, der Wissende stellt ihnen Formen der Wahrheit entgegen; Reinheit zerstört das Unreine und Mildtätigkeit selbstische Gier. Bei zunehmendem Wissen wird diese Tätigkeit entschiedener und vorsätzlicher; der Gedanke wird mit bestimmter Absicht gefaßt und durch starken Willen getragen. So wird dem bösen Karma gleich zu Anfang Einhalt getan, und nichts bleibt übrig, was ein karmisches Band herstellen könnte, zwischen dem, der einen Pfeil von böser Absicht ausgesandt, und dem, der ihn durch Vergebung verbrannt hat.

Die göttlichen Lehrer, die als Autoritäten über die Pflicht sprachen, das Böse durch das Gute zu überwinden, stützten ihre Gebote auf die Kenntnis des Gesetzes; ihre Nachfolger, welche gehorchen, ohne völlig den weisen Grund des Gebotes zu erkennen, vermindern das schwere Karma, das geschaffen werden würde, wenn Haß dem Hasse begegnete. Aber der Erkennende zerstört bewußtermaßen die üblen Formen, er kennt die Tatsachen, auf welche die Lehren der Meister gegründet sind, und er erstickt die Saat des Übels, beugt der Ernte zukünftigen Leides vor.

Auf einer Entwicklungsstufe, die fortgeschrittener ist als die der nur langsam dahintreibenden Durchschnittsmenschheit, wird ein Mensch nicht nur seinen eigenen Charakter bilden und mit Umsicht auf die Gedankenformen, die ihm zufließen, einwirken, er wird auch die Vergangenheit zu überschauen beginnen, und auf solche Weise sicherer gegenwärtige Wirkungen auf ihre karmischen Ursachen zurückführen können. Er wird imstande sein, die Zukunft umzugestalten, indem er bewußt Kräfte in Bewegung setzt, um andern bereits tätigen entgegenzuwirken. Die Erkenntnis setzt ihn in den Stand, Gesetze mit derselben Gewißheit anzuwenden, wie die Männer der Wissenschaft es auf jedem Gebiete der Natur tun.

Lassen sie uns einen Augenblick anhalten, um die Gesetze der Bewegung zu betrachten. Ein Körper ist in Bewegung gesetzt worden und bewegt sich nun längs einer bestimmten Linie weiter; wenn eine Kraft ins Spiel gebracht wird, auf ihn in abweichender Richtung von der zu wirken, aus welcher der erste Impuls kam, dann wird sich der Körper längs einer anderen Linie bewegen – einer Linie, die sich aus den zwei Antriebsrichtungen ergibt. Es wird keine Kraft dabei verloren gehen, aber ein Teil der Kraft, welche den ersten Impuls gab, wird dazu verbraucht werden, teilweise der neuen entgegen zu arbeiten, und die Linie, längs welcher sich der Körper nun bewegen wird, ist weder die der ersten noch der zweiten Kraft, sondern liegt zwischen beiden. Ein Physiker kann genau berechnen, in welchem Winkel er einen sich bewegenden Körper treffen muß, damit er sich nach einer gewünschten Richtung bewege, und auch wenn der Körper selbst außerhalb seines unmittelbaren Bereiches ist, kann er ihm doch eine Kraft von berechneter Stärke nachsenden, um ihn in einem bestimmten Winkel zu treffen, ihn so von seinem anfänglichen Laufe abzulenken und ihn in eine neue Richtung zu treiben. Darin liegt keine Verletzung des Gesetzes, kein Auflehnen gegen das Gesetz; nur eine Nutzbarmachung des Gesetzes durch Wissen, das Zwingen der Naturkräfte, die Absichten des menschlichen Willens auszuführen. Wenn wir dieses Gesetz auf das Gestalten des Karma anwenden, werden wir bald gewahr werden – ganz abgesehen davon, daß das Gesetz unverletzlich ist – daß nicht eine „Einmischung in Karma“ bedeutet, wenn wir sein Wirken durch Wissen umändern. Wir verwenden karmische Kräfte, um karmische Resultate zu erzielen, und auch in diesem Fall besiegen wir die Natur durch Gehorsam.

Lassen sie uns nun annehmen, daß ein fortgeschrittener Schüler, wenn er auf die Vergangenheit zurückblickt, die Linien des vergangenen Karma zu einem Punkte kommen sieht, der ihm eine Handlung unerwünschter Art zeigt; er kann nun diesen zusammenwirkenden Energien eine neue Kraft hinzufügen und dadurch das erwartete Ereignis verändern, denn dieses ist das Ergebnis aller Kräfte, die an seiner Erzeugung und an seiner Ausgestaltung beteiligt waren. Solche Leistung erfordert Wissen – nicht nur das Vermögen, die Vergangenheit zu sehen und ihre Spuren bis zur Gegenwart zu verfolgen, sondern auch genau den Einfluß zu berechnen, den jene hinzugefügte Kraft auf die zu verändernde Sachlage ausüben wird, und ferner die Wirkungen, die aus diesem Ergebnis als Ursache betrachtet hervorgehen werden. Auf diese Weise kann er die Folgen übler Handlungen, die er in seiner Vergangenheit vollführt hat, durch die guten Kräfte, die er in seinen karmischen Strom fließen läßt, aufheben oder schwächen; er kann die Vergangenheit nicht ungeschehen machen, sie nicht vernichten; aber sofern die Wirkungen noch in der Zukunft liegen, kann er sie verändern oder aufheben durch neue Kräfte, die er als Ursachen zu ihrer Umgestaltung in Bewegung setzt. Bei all dem macht er nur Gebrauch von dem Gesetz und arbeitet dabei mit der Sicherheit eines Mannes der Wissenschaft, der eine Kraft durch eine andere ausgleicht; er ist zwar unfähig, eine Energieeinheit zu vernichten, aber er kann doch durch Berechnung der Winkel und Kraftwirkungen einen Körper sich nach seinem Willen bewegen lassen. Ähnlich kann Karma verzögert oder beschleunigt werden und durch den Einfluß der Umgebung, in welcher es wirkt, eine Änderung erfahren.

Lassen sie uns dieses Gebiet noch von einer andern Seite betrachten, denn es zu begreifen, ist ebenso wichtig wie nützlich. Wenn die Erkenntnis wächst, wird es immer leichter, von dem Karma der Vergangenheit frei zu werden. Insoweit die Ursachen, welche sich zu Wirkungen gestalten, zur Kenntnis der sich ihrer Befreiung nähernden Seele gelangen, wenn sie auf vergangene Leben zurückschaut und die lange Reihe der Jahrhunderte überblickt, durch die hindurch sie sich langsam entwickelt hat, ist sie auch imstande zu sehen, wie ihre Fesseln geschmiedet wurden, und die Ursachen, welche sie hervorriefen, zu erkennen; sie ist imstande zu sehen, wieviele dieser Ursachen sich schon ausgewirkt haben und erschöpft sind, wieviele von ihnen noch in Wirksamkeit sind. Sie ist nicht nur in der Lage, rückwärts zu schauen, sondern auch vorwärts, und die Wirkungen zu sehen, die diese Ursachen hervorbringen werden; so daß sie vorausschauend die Wirkungen sieht und zurückblickend die sie hervorrufenden Ursachen erkennt. Es ist nicht schwerer, sich vorzustellen, daß eine entwickelte Seele auf der höheren Ebene die karmischen Ursachen zu verfolgen und die karmischen Wirkungen, die sie in Zukunft schaffen werden, vorauszusehen imstande ist, als es möglich ist, in der physischen Natur Resultate vorauszusagen, wenn man die Gesetze kennt, nach denen sie hervorgebracht werden.

Mit solcher Kenntnis der Ursachen und einer Voraussicht ihrer Wirkungen ist es möglich, neue Ursachen einzuführen, um die Wirkung zu neutralisieren; und bei Anwendung des Gesetzes, auf dessen Unwandelbarkeit man bauen kann, und bei sorgfältiger Berechnung der in Bewegung gesetzten Kräfte kann man die Wirkung, die wir in Zukunft wünschen, hervorbringen. Es ist eine einfache Sache der Berechnung. Nehmen wir an, wir hätten Schwingungen des Hasses in der Vergangenheit erregt, so können wir vorbedacht ans Werk gehen, diese Schwingungen zu vernichten und ihre Wirkungen in der Gegenwart und Zukunft dadurch aufzuheben, daß wir ihnen Schwingungen der Liebe entgegenwirken lassen. Gerade wie wir eine Tonwelle hervorbringen können und dann eine zweite und diese beiden nacheinander anstimmen, so daß die Luftverdichtung des einen Tones mit der Verdünnung des andern zusammenfällt und so durch Interferenz die Töne einander gegenseitig aufheben, so ist es in der höheren Region möglich, Schwingungen der Liebe und des Hasses durch Wissen und durch Ausübung des Willens zu beherrschen, um karmische Ursachen enden zu lassen und so zu einem Gleichgewicht zu gelangen, was nur ein anderer Ausdruck für Befreiung ist. Dieses Wissen steht außerhalb des Bereiches der großen Menge der Menschheit. Was die Mehrzahl tun kann, wenn sie wünscht, die Wissenschaft der Seele nutzbar zu machen, ist dies: Sie mag die Beweise der Erforscher dieser Dinge auf sich wirken lassen, sie mag die Moralvorschriften der großen Religionslehrer annehmen und im Gehorsam gegen diese Gebote leben, die ihr inneres Gefühl befriedigen, und obgleich sie nicht die Art ihres Wirkens versteht, kann sie durch ihre Handlungsweise das gleiche erreichen, was auch durch bestimmtes und überdachtes Wissen erzielt werden kann. So kann Hingebung und Gehorsam gegen einen Lehrer ebenso zur Befreiung führen, wie Wissen auf einem andern Weg zum Ziele leitet.

Wenn der Schüler diese Grundsätze in jeder Richtung durchführt, wird er erkennen, ein wie großes Hindernis die Unwissenheit für den Menschen ist und welch große Rolle das Wissen in der menschlichen Entwicklung spielt. Die Menschen treiben dahin, weil sie nicht wissen; sie sind hilflos, weil sie blind sind; der Mensch, der seinen Weg schneller als die große Menge beenden will, der die träge Menge hinter sich lassen will, „wie der edle Renner das Zugpferd", braucht Weisheit sowohl als Liebe, Wissen wie Hingebung. Er braucht nicht die Glieder seiner Fesseln langsam abzunutzen, die vor so langer Zeit schon geschmiedet wurden, er kann sie rasch durchfeilen und ihrer ebenso gründlich ledig werden, als wenn sie allmählich verrosteten und abfielen.

Das Erlöschen des Karma

Karma bindet uns auf das Rad von Geburt und Tod, treibt uns immer wieder zurück zu neuer Verkörperung. Gutes Karma zieht uns ebenso erbarmungslos zurück wie schlechtes, und die Kette, die aus unseren Tugenden geschmiedet ist, hält ebenso fest, wie die aus unseren Lastern. Wie also kann diese Fessel endlich durchbrochen werden, da man doch denken und fühlen muß, solange man lebt, und Gedanken und Gefühle immer wieder Karma schaffen? Die Antwort hierauf ist die große Lehre der *Bhagavad-Gita,* die dem Kriegerfürsten gegeben wurde. Sie ist weder einem Eremiten noch einem Schüler, sondern einem Krieger, der um den Sieg ringt, gegeben worden, einem Fürsten, der Pflichten für den Staat auf sich genommen hatte.

Nicht im Handeln selbst, sondern im Wunsche, im Begehren nach seinen Früchten liegt die bindende Kraft des Handelns. Eine Handlung wird vollführt mit dem Wunsche, deren Frucht zu genießen, ein Unternehmen begonnen mit dem Interesse, dessen Erfolge zu erlangen. Die Seele erwartet etwas, und die Natur muß dem entsprechen, sie fordert, und die Natur muß ihr gewähren. Jede Ursache ist eng mit der Wirkung verbunden, jede Handlung mit den Früchten, und der Wunsch ist das Band, das sie zusammenflicht, der Faden, der von einem zum andern läuft. Wenn dieser zerschnitten werden könnte, würde die Verbindung aufhören, und wenn alle Bande des Herzens gelöst sind, ist die Seele frei. Karma kann sie dann nicht mehr halten und binden, das Rad von Ursache und Wirkung mag sich weiter drehen, doch die Seele ist zum befreiten Leben geworden.

> „Ohne dich daran zu hängen, tue stets das,
> was deine Pflicht ist, denn der, der handelt,
> ohne zu haften, erreicht fürwahr das Höchste.“[19])

Um diesen Karma-Yoga – den Yoga des Handelns, wie er genannt wird – zu üben, muß der Mensch jede Handlung nur aus Pflichtgefühl tun, alles in Übereinstimmung mit dem Gesetz. Unter Anpassung an das Gesetz auf jeder Ebene des Daseins, auf welcher er arbeitet, bemüht er sich, eine Kraft zu werden, die mit dem göttlichen Willen an der Entwicklung arbeitet und erweist vollkommenen Gehorsam in jeder Phase seiner Tätigkeit. Dann haben alle seine Handlungen den Charakter eines Opfers, und er bringt sie dar, um das Rad des Gesetzes zu drehen und nicht um etwaiger Früchte willen, die sie ihm bringen könnten; die Handlung geschieht aus Pflicht, ihre Frucht gibt er freudig zum Besten der Menschheit hin; er hat keinen Teil daran, sie gehört dem Gesetz, und dem Gesetz überläßt er die Verteilung.

So lesen wir:[18])

„Wessen sämtliches Beginnen frei ist von dem Rat der Leidenschaft,
Wessen Arbeit im Erkenntnisfeuer aufging, der wird ein Weiser genannt von jenen, die geistige Erkenntnis haben.
Wer nach des Werkes Frucht nicht strebt, zufrieden stets an keinen sich je bindet,
Der mag wohl Werke tun, er ist gleichwohl von Werken frei,
Wer kein Verlangen hegt, das Denken zügelt durch das SELBST, an nichts sich heftet.
Nur mit dem Körper Werke tut, läd keine Schuld auf sich.
Wem, was ihm zufällt, neidlos stets genügt, wen weder Schmerz noch Lust bewegt,
Wer gleich bleibt bei Erfolg und Nichterfolg, den bindet keine Tat.
Wer vom Verlangen ganz entwöhnt, gefestigt in Erkenntnis steht
Und seine Werke opfert, dessen Wirken schwindet ganz dahin.“ [20])

Sein Körper und sein Verstand wirken in voller Kraft; mit dem Körper führt er jede körperliche Handlung aus, mit dem Verstand jede Gedankenarbeit; doch das Selbst bleibt ruhig, unbeirrt; es trägt nichts von seinem unsterblichen Wesen bei, die Ketten der Zeit zu schmieden. Nie wird eine rechte Tat unterlassen, bis zu den Grenzen der eigenen Kraft wird sie getan; daß der Weise auf ihre Früchte verzichtet, läßt ihn nicht träge oder sorglos werden.

„Wie die Unwissenden handeln, weil sie begehren, so sollte der Weise handeln, ohne zu begehren, die Erhaltung der Menschheit nur im Auge.“ [21])

Der Mensch, der diese Stufe des „nicht wirkenden Tätigseins“ erreicht, kennt das Geheimnis des Erlöschens des Karma; durch Erkenntnis vernichtet er die Folgen seiner Handlungen in der Vergangenheit, durch Hingebung in der Gegenwart. Dann hat er den Zustand erreicht, von dem Johannes in der *Offenbarung* sagt, daß ein solcher Mensch „nicht mehr aus dem Tempel herausgeht“. Denn die Seele geht viele, viele Male aus dem „Tempel“ in die Gefilde des Lebens hinaus, doch die Zeit kommt, da sie ein Pfeiler wird, „ein Pfeiler in dem Tempel meines Gottes“.[22]) Dieser Tempel ist die Welt der befreiten Seelen, und nur, die durch nichts für sich selbst gebunden sind, können an alle gebunden sein im Namen des Einen Lebens.

Diese Fesseln des Begehrens, des persönlichen, ja sogar des individuellen Begehrens, müssen zerbrochen werden. Wir können sehen, wie dies seinen Anfang nimmt; und hierbei entsteht ein Irrtum, in den der Schüler leicht verfällt, ein Mißverständnis, das so natürlich und leicht ist, daß es immer wieder entsteht. Wir brechen „die Bande des Herzens“ nicht dadurch, daß wir das Herz abzutöten versuchen. Wir brechen die Fesseln der Wünsche nicht dadurch, daß wir uns hart und gefühllos machen wie Stein oder Erz. Im Gegenteil, der Schüler wird sensitiver, nicht gefühlloser, wenn er sich seiner Befreiung nähert; er wird gütiger, nicht härter, denn der vollkommene „Schüler, der dem Meister gleicht“, antwortet auf jeden bebenden Ruf aus der Außenwelt, er wird von allem berührt, er fühlt mit allem mit und eben, weil er nichts *für sich* wünscht, ist er imstande, alles für alle zu geben.
Solch ein Mensch kann nicht durch Karma gebunden werden und schmiedet keine Fesseln, die die Seele binden könnten. Wenn der Schüler immer mehr und mehr ein Stromweg des göttlichen Lebens für die Welt wird, verlangt er auch nichts mehr, als ein solcher Kanal mit immer weiterem Strombette zu sein, durch welches das große Leben fließen kann; sein einziger Wunsch ist ein immer größeres Gefäß zu werden mit immer geringerem Hemmnis, welches das ausströmende Leben hindern könnte; Arbeiten nur, um zu dienen, das ist das Leben des Schülers, der die bindenden Fesseln gesprengt hat.

Doch es gibt ein Band, das nie zerreißt, das Band jener wahren Einheit, das keine Fessel ist: denn das Band, das das Eine mit dem All, den Schüler mit dem Meister, den Meister mit dem Schüler vereint, das göttliche Leben, das uns immer weiter aufwärtszieht, aber uns nicht auf das Rad von Geburt und Tod bindet, kann nicht als trennend betrachtet werden. Wir werden zur Erde zurückgezogen – zuerst durch das Verlangen nach dem, was uns hier Lust bereitet, dann durch höheres und höheres Verlangen, für welches noch immer die Erde die Region der Erfüllung ist – nach spirituellem Wissen, spirituellem Wachsen, spiritueller Hingebung. Was ist das, was die Meister noch an die Welt der Menschen bindet? Nichts, was die Welt ihnen bieten könnte. Es gibt kein Wissen auf Erden, das sie nicht hätten, keine Macht auf Erden, die sie nicht ausübten, keine Erfahrung mehr, die ihr Leben bereichern könnte, nichts, das die Welt ihnen geben, das sie zurück zur Geburt ziehen könnte. Und doch kommen sie, weil ein göttlicher Antrieb, der von innen und von außen kommt, sie zur Erde zurücksendet, die sie sonst für immer verlassen würden – um ihren Brüdern zu helfen, um Jahrhundert auf Jahrhundert, Jahrtausend auf Jahrtausend für sie zu arbeiten; denn diese dienende Liebe gewährt ihnen unaussprechliches Glück und Frieden! Kann doch die Erde ihnen nichts mehr geben als die Freude zu sehen, wie andere Seelen sich entwickeln, ihnen selbst ähnlicher werden und so anfangen, teilzunehmen an dem bewußten Leben Gottes.

Kollektives Karma

Aus dem sich Zusammenschließen der Seelen in Gruppen, die Familien, Stände, Völker und Rassen bilden, treten neue Elemente der Verwicklung in die karmischen Wirkungen ein; und hier ist Raum für die sogenannten „unglücklichen Zufälle“ wie für die Ausgleichungen, die unablässig von den Leitern des Karma vorgenommen werden. Es zeigt sich, daß, während nichts einem Menschen zustoßen kann, das nicht „in seinem individuellen Karma“ liegt, die Gelegenheit einer nationalen oder Erdbebenkatastrophe dazu benützt werden kann, es ihm zu ermöglichen, einen Teil seines schlechten Karmas abzutragen, das sonst nicht gerade in diese Lebenszeit fallen würde. Es scheint – ich kann nur meine Vermutung aussprechen, weil ich über diesen Punkt nicht genaue Kenntnis besitze, – als ob plötzlicher Tod nicht einen Menschen seines Körpers berauben könnte, wenn er dem Gesetz nicht einen solchen Tod schuldete, gleichgültig, welche Katastrophe ihn hinwegrafft; er würde sonst, wie man zu sagen pflegt, „wunderbar verschont“ bleiben inmitten von Tod und Ruin, die seine Nachbarn treffen, und aus Sturm und Not ganz unverletzt hervorgehen. Doch wenn er einen solchen Tod schuldet und durch sein nationales oder Familienkarma in den Bereich einer solcher Zerstörung hineingezogen wird, dann würde, obgleich plötzlicher Tod für dieses spezielle Leben nicht in seinen ätherischen Körper hinein verwebt war, kein aktiver Eingriff zu seiner Errettung gemacht werden; besondere Sorgfalt würde ihm aber nachher gewidmet werden, damit er durch sein plötzliches Scheiden aus dem Leben nicht ungebührend leidet. Es wäre ihm so bei dem Eintreten eines solchen Ereignisses durch die weitreichende Wirkung des Gesetzes möglich gemacht worden, in einem solchem Kollektiv-Karma seine Schuld zu bezahlen.

Ähnlich mögen ihm Wohltaten durch diese indirekte Wirkung des Gesetzes zuteilwerden, wenn er einer Nation angehört, die die Frucht eines guten nationalen Karmas genießt; und ihm kann so eine Schuld von der Natur zurückgezahlt werden, ein Lohn, der ihm sonst, wenn es sich nur um sein individuelles Karma handelte, in diesem gegenwärtigen Leben nicht zugefallen wäre.

Eines Menschen Geburt in einer besonderen *Nation* ist ebenso durch gewisse allgemeine Prinzipien der Evolution wie durch seine persönlichen Eigentümlichkeiten bedingt. Die Seele hat während ihrer langsamen Entwicklung nicht nur durch die sieben Wurzelrassen (ich behandle hier die normale Evolution der Menschheit), sondern auch durch die Unterrassen hindurchzugehen. Diese Notwendigkeit hat gewisse Bedingungen zur Folge, welchen das individuelle Karma sich anzupassen hat; und eine Nation, die zu der Unterrasse gehört, durch die die Seele hindurchgehen muß, wird den Bereich zu bieten haben, innerhalb dessen benötigte Bedingungen besonderer Art gefunden werden müssen. Wo lange Reihen von Wiederverkörperungen verfolgt werden konnten, hat man gefunden, daß einige Individualitäten von Unterrasse zu Unterrasse sehr regelmäßig fortschritten, wohingegen andere sich unregelmäßiger verhielten und wiederholt in einer Unterrasse verkörperten. Innerhalb der Grenzen der Unterrasse ziehen die charakteristischen Eigenschaften eines Menschen ihn zu der einen oder andern Nation, und wir können vorherrschende nationale Eigenschaften nach einem normalen Zeitraum von 1 500 Jahren auf der historischen Bühne en bloc auftauchen sehen. So inkarnierten sich eine Menge Römer als Engländer, und die unternehmenden, kolonisierenden, erobernden Weltherrschaftstriebe erscheinen wieder als nationale Eigenschaften. Ein Mensch, in dem solche nationalen Eigenschaften sehr stark hervortraten und dessen Zeit zur Wiederverkörperung gekommen war, wurde durch sein Karma in die englische Nation getrieben, und er mußte deren nationales Schicksal, gutes wie schlechtes, teilen, so weit es sein individuelles Geschick berührte.

Das Familienband ist natürlich von mehr persönlichem Charakter, als das der Nation; und die, welche Bande großer Zuneigung in einem Leben knüpften, haben die Tendenz, wieder Mitglieder derselben Familie in einem anderen Leben zu werden. Manchmal werden diese Bande sehr beständig Leben auf Leben wieder geschmiedet, und die Geschicke zweier Individualitäten sind sehr innig in aufeinanderfolgenden Leben verwoben. Manchmal werden Mitglieder einer Familie – infolge der verschiedenen Zeitdauer ihres Dewachanlebens, die durch die Verschiedenheit der geistigen oder intellektuellen Betätigung während des Zusammenlebens auf Erden hervorgerufen wurde – auseinandergerissen, um erst nach mehreren Verkörperungen wieder zusammengeführt zu werden. Im allgemeinen gilt, je enger das Band in den höheren Regionen des Lebens, desto größer die Wahrscheinlichkeit, in eine Familie wieder geboren zu werden. Hier ist wieder das Karma der Individualität durch das verschlungene Karma seiner Familie beeinflußt; und er mag durch sie in einer Weise, die nicht seinem eigenen diesmaligen Lebenskarma zugehört, glücklich sein oder leiden, er erhält oder zahlt so karmische Schuld nicht am Fälligkeitstermin, könnte man sagen. Soweit die Persönlichkeit in Betracht kommt, scheint ein Ausgleich im Kama-Loka und Dewachan stattzufinden, damit auch der vorübergehenden Persönlichkeit vollkommene Gerechtigkeit zuteil werde.

Die Wirksamkeit des Kollektiv-Karmas im einzelnen auszuführen, würde uns weit über die Grenzen solch eines Elementarbuches wie dieses hinausführen und weit über die Kenntnisse der Verfasserin gehen. Nur diese kurzen Hinweise können für jetzt dem Schüler gegeben werden; denn für ein eingehendes Verständnis wäre ein langes Studium individueller Fälle nötig, und diese müßten durch viele Tausende von Jahren verfolgt werden. Spekulationen darüber zu machen, ist nutzlos, es sind geduldige Beobachtungen dazu nötig.

Doch es gibt noch eine andere Seite des Kollektiv-Karmas über die zweckmäßigerweise etwas gesagt werden kann; nämlich über die Beziehungen der menschlichen Gedanken und Handlungen zu den Aspekten der äußeren Natur. Über dieses dunkle Gebiet sagt Frau Blavatsky: „Aristoteles erklärt, hierin Platos Ansicht teilend, daß unter dem Ausdruck Stoicheia (Elemente) nur die unkörperlichen Prinzipien zu verstehen seien, die über jede der vier großen Abteilungen unserer kosmischen Welt gesetzt sind, sie zu beaufsichtigen. Die Heiden beten daher ebensowenig wie die Christen die Elemente und die (imaginären) Weltgegenden an, sondern die verschiedenen ‚Götter', die über sie herrschen. Für die Kirche gibt es zwei Arten himmlischer Wesen, Engel und Teufel. Für die Kabbalisten und Okkultisten existiert nur eine Klasse; und weder Okkultisten noch Kabbalisten machen einen Unterschied zwischen den ‚Herren des Lichts' und den ‚Herren der Finsternis' (oder Cosmocratores), die die römische Kirche in den ‚Herren des Lichts' wittert, sobald einer derselben mit einem anderen Namen bezeichnet wird als dem, mit welchem sie ihn anredet. Nicht der ‚Herr' oder Maharajah straft oder belohnt mit oder ohne ‚Gottes' Zustimmung oder Gebot, sondern der Mensch selbst – seine Taten oder sein Karma, dies individuelle und kollektive (wie manchmal dasjenige ganzer Nationen) führen alle Arten Übel und Kalamitäten herbei. Wir schaffen *Ursachen,* und diese erwecken die entsprechenden Kräfte in der Gestirnswelt, die magnetisch sind und widerstandslos zu denen hingezogen werden – und auf diejenigen wirken –, die solche Ursachen hervorrufen, mögen sie nun handelnde Übeltäter sein oder nur in

Gedanken Unheil brüten. Denn Gedanke ist Materie, lehrt uns die moderne Wissenschaft, in jedem Teilchen der Materie findet sich alles aufgezeichnet, was sich zugetragen hat, sagen die Herren *Jevons* und *Babbage* in ihren *Principles of Science*. Die moderne Wissenschaft wird mehr und mehr, freilich unbewußt, doch sehr merkbar, in den Wirbelstrom des Okkultismus hineingezogen. – ‚Gedanke ist Materie' natürlich nicht in dem Sinne des deutschen Materialisten Moleschott, der uns versichert, daß ‚der Gedanke eine Bewegung der Materie' ist, eine Behauptung von beispielloser Absurdität. Mentale Zustände und körperliche sind als solche äußerst verschieden. Doch das ändert nichts an der Tatsache, daß jeder Gedanke, zugleich mit seiner physischen Begleiterscheinung (der Gehirnbewegung) einen objektiven Vorgang – wenn auch einen für uns übersinnlich objektiven – auf der Astralebene hervorruft".[23])

Es scheint, daß, wenn Menschen eine Menge böser Gedankenformen zerstörender Art erzeugen und wenn diese sich in großen Massen in der Astralebene zusammenfinden, deren Energie heftig auf die physische Ebene wirkt, Kriege, Revolutionen, soziale Unruhen und Störungen jeder Art anschürt und dann als Kollektiv-Karma auf ihre Urheber zurückfällt und weithin Elend verbreitet. So ist auch kollektiv der Mensch der Herr seines Geschickes, und seine Welt wird durch seine schöpferischen Taten gestaltet.

Epidemisch auftretende Verbrechen und Krankheiten, lange Reihen von Unfällen finden eine ähnliche Erklärung. Gedankenformen des Zornes stiften zur Verübung von Morden an; diese Elementale werden durch solche Verbrechen genährt, und die Folgen solcher Verbrechen – die haßerfüllten und rachedurstigen Gedanken derer, die das Opfer liebten, der wilde Groll des Verbrechers, seine machtlose Wut, wenn er dann plötzlich ums Leben gebracht wird –, diese mehren noch weiter das Heer solcher Gedanken mit vielen bösartigen Formen; diese wieder treiben von der Astralebene aus einen bösen Menschen zu neuem Verbrechen. Dadurch wird wieder ein Kreislauf neuer Antriebe erschlossen, und wir sehen eine Epidemie von Gewalttaten entstehen. Krankheiten verbreiten sich, und die Gedanken der Furcht, die deren Fortschreiten begleiten, wirken direkt fördernd auf die Stärke der Krankheit ein; magnetische Störungen werden hervorgerufen und fortgepflanzt und wirken auf die magnetische Sphäre der Bevölkerung ein, die innerhalb des betroffenen Umkreises lebt. Nach jeder Richtung und auf unzählige Arten richten die üblen Gedanken der Menschen Schaden und Elend an, wenn er, der ein göttlicher Mitarbeiter im

Weltall sein sollte, seine schöpferischen Kräfte zum Zerstören mißbraucht.

Schluß

Dies ist ein Umriß des großen Gesetzes des Karma und seiner Wirksamkeit, durch dessen Erkenntnis der Mensch seine Entwicklung beschleunigen, durch dessen Anwendung er sich seiner Fesseln entledigen und, lange bevor seine Rasse ihren Weg vollendet hat, einer der Helfer und Erlöser der Welt werden kann. Eine tiefe und feste Überzeugung von der Wahrheit dieses Gesetzes verleiht dem Leben unerschütterlichen Frieden und vollständige Furchtlosigkeit: nichts kann uns treffen, das wir nicht verschuldet, und nichts uns verletzen, das wir nicht verdient. Und da jede Saat, die wir gestreut, zur gegebenen Zeit heranreifen und geerntet werden muß, ist es töricht zu klagen, wenn die Ernte Leiden bringt. Da man sich solcher Folgen nicht entziehen kann, so mögen diese lieber jetzt als in der Zukunft kommen, denn was einmal durchgemacht ist, braucht nicht noch einmal ertragen zu werden. Leidvolles Karma sollte daher mit freudigem Herzen ertragen werden als etwas, das abgemacht zu haben, man nur froh sein sollte; es ist besser, es hinter sich zu haben als noch vor sich; jede abgetragene Schuld macht uns nur schuldenfreier. Wenn die Welt doch dieses wüßte und die Kraft fühlte, die aus einem Vertrauen auf dieses Gesetz erwächst! Unglücklicherweise ist dies den meisten in der westlichen Welt nur ein leerer Wahn; und selbst unter den Theosophen ist der Glaube an das Karma mehr eine intellektuelle Zustimmung als eine lebendige, fruchtvolle Überzeugung, in deren Licht das Leben geführt würde. „Die Stärke eines Glaubens wird am besten an dem Einfluß ermessen, den er auf die Lebensführung ausübt", sagt Professor Bain, und der Glaube an Karma sollte unser Leben rein, stark, ruhig und froh machen. Nur unser eigenes Tun kann uns hindern, nur unser eigener Wille kann uns fesseln. Wenn die Menschen diese Wahrheit einmal erkennen, dann hat auch die Stunde ihrer Befreiung geschlagen. Die Natur kann keine Seele binden, die durch Weisheit Macht errungen hat, und beide anwendet in Liebe.

Anmerkungen

[1]) Die Mahatma-Briefe an A. P. Sinnett und A. O. Hume, 1. Band, Seite 75.

[2]) Die Mahatma-Briefe an A. P. Sinnett und A. O. Hume, 1. Band, Seite 148.

[3]) Lucifer, Okt. 1892, Artikel „Life and death".

[4]) Diese Worte „hinunter" und „aufwärts" sind sehr irreführend; bekanntlich durchdringen die verschiedenen Ebenen einander.

[5]) Blavatsky, „Die Geheimlehre", Buch 1, Stanze 4, Vers 5 des „Buches des Dzyan".

[6]) Ebendort, Stanze 1, Vers 8.

[7]) Edwin Arnold: „The Light of Asia", deutsche Übers. von Dr. A. Pfungst, Leipzig.

[8]) Ein mystischer Name, voller Bedeutung für den Schüler, der die Rolle versteht, die Soma in einigen alten Mysterien spielte.

[9]) Vergleiche oben Seite 31.

[10]) Bisher Linga Sharira genannt, ein Name der viel zur Verwirrung beigetragen.

[11]) Geheimlehre I, 153.

[12]) Siehe oben S. 24.

[13]) Geheimlehre I, 131.

[14]) Siehe oben S. 32.

[15]) Geheimlehre I, 151.

[16]) Geheimlehre I, 147.

[17]) Über die Mysterien IV, 4.

[18]) Edwin Arnold, „Die Leuchte Asiens".

[19]) Bhagavad-Gita III, 19.

[20]) Bhagavad-Gita IV, 19 bis 23.

[21]) Bhagavad-Gita III, 25. 26.

[22]) Offenbarung Johannes 3, 12.

[23]) Geheimlehre.

DIE LEHRE DES WACHSTUMS (BAND II)

VIERTES BUCH

Annie Besant

Dharma

F. HIRTHAMMER VERLAG MÜNCHEN

1. Die Verschiedenheit

Als eine Nation der Erde nach der anderen ausgesandt wurde, gab Gott einer jeden ein bestimmtes Wort, welches sie der Welt verkünden sollte, jenes Wort aus dem Ewigen, welches jede einzelne ertönen lassen sollte. Wenn wir unser Auge über die Geschichte der Nationen gleiten lassen, können wir dieses Wort aus dem Munde des Volkes, als Ganzes, vernehmen, wie dieses es durch die Tat ausdrückt, als den Beitrag der Nation zur idealen und vollkommenen Menschheit. Für *Ägypten* lautete in alten Zeiten dies Wort: *Religion;* für *Persien* war es das Wort: *Reinheit;* für Chaldäa: *Wissenschaft;* für Griechenland hieß es: *Schönheit;* für Rom: *Gesetz,* und Indien, dem erstgebornen seiner Kinder, Indien gab er ein Wort, welches alles eins zusammenfaßt, das Wort: DHARMA. Das ist das Wort, das Indien der Welt zu verkünden hat.

Aber wir können dieses Wort, welches so bedeutungsvoll ist, so umfassend in seiner weittragenden Kraft, nicht aussprechen, ohne uns tief zu verneigen vor ihm, der größten Verkörperung Dharmas, welche die Welt je gesehen – uns zu verneigen vor Bhîshma, dem Sohne Gangâs, der großartigsten Verkörperung der *Pflicht.* Versetzen Sie sich für eine Weile mit mir zurück in die Zeit vor 5 000 Jahren und sehen Sie diesen Helden auf seinem Bette von Pfeilen liegen auf dem Felde von Kurukshetra, wo er den Tod hinhielt, bis die rechte Stunde schlagen würde. Wir kommen vorüber an einem Haufen erschlagener Krieger nach dem andern, an Bergen von toten Elefanten und Pferden, an manchem brennenden Scheiterhaufen und großen Mengen zerbrochener Waffen und Wagen. Wir kommen zu dem Helden, der auf dem Bette von Pfeilen ruht, durchbohrt von Hunderten von Pfeilen, sein Haupt ruhend auf einem Kissen von Pfeilen. Denn er hatte die weichen Daunen, die man ihm gebracht, zurückgewiesen und nur das Pfeilkissen, das Arjuna ihm bereitet hatte, angenommen. In Dharma vollkommen, als er noch ein Jüngling war, hatte er um seines Vaters willen, um der Pflicht willen, die er seinem Vater schuldete, um der Liebe willen, die er zu seinem Vater im Herzen trug, das große Gelübde getan, dem Familienleben zu entsagen, der Krone zu entsagen, damit des Vaters Wille befriedigt werde. Und Shântanu gab ihm seinen Segen, – jene wunderbare Gabe, daß der Tod ihm nicht nahen dürfe, bis er auf seinen *eigenen* Befehl käme, bis er *willens* wäre, zu sterben. Als er fiel, von Hunderten von Pfeilen durchbohrt, stand die Sonne im Süden und es war für einen, der niemals wiederkehren sollte, nicht die günstige Jahreszeit zum Sterben. Er machte Gebrauch von der Macht, die sein Vater ihm verliehen, und hielt den Tod zurück, bis die Sonne den Weg zum ewigen Frieden und zur Befreiung erschließen würde. Als er so gar manchen bangen Tag dalag, gefoltert von den Qualen seiner Wunden, gepeinigt durch die Schmerzen des verstümmelten Körpers, die er zu ertragen hatte, da kamen viele Rishis herbei und die noch am Leben gebliebenen arischen Könige und auch Shrî Krischna kam, den Getreuen zu sehen. Auch die fünf Prinzen kamen, die Söhne Pândus, die Sieger in dem gewaltigen Kriege; und sie umstanden ihn, weinend und ihn verehrend, voll Begierde, von ihm belehrt zu werden. Inmitten dieser bitteren Pein sprach *Einer,* dessen Lippen die Lippen Gottes waren, zu ihm, befreite ihn von dem brennenden Fieber, gab ihm körperliche Ruhe, Klarheit des Geistes und Frieden des inneren Menschen und gebot ihm dann, die Welt zu lehren, was Dharma sei – ihm, dessen *Leben* es verkündigt hatte, der nicht vom Pfade der Gerechtigkeit abgewichen war, der als Sohn, Prinz, Staatsmann und Krieger stets den schmalen Weg gegangen war. Die ihn umgaben, begehrten von ihm, belehrt zu werden, und Vâsudeva bat ihn, von Dharma zu sprechen, weil er befähigt wäre, zu lehren. (Mahâbhârata, Shánti Parva, § LIV.)

Dann traten sie näher heran, die Söhne Pândus, geleitet von ihrem ältesten Bruder Yudhishthira, welcher der Führer der Feinde gewesen war, die Bhîshma den Tod gebracht hatten; und er fürchtete sich, näher zu kommen und Fragen zu stellen, da er daran dachte, daß die Pfeile ja die seinigen seien, für seine Sache abgeschossen waren, er also an dem Blute seines älteren Bruders schuldig sei und also nicht begehren dürfe, belehrt zu werden. Als Bhîshma, dessen Sinn nie geschwankt hatte, der den mühsamen Pfad der Pflicht gewandelt war, ohne nach rechts oder links abzuschweifen, sein Zögern bemerkte, sprach er die denkwürdigen Worte: „So wie die Pflicht der Brahmanen in der Ausübung der Barmherzigkeit, im Studieren und in Büßungen besteht, so ist es die der Kshattriyas, ihren Körper in der Schlacht hinzuopfern. Ein Kshattriya darf seinen Großvater und Urgroßvater, seine Brüder und Lehrer, seine Verwandten und Freunde erschlagen, wenn sie mit ihm einen ungerechten Krieg anfangen. Dieses ist seine erklärte Pflicht. Der Kshattriya, sagt man, kennt seine Pflicht, o Keshava welcher in der

Schlacht sogar seine Lehrer erschlägt, sollten diese sündig und habsüchtig sein und Verbote und Gelübde nicht achten . . . Frage mich, o Kind, ohne Scheu.“ Dann, gerade so wie Vâsudeva, als er von Bhîshma sprach, Bhîshmas Recht, als Lehrer zu sprechen, begründet hatte, so schilderte Bhîshma seinerseits in seiner Anrede an die Fürsten die Eigenschaften, welche diejenigen haben müßten, die über das Problem des Dharma Fragen stellen wollten.

„Möge der Sohn Pândus, in welchem Intelligenz, Selbstbeherrschung, Brahmacharya, Vergebung, Gerechtigkeit, Geisteskraft und Energie zu finden sind, mir Fragen stellen. Möge Pândus Sohn, welcher durch seine guten Dienste stets seine Verwandten und Gäste, seine Diener und andere von ihm Abhängigen ehrt, mir Fragen stellen. Möge der Sohn Pândus, in welchem Wahrheit, Barmherzigkeit und Buße, Heldenmut, Friedfertigkeit, Geschicklichkeit und Furchtlosigkeit wohnt, Fragen an mich richten.“ (§ LV.) Dieses sind einige der charakteristischen Merkmale dessen, der die Mysterien Dharmas ergründen will. Solches sind die Eigenschaften, die Sie und ich zu entwickeln uns bestreben müssen, wenn wir die Lehren verstehen wollen, wenn wir würdig sein wollen, nach ihnen zu fragen.

Dann begann dieses wundervolle Zwiegespräch, welches unter den Wechselreden auf Erden ohnegleichen ist. Es handelt von den Pflichten der Könige und der Untertanen, den Pflichten der vier Klassen, den vier Lebensweisen, den Pflichten jeder Art von Menschen, Pflichten, die untereinander verschieden sind und jedem besonderen Grad der Entwicklung entsprechen. Jeder von Ihnen, sollte dieses bedeutsame Gespräch kennen und es studieren, nicht nur wegen seiner moralischen Großartigkeit. Könnten wir nur dem von Bhîshma vorgeschriebenen Pfade folgen, mit unserer Entwicklung würde es schneller vorangehen, und Indiens Erlösungstag würde seinem Anbruch näherkommen.

Hinsichtlich der Moral – einem mit Dharma eng verknüpften Gegenstande, der erst verstanden werden kann, wenn man erkannt hat, was mit Dharma gemeint ist – hinsichtlich der Moral meinen manche, daß diese eine sehr einfache Sache sei. Und in ihren *groben* Umrissen erscheint sie auch so. Die Grenzen von Recht und Unrecht in den gewöhnlichen Handlungen des Lebens sind klar, einfach und bestimmt. Für einen wenig Entwickelten mit engem Begriffsvermögen und beschränktem Wissen scheint die Moral einfach genug. Doch für solche mit *tiefen* Kenntnissen und hoher Urteilskraft, für solche, die sich zu den höheren Stufen der Menschheit entwickeln, für solche, die ihre Mysterien ergründen möchten, für diese bildet die Moral ein sehr schwieriges Studium: „Die Sittlichkeit stellt uns vor sehr subtile Fragen, wie Prinz Yudhishthira sagte, als er das Problem von Krischnâs Vermählung mit den fünf Söhnen Pândus behandelte.

Und sogar ein Größerer als dieser Prinz hatte sich über diese Schwierigkeit geäußert; Shrî Krischna, der Avatâr, sprach in seiner auf dem Schlachtfelde von Kurukshetra gehaltenen Rede bezüglich dieser selben Frage von der Schwierigkeit des Handelns wie folgt:

„Was ist Handeln, was Nicht-Handeln? Selbst die Weisen bringt diese Frage in Verlegenheit. Man muß unterscheiden zwischen Handeln, unerlaubtem Handeln und Nicht-Handeln; geheimnisvoll ist der Weg des Handelns." (Bhagavad Gîtâ IV. 16–17.)

Geheimnisvoll ist der Weg des Handelns: geheimnisvoll, denn die Moral ist nicht, wie der Naive meint, ein und dieselbe für alle, mit dem Dharma des Individuums ändert sie sich. Was für den einen recht ist, ist unrecht für den anderen. Und was unrecht ist für den einen, ist recht für den anderen. Die Moral ist individuell, sie hängt von dem Dharma des Handelnden ab, und nicht von dem, was oft *„absolutes Recht und Unrecht"* genannt wird! *Es gibt nichts Absolutes in einem bedingten Universum.* Recht und Unrecht sind relativ und müssen in bezug auf das betreffende Individuum und seine Pflichten beurteilt werden. Darum hat der größte aller Lehrer in bezug auf das Dharma gesagt – und das wird uns auf unserem verschlungenen Wege leiten –: „Besser ist es, sein eigenes Dharma, wenn auch ohne Verdienst, zu erfüllen, als das Dharma eines anderen – wenn auch noch so vortrefflich auszuführen. Besser ist es, in der Erfüllung des eigenen Dharmas zu sterben. Das Dharma eines anderen ist voller Gefahr." (Bhagavad Gîtâ III, 35.)

Am Schluß dieses ewig denkwürdigen Gesprächs wiederholt er denselben Gedanken – dann aber etwas verändert, in einer Weise, die neues Licht auf den Gegenstand wirft: „Besser ist es, sein eigenes Dharma, wenn auch ohne Verdienste, zu erfüllen, als das Dharma eines anderen wohl auszuführen. Wer das von seiner eigenen Natur bereitete Karma erfüllt, fällt nicht in Sünde." (Bhagavad Gîtâ XVIII, 47.) Hier führt er dann diese Lehre weiter aus und skizziert eins nach dem anderen das Dharma der vier großen Kasten; und die Ausdrucksweise, deren er sich bedient, zeigt uns den Sinn dieses Wortes, welches oft mit *Pflicht,* manchmal mit *Gesetz,* zuweilen auch mit *Rechtschaffenheit* oder mit *Religion* übersetzt wird. Es schließt den Sinn aller dieser Worte ein und bedeutet *noch mehr,* denn der Sinn ist tiefer und weiter, als all diese Worte ihn ausdrücken. Lassen Sie uns die Worte betrachten, die Shrî Krischna gebraucht, wenn er von dem Dharma der vier

Kasten spricht. „Die Karmas der Brahmanen, Kshattriyas, Vaishyas und Sûdras, o Parantapa, wurden *gemäß den Gunas verteilt, die aus ihren eigenen Naturen herausgeboren sind.* Heiterkeit, Selbstbeherrschung, Strenge, Reinheit, Bereitwilligkeit zu vergeben und dabei Aufrichtigkeit, Weisheit, Wissen, Glaube an Gott bilden, aus *seiner* eigenen Natur herausgeboren, das Brahmanen-Karma. Tapferkeit, Prachtliebe, Festigkeit, Gewandtheit, und dazu nicht Fliehen aus der Schlacht, Großmut, Herrschernatur bilden das aus *seiner* eigenen Natur herausgeborene Kshattriya-Karma. Pflügen, Inschutznahme des Viehes und Handel machen das seiner Natur entsprechende Vaishya-Karma aus; Tätigkeit von dienender Art ist das Sûdra-Karma, aus seiner Natur herausgeboren. Zur Vollkommenheit gelangt der Mensch dadurch, daß er sein jeweiliges Karma ganz im Auge behält."

Und dann fährt er fort und sagt: „Besser ist es, sein eigenes Dharma, wenn auch ohne Verdienste, zu erfüllen, als das Dharma eines anderen wohl auszuführen. Wer das Karma erfüllt, das von seiner eigenen Natur vorgezeichnet ist, fällt nicht in Sünde."

Beachten Sie, wie die beiden Worte Karma und Dharma abwechselnd gebraucht werden. Sie geben uns den Schlüssel, um unser Problem zu lösen. Lassen Sie mich Ihnen zunächst eine *teilweise* Definition von Dharma geben. Seine *ganze* Bedeutung kann ich nicht auf einmal klarmachen. Ich will Ihnen die erste Hälfte davon geben, die zweite Hälfte aber erst dann behandeln, wenn wir zu ihr gelangt sind.

Die erste Hälfte lautet: „Dharma ist des Menschen innere Natur, welche in jedem eine gewisse Stufe der Entwicklung und Entfaltung erreicht hat." Diese innere Natur ist es, welche das äußere Leben bildet, die sich durch Gedanken, Worte und Werke ausdrückt, die innere Natur, die in eine ihrem weiteren Wachstum angepaßte Umgebung hineingeboren ist. Der erste Begriff, der festgehalten werden muß, ist der, daß Dharma nicht etwas *Äußeres* ist, wie das Gesetz oder das Recht, oder Religion, oder Gerechtigkeit. Es ist *das Gesetz des sich entwickelnden Lebens,* welches alles, was von außen herantritt, zum Ausdruck seiner selbst umbildet.

Indem ich nun versuche, diesen schwierigen Gegenstand zu erörtern, will ich ihn in drei Hauptteilen behandeln. Erstens: *Die Verschiedenheiten*, denn die Menschen haben verschiedene Dharmas. Schon in den angeführten Stellen werden vier große Klassen erwähnt. Betrachten wir die Sache genauer, so hat jedes Individuum sein eigenes Dharma. Wie können wir dieses erkennen? Nur wenn wir etwas von der Natur der Unterschiede erfassen, woher sie entstanden, warum sie bestehen müssen und was wir meinen, wenn wir von Verschiedenheiten reden; nur wenn wir verstehen, wie ein jeder durch seine Gedanken, Worte und Werke zeigt, welche Stufe er erreicht hat, nur wenn wir dieses erfassen, können wir Dharma richtig verstehen. Zweitens werden wir von der *Entwicklung* zu sprechen haben. Denn wir müssen diese Verschiedenheiten aus ihrer Entwicklung heraus verfolgen. Schließlich müssen wir das Problem von *Recht und Unrecht* erörtern, denn unser gesamtes Studium führt uns zur Beantwortung der Frage: „Wie sollte ein Mensch sein Leben führen?“ Ich dürfte Sie nicht dazu auffordern, mir in schwierige Gedankenregionen zu folgen, wenn wir nicht zum Schluß unser Wissen praktisch anwenden und versuchen können, unser Leben dem Dharma gemäß zu führen und so der Welt zu zeigen, was Indien wollte.

Worin besteht die Vollkommenheit eines Weltalls? Wenn wir über ein Weltall nachzudenken und uns klar zu machen suchen, was wir darunter verstehen, so finden wir, daß wir eine ungeheure Zahl verschiedener Gegenstände damit meinen, die mehr oder weniger harmonisch zusammenwirken. *Mannigfaltigkeit* ist der Grundton des *Universums,* wie *Einheit* der des *Ungeoffenbarten,* des *Unbedingten* – des *Einen* ohne einen Zweiten. Verschiedenheit ist der Grundton des Geoffenbarten und Bedingten – das Ergebnis des Willens, sich zu vervielfältigen.

Wenn ein Universum ins Dasein treten soll, so sendet, wie uns gelehrt wird, der Ur-Grund, das *Ewige,* das Unbegreifliche, das Zarte und Feine kraft *Seines Willens* Strahlen aus. Was diese Ausstrahlung in ihm selbst bedeutet, wird niemand wagen können zu mutmaßen. Was es von der Seite, die wir betrachten, bedeutet, das kann bis zu gewissem Grade erfaßt werden. Isvara [1]) tritt hervor. Aber indem er hervortritt, erscheint er eingehüllt in den Schleier von Mâyâ – *zwei* Seiten zeigt der Höchste in der Offenbarung. Viele Worte sind gebraucht worden, um diese zwei fundamentalen Gegensätze auszudrücken: Isvara und Mâyâ, Sat und Asat, Wirklichkeit und Unwirklichkeit, Geist und Materie, Leben und Form. Alles dies sind Worte, mittels deren wir, in unserer begrenzten Sprache, das auszudrücken pflegen, was so gut wie außerhalb des Bereichs des Denkvermögens liegt. Alles, was wir sagen können, ist: „So haben uns die Weisen gelehrt und so wiederholen wir es in Demut.“

Isvara und Mâyâ – Was ist die Zukunft des Universums? Es ist das Bildnis Isvaras, das sich in Mâyâ widerspiegelt; das vollkommene Bild

Isvaras, wie er beschlossen hat, sich für dieses bestimmte Weltall zu begrenzen, als dessen Geburtsstunde schlug. *Sein* Bildnis – begrenzt, bedingt. *Sein Selbst-beschränktes* Bild soll das Universum in Vollkommenheit verkünden. Wie aber kann das, was begrenzt, was nur ein Teil ist, Isvara widerspiegeln? Indem die Vielheit der Teile zu einem harmonischen Ganzen zusammenwirkt; unendliche Mannigfaltigkeit von Unterschieden und mannigfaltige Verbindungen von jedem mit jedem sollen das Gesetz des göttlichen Gedankens aussprechen, bis der ganze Gedanke in der Gesamtheit des vollkommen gewordenen Universums ausgedrückt ist. Sie sollten versuchen, einen Schimmer von dem zu erhaschen, was das sagen will. Lassen Sie uns miteinander versuchen, es zu ergründen.

Isvara denkt an Schönheit; augenblicklich wirkt seine mächtige Energie, die *allgewaltige, schöpferische,* auf Mâyâ und entwickelt aus ihr Myriaden von Formen, die wir *schön* nennen. Er berührt die gestaltungsbereite Materie, z. B. Wasser; und das Wasser nimmt Millionen Schönheitsformen an. Eine sehen wir in der unendlichen Ausdehnung des Ozeans, still und ruhig, wo kein Wind weht und der Himmel sich in seinem tiefen Schoße spiegelt. Dann nehmen wir eine andere Form von der Schönheit wahr, wenn der Wind Welle auf Welle emporhebt zwischen Abgrund und Abgrund, bis die ganze Masse schrecklich erscheint in ihrer Wildheit und Größe. Dann tritt eine neue Schönheitsform hervor, und die wogenden und schäumenden Wasser werden beruhigt, und der Ozean verwandelt sich in Myriaden kräuselnder Wellen, die glitzern und glänzen unter dem Monde, dessen Strahlen in tausend Schlangenlinien gebrochen werden. Das gibt uns einen neuen Hinweis darauf, was Schönheit bedeutet. Und dann blicken wir auf den Ozean, wo kein Land den Horizont beengt, und wo die weite Ausdehnung ununterbrochen ist – und wieder stehen wir am Ufer und sehen die Wellen sich zu unseren Füßen brechen. Mit jedem Wechsel in der Stimmung des Meeres sprechen seine Wasser einen neuen Schönheitsgedanken aus. Einen anderen Einblick in den Schönheitsgedanken, der ins Wasser versenkt worden, gewinnen wir in einem Bergsee, in der Stille und Reinheit seines ruhigen Schoßes, und in dem schäumenden Waldbach, der von Felsen zu Felsen braust, und in dem Sturzbach, der in Millionen sprühender Tropfen zerstäubt, die das Sonnenlicht auffangen und widerspiegeln in den Farben des Regenbogens. So bricht aus dem Wasser, in jeder Form und Gestalt, vom brausenden Ozean bis zum gefrorenen Eisberg, vom dicken Nebel bis zum prachtvoll glänzenden Farbenspiel der Wolken, der Gedanke der

Schönheit hervor, der ihm von Isvara aufgeprägt wurde, als das Wort von ihm ausging. – Wenn wir das Wasser verlassen, so sehen wir neue Schönheitsgedanken in den zarten Schlingpflanzen, in den leuchtenden Farben der blühenden Sträucher, in der kräftigen Eiche und in der düsteren Finsternis des Waldesdickichts. Neue Schönheitsgedanken treten uns beim Anblick jedes Bergesgipfels entgegen, aus der sich weithin erstreckenden Prärie, wo die Erde neue Lebensmöglichkeiten vorzubereiten scheint; aus dem Sande der Wüste, wie aus dem Grün der Wiesen. – Wenn wir uns an der Erde sattgesehen haben, bringt uns das Teleskop die Schönheit von Myriaden Sonnen zu Gesicht, welche durch die unergründlichen Raumestiefen fliegen und dahinrollen. – Und dann enthüllt das Mikroskop vor unseren erstaunten Blicken die Schönheit des unendlich Kleinen, wie das Teleskop die des unendlich Großen; und so ist uns für die Betrachtung der *Schönheit* ein neues Tor geöffnet.

Wir sind umgeben von tausend Dingen, die schön sind. Aus der Anmut der Tiere, aus der Kraft des Mannes, aus der zarten Schönheit der Frau, aus den Grübchen des lachenden Kindes, aus all diesen Dingen fangen wir einen Schimmer von dem auf, was der Gedanke der *Schönheit* im Geiste Isvaras bedeutet.

So können wir etwas von der Art und Weise spüren, in der sein Denken in Myriaden wundervoller Formen hervorbrach, als er als *Schönheit* zu der Welt sprach. Dasselbe gilt von der *Stärke,* der *Energie,* der *Harmonie,* der *Musik* und so weiter. Nun können sie begreifen, warum Mannigfaltigkeit sein *muß:* weil kein begrenztes Ding ihn ganz schildern, keine begrenzte Form ihn vollständig auszudrücken vermag. Aber wenn jedes in seiner Art vollkommen wird, vermögen alle vereint ihn zum Teil zu enthüllen. So ist die Vollkommenheit des Universums eine Vollkommenheit in Mannigfaltigkeit und in der Harmonie der zueinander in Beziehung stehenden Teile.

Wenn wir diesen Begriff erfaßt haben, fangen wir an, einzusehen, daß das Universum nur dadurch Vollkommenheit erlangen kann, daß jeder Teil seine eigene Aufgabe erfüllt und seinen Anteil am Leben vollkommen entfaltet. Wenn der Baum sich bemühen wollte, den Berg nachzuahmen, oder das Wasser die Erde, würde jedes seine eigene Schönheit verlieren und auch die des anderen nicht zeigen können. Die Vollkommenheit des Körpers besteht nicht darin, daß jede Zelle das Werk der anderen Zellen verrichtet, sondern darin, daß jede Zelle ihr eigen Teil vollkommen ausführt. Wir haben Gehirn, Lunge, Herz, Verdauungsorgane usw. Wenn das Gehirn versuchte, die Herztätigkeit zu übernehmen, und die Lunge, die Speisen zu verdauen, würde der Körper in einen traurigen Zustand geraten. Die *Gesundheit* des Leibes wird dadurch gesichert, daß jedes Organ sein eigenes Werk verrichtet. Wir ersehen hieraus, daß, wenn das Universum sich entwickelt, jeder Teil den Weg geht, der ihm durch das Gesetz seines eigenen Lebens vorgeschrieben ist. Das Bild Isvaras in der Natur wird erst dann vollkommen sein, wenn jeder Teil in sich selbst und in seinen Beziehungen zu den anderen vollkommen ist.

Wie kommen all diese zahllosen Verschiedenheiten zustande? Wie können all diese Unterschiede sich bilden? In welcher Beziehung steht das Universum, während es sich als Ganzes entfaltet, zu seinen Teilen, die sich, jeder auf seiner eigenen besonderen Linie, entwickeln? Es wird uns gesagt, daß Isvara, wenn er sich nach der Prakriti-Seite hin ausdrückt, drei Eigenschaften zeigt: Sattva, Rajas und Tamas. Keine Worte in unserer Sprache sind mit diesen gleichbedeutend oder können sie erschöpfend wiedergeben. Für den Augenblick indessen will ich *Tamas* mit *Trägheit* übersetzen, der Eigenschaft, die den Zustand nicht ändert, die Stetigkeit verleiht; Rajas ist die Eigenschaft der Energie und Beweglichkeit, und Sattva ist vielleicht am besten mit Harmonie wiederzugeben, der Eigenschaft des Freudebereitens, da jede Freude ihre Quelle in der Harmonie hat und nur Harmonie solche geben kann. Dann lernen wir, daß diese drei Gunas sich weiter auf sieben verschiedene Weisen modifizieren, sich sozusagen in sieben große Linien teilen, längs deren sich unzählige Kombinationen entwickeln. Jede Religion spricht von dieser siebenfältigen Teilung, jede Religion verkündigt ihre Existenz. Im Hinduismus sind es die fünf großen Elemente und die zwei höheren. Das sind die sieben Purusas, von denen der Manu spricht.

Diese drei Gunas ordnen sich in sieben große Gruppen, aus denen durch verschiedene Kombinationen zahllose Dinge entstehen. Halten Sie fest, daß ein jedwedes Ding jede dieser Eigenschaften in verschiedenem Verhältnis zueinander eintritt, eine der sieben grundlegenden Arten.

Aufgrund dieser ursprünglichen Verschiedenheit, die von einem vergangenen Universum herkommt, – denn *eine* Welt ist mit der anderen verbunden, ein Universum mit dem nächsten – finden wir, daß das herabströmende Leben sich teilte und weiter teilte, als es in die Materie herabsank, bis es die Peripherie des mächtigen Kreises erreichte und sich nun wieder aufrollte. Die Evolution beginnt an dem Wendepunkt, wo die Lebenswoge anfängt, zu Isvara zurückzukehren. Das vorhergehende Stadium ist das Stadium der *Involution,* während dessen dieses Leben sich in die Materie einhüllt; in der *Evolution* entfaltet es die Kräfte, die es enthält.

Wir können Manu zitieren, wo er sagt, daß Isvara seinen Samen in die mächtigen Wasser gesenkt hat. Das Leben, das Isvara gab, war kein entwickeltes, sondern ein der Entwicklung fähiges Leben. *Alles existiert im Anfang als Keim.* Wie der Vater von seinem Leben gibt, um das Kind zu zeugen, und wie dieser Lebenssame durch vielseitiges Zusammenwirken heranwächst, bis er zur Geburt gelangt und dann Jahr auf Jahr die Kindheit, die Jugend und das Mannesalter hindurch, bis die Reife erreicht ist und das Bild des Vaters wieder im Sohne hervortritt, so gibt auch der Ewige Vater, wenn er den Samen in den Schoß der Materie legt, das Leben; doch ist er noch nicht entwickelt, aber er beginnt seinen Aufwärtsweg, indem er eine Phase des Lebens nach der anderen entfaltet.

Wenn wir das Universum erforschen, finden wir, daß seine verschiedenen Teile sich nach ihrem *Alter* unterscheiden. Dies ist ein Gedanke, der unser Problem betrifft. Diese Welt wurde nicht durch *ein* schöpferisches Wort in ihren jetzigen Zustand gebracht. Langsam und allmählich und durch lange fortgesetzte Meditation erschuf Brahma die Welt. Eine nach der anderen kamen die lebenden Formen hervor. Einer nach dem anderen wurden die Lebenssamen gesät. Wenn Sie zu irgendeinem Zeitpunkt auf irgendein Universum blicken, so werden Sie finden, daß die Mannigfaltigkeit dieses Universums *die Zeit* zu ihrem hauptsächlichsten Faktor hat. Das Alter des sich entwickelnden Keimes gibt die Stufe an, welche dieser Keim erreicht hat. In einem Universum gibt es zu ein und derselben Zeit Keime verschiedenen Alters und Entwicklungsstadiums. Da gibt es Keime, die jünger als die Mineralien sind und die sogenannten Elementalreiche ausmachen. Die sich entfaltenden Keime, welche das Mineralreich heißen, sind älter als diese. Die Keime, welche sich als Pflanzenreich entwickeln, sind wiederum älter als die des Mineralreiches, das heißt, sie haben eine längere Strecke der Entwicklung hinter sich; die Tiere sind Keime mit noch längerer Vergangenheit, und die Keime, welche wir *Menschheit* nennen, haben die längste von allen hinter sich.

Jede große Klasse zeigt in bezug auf ihre Entstehung diesen Unterschied in der Zeit. So ist auch das getrennte Einzel-Leben des Menschen – nicht sein innerstes Leben, sondern sein individuelles und getrenntes Leben – von dem anderer verschieden, und im Alter unserer individuellen Existenzen unterscheiden wir uns ebenso, wie im Alter unserer Körper. Das Leben ist *Eines* – *ein* Leben ist in allen, aber es gibt verschiedene Zeitstufen des Ausgangspunktes, wo der Same, welcher nun wächst, in die Materie gesenkt wurde. Diesen Gedanken sollten Sie recht klar erfassen.

Wenn ein Universum sein Ende erreicht, werden in demselben Wesenheiten von jeder Stufe des Wachstums vorhanden sein. Ich habe schon gesagt, daß eine Welt an die andere gegliedert ist und Universum an Universum. Manche Wesen werden bei Beginn auf einer frühen Entwicklungsstufe stehen, andere werden so weit vollendet sein, um sich über kurzem ins Gottesbewußtsein auszuweiten. In dem Universum werden dann, wenn seine Lebensperiode vorüber ist, alle Verschiedenheiten des Wachstums vom Zeitunterschiede abhängen. Es ist *ein* Leben in allen, aber der Grad der Entfaltung eines besonderen Lebens hängt von der Zeit ab, durch welche es sich einzeln entwickelt hat. Hier haben Sie die eigentliche Wurzel unseres Problems – ein Leben, unsterblich, ewig, unendlich in bezug auf seine Quelle und sein Ziel; aber dieses Leben offenbart sich in verschiedenen Entwicklungsgraden und auf verschiedenen Entfaltungsstufen, es zeigt verschiedene Mengen seiner innewohnenden Kräfte, je nach dem Alter dieses Sonderlebens. Dieses sind die beiden Gedanken, die wir erfassen müssen, dann können wir die andere Seite der Erklärung von Dharma vornehmen.

Nun können wir Dharma definieren als die *„innere Natur* eines Dinges auf irgendeiner gegebenen Entwicklungsstufe und *das Gesetz* seiner nächsten Entfaltungsstufe"; *die Natur* auf dem Punkt, den es in der Entfaltung erreicht hat, und dann das Gesetz, welches die nächste Stufe seiner Entfaltung zu Wege bringt. Die Natur selbst läßt den Punkt erkennen, den es in der Entwicklung erreicht hat; dazu kommt dann, was es tun muß, um sich längs seines Weges weiterzuentwickeln. Fassen Sie die beiden Gedanken zusammen, dann werden Sie verstehen, warum Vollkommenheit dadurch erreicht werden muß, daß man seinem eigenen Dharma folgt. *Mein* Dharma ist die Entwicklungsstufe, welche meine Natur in der Entfaltung des göttlichen Samens, der ich selbst bin, erreicht hat, plus das Lebensgesetz, demgemäß ich das nächste Stadium erreichen soll. Es gehört diesem Sonder-Selbste zu. Ich muß die Stufe meines Wachstums kennen und ich muß das Gesetz kennen, welches mich in den Stand setzt, weiter zu wachsen; dann kenne ich mein Dharma, und indem ich diesem Dharma folge, gehe ich der Vollendung entgegen.

Wenn wir uns zu eigen gemacht haben, was das sagen will, wird es uns klar, *warum* jeder von uns diesen gegenwärtigen Zustand und diese nächste Stufe erforschen sollte. Wenn wir diese gegenwärtige Stufe nicht kennen, müssen wir über die nächste, der wir zustreben sollen, in Unwissenheit bleiben, und wir könnten dann unserem Dharma leicht entgegenarbeiten und so unsere Entwicklung aufhalten. Wenn wir aber beides kennen, können wir mit unserem Dharma arbeiten und unsere Entwicklung beschleunigen.

Hier kommt eine verhängnisvolle Fallgrube. Wir sehen, daß etwas groß, gut und edel ist, und uns verlangt danach, es in uns selbst zu verwirklichen. Ist dies für *uns* aber die nächste Entwicklungsstufe? Ist es das, was das Gesetz *unserer* Lebensentwicklung verlangt, damit dieses Leben sich harmonisch entwickle? Unser unmittelbares Ziel ist nicht das, was an und für sich das Beste ist, sondern das, was in unserem jetzigen Zustand für uns das Beste ist und uns einen Schritt weiterführt. Denken sie etwa an ein Kind. Zweifellos hat es, wenn wir ein Mädchen nehmen, eine edlere, höhere und schönere Zukunft vor sich als die Gegenwart, in der es noch mit Puppen spielt; es wird eine Mutter werden, mit ihrem Kinde statt einer Puppe auf dem Arm; denn die Mutter mit ihrem Kind – das ist das Ideal der vollendeten Weiblichkeit. Aber wenn dies auch das Ideal eines vollkommenen Weibes ist, so würde es doch nur Schaden und keinen Nutzen bringen, nach diesem Ideale vor der Zeit zu greifen. Jedes Ding muß zur rechten Zeit und am rechten Ort kommen. Wenn diese Mutter sich zur Vollkommenheit der Weiblichkeit entwickeln und Mutter einer gesunden, kräftigen Familie werden soll, stark genug, den Druck des großen Lebensstromes zu ertragen, so muß ihr die Zeit gegönnt sein, wo sie als Kind mit Puppenspielern, ihre Lektionen lernen und ihren Körper entwickeln kann. Denkt man aber, Mutterschaft sei höher und edler als Spiel, greift vor der Zeit zur Mutterschaft und läßt ein Kind von einem Kinde geboren werden, so leidet das Kind, so leidet die Mutter, so leidet die Nation. Und warum? Weil die Zeit nicht beachtet und das Entwicklungsgesetz verletzt wurde. Alle Arten von Leiden entstehen daraus, daß nach einer Frucht gegriffen wird, ehe sie reif ist.

Ich nehme dieses Beispiel, weil es ein augenfälliges ist. Es wird Ihnen helfen, einzusehen, warum unser eigenes Dharma besser für uns ist, als das wohl ausgeführte Dharma eines anderen, das nicht in der Linie *unseres* sich entfaltenden Lebens liegt. Jene erhabenere Aufgabe mag in der Zukunft die unsere sein, aber die Zeit muß erst kommen, die Frucht muß erst reifen. Pflücken Sie sie, ehe sie reif ist, dann werden Sie sich die Zähne ausbeißen. Lassen Sie sie am Baume hängen, dem Gesetz der Zeit und der folgerichtigen Entwicklung gehorchend, und die Seele wird der Kraft des endlosen Lebens entsprechend wachsen.

Das gibt uns einen neuen Schlüssel zu dem Problem – die Ausführung einer Aufgabe steht im Verhältnis zur *Kraft.* An die Ausführung zu gehen, ehe die Kraft dazu entwickelt ist, ist für den Organismus außerordentlich schädlich. So lernen wir die Lektionen der Geduld und das Warten auf das *Gute Gesetz.* Wir können den Fortschritt jemandes beurteilen nach seiner Willigkeit, seiner Natur gemäß zu arbeiten und sich dem Gesetz zu unterwerfen. Das ist der Grund, warum von Dharma bald als *Gesetz* bald als *Pflicht* gesprochen wird, denn beide Gedanken erwachsen aus dem Grundgedanken, daß es die innere Natur auf einer gegebenen Entwicklungsstufe *und* das Gesetz für die nächste Stufe ist. Dieses erklärt es, weshalb die Moral etwas Relatives ist, warum die Pflicht für eine jede Seele eine andere ist, je nach dem Stand ihrer Entwicklung. Wenn wir dazu kommen, dies auf das Thema von Recht und Unrecht anzuwenden, werden wir finden, daß wir einige der subtilsten Fragen der Moral dadurch lösen können, daß wir sie nach diesem Prinzip behandeln. In einem bedingten Universum gibt es kein *absolutes* Recht und Unrecht, sondern nur *relatives.* Das Absolute ist nur in Isvara, wo es immer zu finden sein wird.

So sind Verschiedenheiten für unser bedingtes Bewußtsein notwendig. Wir denken durch Unterscheidung, wir fühlen durch Unterscheidung, und unser Wissen beruht auf Unterscheidung. Nur durch Unterschiede wissen wir, daß wir lebende und denkende Menschen sind. Gleichförmige Einheitlichkeit macht auf das Bewußtsein keinen Eindruck. Unterschiede und Verschiedenheiten, das sind die Dinge, welche das Wachsen des Bewußtseins ermöglichen. Das unbedingte Bewußtsein liegt jenseits unseres Denkvermögens. Wir können nur innerhalb der Grenzen des Gesonderten und Bedingten denken.

Nun können wir erkennen, wie Unterschiede in der Natur zustandekommen, wie der Faktor Zeit dazu kommt und wie es, obgleich alle die gleiche Natur haben und dasselbe Ziel erreichen werden, doch auf den Stufen der Erscheinungswelt und daher auch in den jeder Stufe angepaßten Gesetzen Verschiedenheiten gibt. Das müssen wir erfassen, ehe wir das komplizierte Problem, wie diese innere Natur sich entwickelt, behandeln können. Gewiß der Gegenstand ist schwierig, doch können uns die Geheimnisse des Pfades der Tätigkeit aufgehellt werden, wenn wir das zugrunde liegende Gesetz verstehen, das Prinzip des sich entwickelnden Lebens erkennen.

Möge ER, der Indien Dharma als Grundton gab, mit seinem unverhüllten und unsterblichen Leben, mit seinem strahlenden und unveränderlichen Lichte unseren dunklen Geist, der mit Einfalt sein

Gesetz zu erfassen sucht, erleuchten; denn nur wenn sein Segen sich auf den Suchenden senkt, wird sein Gesetz vom Geiste erkannt, wird sein Gesetz ins Herz geschrieben werden.

2. Die Entwicklung

Wir wollen den zweiten Teil unseres Themas besprechen. Sie werden sich erinnern, daß ich den Gegenstand unserer Betrachtung zum leichteren Verständnis in drei Teile zerlegte: die *Verschiedenheiten,* die *Entwicklung,* und das Problem von *Recht und Unrecht.* Im ersten Teil haben wir die Frage der *Verschiedenheiten* betrachtet – woher es kommt, daß verschiedene Menschen verschiedenes Dharma haben. Ich erlaube mir, Sie an die Definition zu erinnern, welche wir für Dharma angenommen haben: daß darunter die innere Natur verstanden wird, wie die Entwicklungsstufe sie anzeigt, plus dem Gesetz des Wachstums für die nächste Entwicklungsstufe. Ich möchte Sie bitten, diese Definition in Gedanken festzuhalten, denn ohne sie würden Sie Dharma mit dem, was wir im dritten Teil unseres Gegenstandes zu betrachten haben, nicht in Beziehung zu bringen wissen.

Unter der Überschrift „Entwicklung" haben wir zu studieren, in welcher Weise der Lebenskeim sich zum vollkommenen Bilde Gottes entfaltet. Wie wir gesehen haben, kann das Ebenbild Gottes sich nur in der Gesamtheit der zahllosen Gegenstände zeigen, die das Universum in seinen Einzelheiten bilden und die Vollkommenheit des Individuums hängt von der Vollständigkeit ab, mit welcher es seine Rolle in dem ungeheuren Ganzen ausführt.

Ehe wir das Wesen der Entwicklung verstehen können, müssen wir ihre Quelle und ihren Beweggrund finden – ein Leben, welches sich erst in die Materie einhüllt, ehe es komplizierte Organismen aller Art entwickelt. Wir gehen von dem Grundsatz aus, daß alles von Gott ist und in Gott ist. Nichts im ganzen Weltall darf von ihm ausgeschlossen werden. Kein Leben außer seinem Leben; keine Kraft außer seiner Kraft; keine Energie außer seiner Energie; keine Formen außer seinen Formen – alle sind sie das Resultat seines Denkens. Das ist unser Ausgangspunkt. Das ist der Grund, auf dem wir stehen müssen und wir müssen bereit sein, alles anzunehmen, was er in sich schließt, alles anzuerkennen, was er bedeutet. „Der Same aller Wesen", sagt Srî Krishna, als Isvara, der Höchste, sprechend, „bin ich, o Arjuna! Nichts sich Bewegendes oder sich nichts Bewegendes gibt es, das ohne mich existieren könnte." (Bhagavad Gîtâ X, 39.) Fürchten wir uns nicht, diesen zentralen Standpunkt einzunehmen. Schrecken wir wegen der Unvollkommenheit der sich entwickelnden Lebewesen nicht vor irgend einer Schlußfolgerung zurück, zu welcher diese Wahrheit uns leiten mag.

In einer anderen Sloka sagt er: „Ich bin das Würfelspiel des Betrügers, und der Glanz von allem, was glänzt, bin ich!" (X, 36.) Was ist der Sinn dieser so befremdend klingenden Worte? Wie ist dieser Satz, der fast wie eine Profanierung klingt, zu erklären? Wir finden diese Behauptung nicht allein in dieser Darlegung ausgesprochen, sondern auch Manu lehrt genau dieselbe Wahrheit: „Aus sich bringt er das Universum hervor." Das von dem Höchsten ausgehende Leben legt einen Schleier von Mâyâ nach dem anderen an, in welchen dieses Leben alle latent in ihm liegenden Vollkommenheiten entwickeln soll.

Nun ist die erste Frage: Enthält dieses von Isvara kommende Leben nicht in sich schon alles entwickelt, jede geoffenbarte Kraft, jede Möglichkeit verwirklicht? Die in Symbolen, Allegorien und bestimmten Worten wieder und wieder auf diese Frage erteilte Antwort lautet: „Nein!" Es enthält alles nur potentiell, der Möglichkeit nach, manifestiert ist aber zuerst noch nichts. Es enthält alles im Keim, aber anfangs noch nichts als entwickelten Organismus. Der *Same* ist es, der in die mächtigen Wasser der Materie gelegt worden ist, nur der „Keim" ist vom „Leben der Welt" ausgesandt worden. Diese Keime, welche aus dem Leben Isvaras kommen, entwickeln – Schritt für Schritt, Stufe für Stufe, von einer Leitersprosse zur anderen – alle die Kräfte des erzeugenden Vaters, welchen Namen Isvara sich in der Gîtâ selbst beilegt. Er erklärt abermals: „Mein Schoß ist Mahat-Brahma, in diese lege ich den Keim; daraus entstehen alle Wesen, o Bhârata. Aus welcherlei Schoß die Sterblichen auch hervorgegangen sind, o Kaunteya, Mahat-Brahma ist ihr Schoß, Ich ihr zeugender Vater." (XIV, 3–4.) Aus diesem Samen, aus diesem Keim, der alles in der Möglichkeit, aber noch nichts in der Manifestation enthält – aus diesem Samen soll sich ein Leben entwickeln, von Stufe zu Stufe höher steigend, bis zuletzt ein Bewußtseinszentrum gebildet, das fähig ist, sich in das Bewußtsein Isvaras zu weiten, während es doch ein Zentrum für sich bleibt, fähig, als neuer Logos oder Isvara emporzusteigen, um ein neues Universum hervorzubringen.

Lassen sie uns diesen gewaltigen Gedankenschwung im einzelnen betrachten. Das in die Materie eingeschlossene Leben bildet unseren Ausgangspunkt. Alle diese Lebenskeime, diese Myriaden von Samen oder, um in der Sprache der Upanishads zu reden, diese zahllosen

Funken entspringen alle der einen Flamme, welche das höchste Brahman ist. Aus diesen Samen sollen sich nun Eigenschaften entwikkeln. Diese Eigenschaften sind Kräfte, aber Kräfte, die durch die Materie manifestiert werden. Eine nach der anderen müssen diese Kräfte herausgearbeitet werden – Kräfte, welche das Leben Isvaras sind, in Mâyâ verschleiert. Langsam nur geht das Wachstum in den ersten Stadien voran, verborgen, wie es der im Erdboden verborgene Same ist, wenn er erst seine Wurzel nach unten streckt und seine zarten Keime nach oben, damit später der wachsende Baum erscheinen könne.
Dieser göttliche Same keimt in der Stille, und die ersten Anfänge sind in Dunkelheit gehüllt, wie die Wurzeln unter der Erde.

Diese Kraft in dem Leben, oder vielmehr diese unzähligen Kräfte, welche Isvara ausströmt, damit das Universum werde, diese Myriaden Kräfte sind anfangs, im Keime, nicht sichtbar – nichts deutet auf die großartigen Möglichkeiten, keine Spur von dem, zu was er später werden soll. Über diese Offenbarung in der Materie ist ein Wort gesprochen worden, das auf diesen Gegenstand viel Licht wirft, wenn wir seinen inneren, höheren Sinn verstehen. Von seinem niederen Prakriti, seiner tieferstehenden Offenbarungsart sprechend sagt Shrî Krishna: „Erde, Wasser, Feuer, Luft, Äther sowie auch Manas und Buddhi und Ahankâra bilden die achtfache Einteilung meiner Prakriti – dies ist die niedere.“ Dann sagt er, was seine höhere Prakriti ist: „Erkenne aber nun, o machtvoll Bewehrter, meine andere Prakriti, die höhere, das Lebenselement, durch welches das Weltall erhalten wird.“ (VII, 4, 5.) Dann später, durch viele Slokas getrennt, so daß manchmal der Zusammenhang nicht erkannt wird, werden andere Worte gesprochen: „Schwer zu durchschauen ist diese meine von Gunas erzeugte Mâyâ; jene, die zu mir kommen, dringen durch diese Mâyâ hindurch.“ (VII, 14.)

Diese Yoga-Mâyâ ist wahrlich schwer zu durchdringen. Viele entdekken ihn nicht im Schleier der Mâyâ, so schwer zu durchdringen ist sie, so schwer zu entdecken ist er. „Wer über Buddhi nicht verfügt, stellt sich mich, den Ungeoffenbarten, vor, als wäre ich in die Erscheinung getreten, sie kennen meine höchste erhabene, unvergängliche, herrliche Natur nicht. Nicht von allen werde ich erkannt, eingehüllt in meine Yoga-Mâyâ.“ (VII, 24, 25.) Dann erklärt er ferner, daß es sein ungeoffenbartes Leben ist, von dem das Universum durchdrungen ist. Das Lebenselement, die höhere Prakriti ist ungeoffenbart, die niedere Prakriti ist geoffenbart. Ferner sagt er: „Wenn der Tag anbricht, strömen alle Erscheinungen aus dem Ungeoffenbarten aus; erscheint die Nacht, dann lösen sie sich auf in das, was das Ungeoffenbarte genannt wird." (VIII, 18.) Dies wiederholt sich immer von neuem. Dann erklärt er weiterhin: „Darum, wahrlich, existiert, höher als dieses Ungeoffenbarte, ein anderes Ungeoffenbartes, Ewiges, das, wenn alle Dinge vergehen, nicht vergeht." (VIII, 20.) Es wird da ein feiner Unterschied gemacht, zwischen Isvara und seinem Ebenbilde, das er aussendet. Das Bild ist die Spiegelung des Ungeoffenbarten. *Er selbst* aber ist das höhere Ungeoffenbarte, das Ewige, das nie vergeht.

Nachdem uns dies klar geworden ist, kommen wir zu dem Herausarbeiten der Kräfte. Hier beginnen wir in der Tat unsere Entwicklung. Das ausströmende Leben wurde in die Materie gehüllt, um den Samen in die von der Materie gegebenen Bedingungen zu versetzen, welche eine Entwicklung ermöglichen. Sobald wir zum ersten Keimen des Samens kommen, beginnt unsere Schwierigkeit; denn wir müssen uns im Geist in die Zeit zurückversetzen, als in diesem embryonischen Selbst noch keine Vernunft war, keine Vorstellungsfähigkeit, kein Gedächtnis, kein Urteil, keine der bedingten mentalen Fähigkeiten, die wir kennen, als alles geoffenbarte Leben jenes war, das wir im Mineralreich finden, mit dem niedrigsten Zustand des Bewußtseins. Die Mineralien zeigen Bewußtsein durch das Zusammenhalten von Partikeln, durch ihre Anziehung und Abstoßung gegeneinander, doch von dem Bewußtsein, das ein Erkennen des „Ich" und des „Nicht-Ich" genannt werden kann, zeigen sie nichts.

In jeder dieser niedrigsten Formen des Mineralreichs beginnt das Leben Isvaras sich zu entfalten. Dort entwickelt sich nicht allein der Keim des Lebens, sondern er selbst ist mit all seiner Macht und Kraft in jedem Atom seines Universums. *Sein* ist das bewegende Leben, welches unausweichlich zur Entwicklung drängt. *Sein* ist die Kraft, die sanft mit unendlicher Geduld und wachsamer Liebe die Wälle der Materie dehnt, damit sie nicht unter dem Druck zerbrechen. Gott, der selbst der Vater des Lebens ist, trägt das Leben in sich als *Mutter* und entfaltet den Samen, bis er zu seinem Ebenbild geworden ist, willens, so viel Zeit von den ungezählten Zeitaltern zu gewähren, wie der kleine Keim verlangen mag. Die Zeit bedeutet für Isvara nichts, denn er ist ewig und für ihn IST alles. Was er sucht, ist die Vollkommenheit der Offenbarung, und bei seinem Werke gibt es kein Hasten. Wir werden später sehen, wie diese unendliche Geduld sich auswirkt. Der Mensch, der das Ebenbild seines Vaters werden soll, zeigt in sich den Widerschein des *Selbstes,* mit dem er eins ist und von dem er kam.

Das Leben soll erweckt werden, aber wie? Durch Stöße, durch Erschütterungen wird die innere Essenz in Tätigkeit versetzt. Das Leben wird durch Schwingungen, welche es von außen her treffen, zur Tätigkeit angeregt. Diese Myriaden von Lebenssamen, noch ohne Selbstbewußtsein, eingehüllt in Materie, werden in den Myriaden von Naturprozessen gegeneinandergeschleudert; doch „die Natur" ist nur das Kleid Gottes, ist nur die niedrigste Manifestation, in der er sich auf der materiellen Ebene zeigt. Diese Formen stoßen aufeinander, erschüttern so die äußere Schale der Materie, in welche das Leben gehüllt ist, und das Leben im Innern gerät ins Zittern, wenn ein Stoß erfolgt ist.

Auf die *Art* des Stoßes kommt es dabei nicht an; nur darauf kommt es an, daß er stark ist. *Jede* Erfahrung ist nützlich. Irgend etwas, was die Schale so gewaltig trifft, daß das Leben im Innern davon erzittert, ist vorläufig alles, was nötig ist. Das innere Leben muß zum Erzittern gebracht werden. Das wird ein Aufdämmern von Kraft in ihm erwekken. Zuerst ist es nur ein Erzittern in sich und nichts weiter, ohne Einfluß auf seine äußere Schale. Aber wenn Schlag auf Schlag sich wiederholt und Erschütterung auf Erschütterung ihre Erdbebenstöße hineinsendet, dann sendet das innere Leben durch die es umgebende Hülle hindurch ein Zucken der Antwort. Der Stoß hat eine Antwort hervorgerufen. So ist eine neue Stufe erreicht – die Antwort kommt aus dem verborgenen Leben und geht durch die Schale hindurch nach außen. So geht es durch das Mineralreich und Pflanzenreich.

Im Pflanzenreich beginnen die Antworten auf die Schwingungen von der Außenwelt, eine neue Kraft des Lebens zu zeigen – das *Empfindungsvermögen.* Das Leben beginnt in sich selbst das zu zeigen, was wir „Fühlen" nennen. Das will sagen, daß auf Freude und Schmerz „verschiedene" Antworten gegeben werden. Die Freude ist im Grunde harmonisch. Alles, was Freude verursacht, ist harmonisch. Alles, was Schmerz hervorruft, ist disharmonisch. Denken Sie an die Musik. RhythmischeTöne, als Akkord zusammen angeschlagen, geben dem Ohr ein Gefühl des Angenehmen; wenn Sie aber die Finger über die Tasten gleiten lassen, ohne die Noten zu beachten, so gibt das einen Mißklang, der dem Ohre wehtut. Und was für Musik gilt, das bewahrheitet sich überall. Gesundheit ist Harmonie, Krankheit ist Mißklang. Kraft ist Harmonie, Schwäche ist Mißklang. Schönheit ist Harmonie, Häßlichkeit ist Mißklang. Lust bedeutet in der ganzen Natur die Antwort eines fühlenden Wesens auf harmonische und rhythmische Schwingungen, und Schmerz bedeutet seine Antwort auf unharmonische und unrhythmische. Die rhythmischen Bewegungen bilden einen nach außen führenden Kanal durch welchen das Leben sich ausweiten kann, und dieses Sich-Ausströmen ist „Freude"; die unrhythmischen verschließen die Kanäle und verhindern das Ausströmen von Leben, und diese Hemmung ist „Schmerz". [2]) Das Ausströmen des Lebens auf die Dinge hin ist, was wir „Verlangen" nennen; so ist also Freude die Befriedigung eines Wunsches.

Dieser Unterschied fängt im Pflanzenreich an, sich geltend zu machen. Es kommt ein Anstoß, der harmonisch ist; das Leben antwortet darauf in harmonischem Erzittern und dehnt sich aus und empfindet in diesem Sich-Ausdehnen „Freude". Es kommt ein anderer Stoß, der ein Mißklang ist, das Leben antwortet darauf disharmonisch, es wird gehemmt und fühlt bei dieser Hemmung „Schmerz". Diese Stöße erfolgen immer von neuem und erst wenn sie sich myriadenmal wiederholt haben, fängt das eingekerkerte Leben an, einen Unterschied zwischen den beiden zu erkennen. Nur durch das Wahrnehmen von Unterschieden ist unser Bewußtsein, so wie es jetzt beschaffen ist, imstande, die Dinge auseinanderzuhalten. Nehmen Sie ein ganz gewöhnliches Beispiel. Legen sie ein Stück Geld in die offene Hand und schließen Sie die Finger darüber, so fühlen sie es; wenn der Druck aber ohne Veränderung fortgesetzt wird, verschwindet das Gefühl in der Hand, und Sie wissen nicht, daß die Hand nicht leer ist. Bewegen sie einen Finger, so fühlen Sie das Geld, halten Sie die Hand still, und das Gefühl verschwindet. So kann das Bewußtsein die Dinge nur durch die Unterschiede erkennen. Wenn kein Unterschied mehr da ist, hört das Bewußtsein zu antworten auf.

Wir kommen nun zum nächsten Punkt, der offenbar wird, während das Leben sich durch das Tierreich hindurch entwickelt. Freude und Schmerz werden nun deutlich empfunden, und es beginnt sich ein Keim der Erkenntnis zu regen, welcher die Gegenstände mit den Gefühlen in Verbindung bringt. Wir nennen dies „Wahrnehmungsvermögen". Was will das sagen? Es bedeutet, daß das Leben die Fähigkeit entwickelt, eine Verbindung zwischen dem Gegenstande, der den Eindruck hervorbringt, und dem Gefühl zu bilden, mit welchem es dem Gegenstande antwortet. Wenn das erwachende Leben mit einem äußeren Gegenstande in Berührung kommt und diesen als einen Gegenstand erkennt, welcher Freude oder Schmerz hervorruft, so sagen wir, daß der Gegenstand wahrgenommen wird, und die Fähigkeit, *wahrzunehmen* oder eine Verbindung zwischen der äußeren und inneren Welt herzustellen, wird entwickelt. Sobald dies erreicht ist, beginnt in diesem

Organismus Denkfähigkeit zu keimen und zu wachsen; wir finden sie bei den höheren Tieren.

Lassen sie uns dies an dem Angehörigen einer primitiven Menschengruppe betrachten, wo wir imstande sein werden, über diese ersten Stadien schneller hinwegzukommen. Bei ihm finden wir, wie sich das Bewußtsein von „Ich“ und „Nicht-Ich“ langsam einstellt – dies geht gleichzeitig vor sich. Das „Nicht-Ich“ berührt ihn, und das „Ich“ fühlt es; das „Nicht-Ich“ macht ihm Vergnügen und das „Ich“ weiß es; das „Nicht-Ich“ macht ihm Schmerzen, und das „Ich“ leidet. Es wird jetzt ein Unterschied gemacht zwischen dem Gefühl, das als „Ich“ empfunden wird und allem, was dieses Gefühl verursacht und als „Nicht-Ich“ aufgefaßt wird. Hier beginnt die Intelligenz und ein Ansatz von Selbstbewußtsein fängt an, sich zu entwickeln. Das heißt, ein Mittelpunkt wird gebildet, in den alles eingeht und von dem alles ausgeht.

Ich sprach von der Wiederholung von Schwingungen, und diese Wiederholung führt jetzt rascher zu Erfolgen. Nachdem die Wiederholung zunächst zur Wahrnehmung vergnüglicher Gegenstände geführt hat, entwickelt sich sodann die nächste Stufe, die *Erwartung* des Vergnügens, *ehe* die Berührung stattfindet. Der Gegenstand wird als ein solcher erkannt, der bei früherer Gelegenheit Vergnügen verursacht hat; eine Wiederholung des Vergnügens wird erwartet, und diese Erwartung bedeutet das Aufdämmern von Erinnerung und Vorstellungskraft, das Zusammenwirken von *Verstand* und *Verlangen.* Weil der Gegenstand *einmal* Vergnügen bereitet hatte, so wird erwartet, daß er abermals Vergnügen bereiten wird. So bringt die *Erwartung* wieder eine neue keimende Eigenschaft ans Licht. Haben wir das Erkennen des Vergnügens bei seiner Rückkehr, so besteht die nächste Stufe in der Herstellung und Belebung eines Gedankenbildes jenes Gegenstandes – die *Erinnerung* an ihn –, diese erweckt den Wunsch, ihn zu besitzen, erweckt das *Verlangen* nach dem Gegenstande und schließlich ein *Darauf-Ausgehen,* den vergnüglichen Gegenstand zu suchen. So wird der Mensch von wirksamen Wünschen erfüllt. Er verlangt nach Vergnügen und veranlaßt seinen Verstand, es zu suchen. Lange Zeit hindurch war er im tierischen Zustande verblieben, in welchem er nur nach etwas trachtete, wenn die leibliche Empfindung in seinem Innern ihn etwas vermissen ließ, was nur die äußere Welt befriedigen konnte. Denken wir für einen Augenblick an das Tier zurück; was ist es, das das Tier zur Tat treibt? Das Verlangen, eine unangenehme Empfindung loszuwerden. Es fühlt Hunger, es begehrt Nahrung, und es geht aus, welche zu suchen; es fühlt Durst, wünscht, ihn zu stillen und macht sich auf,

Wasser zu suchen. So geht es immer aus, um den Gegenstand zu suchen, der seinen Wunsch befriedigen kann. Ist sein Verlangen befriedigt, so wird es wieder ruhig. Im Tiere ist kein von ihm selbst ausgehender Antrieb. Der Anstoß muß von außen kommen. Freilich hat der Hunger seinen Sitz im Innern des Körpers, aber doch außerhalb des Mittelpunktes seines Bewußtseins. Die Entwicklung des Bewußtseins kann an dem Verhältnis bemessen werden, in welchem *äußere* Anreize zum Tun zu aus sich selbst entfalteten Antrieben stehen. Das *niedere* Bewußtsein wird zur Tätigkeit durch Impulse angeregt, welche von *außerhalb* desselben kommen; das *höhere* Bewußtsein aber durch Beweggründe, die von *innen* kommen.

Nun, wo wir uns mit unserem primitiven Menschen beschäftigen, finden wir, daß das Gesetz seines Fortschritts die Befriedigung von *Wünschen* ist. Dies mag manchem von Ihnen sonderbar klingen. Sagt doch Manu: „Wenn man das Verlangen loswerden will, indem man es befriedigt, so ist das, als wenn man das Feuer auslöschen wollte, indem man Öl hineinschüttet. Das Verlangen muß unterdrückt und bezähmt werden, es muß ganz und gar ausgelöscht werden.“ Dies ist sicher richtig, doch erst, wenn der Mensch eine gewisse Entwicklungsstufe erreicht hat. Auf den niederen Stufen ist die *Befriedigung* von Wünschen das Gesetz der Evolution. Wenn er seine Wünsche nicht befriedigt, ist für ihn kein Wachstum möglich. Bedenken sie, daß auf dieser Stufe nichts da ist, was *Moral* genannt werden kann. Da gibt es noch keinen Unterschied zwischen Recht und Unrecht. Jeder Wunsch sollte erfüllt werden; nur wenn dieses in Bildung begriffene Selbstbewußtseins-Zentrum seine Begierden zu befriedigen sucht, nur dann wächst es. Auf dieser niedrigsten Stufe gilt für ihn das Dharma des primitiven Menschen oder höheren Tieres. Er wählt nicht; seine innere Natur, die durch die Entfaltung von Begierde gekennzeichnet ist, verlangt Befriedigung. Das Gesetz seines Wachstums ist die Befriedigung dieser Begierden. *Das Dharma des primitiven Menschen ist also die Befriedigung jedes Wunsches.* Und Sie finden bei ihm kein Bewußtsein von Recht und Unrecht, nicht die leiseste Ahnung davon, daß die Befriedigung von Wünschen nach irgendeinem höheren Gesetze verboten sein könnte.

Ohne diese Wunschbefriedigungen gibt es kein ferneres Wachstum. All dieses Wachsen muß dem Aufdämmern der Vernunft und Urteilskraft sowie der Entwicklung der höheren Kräfte des Gedächtnisses und der Vorstellungskraft vorangehen. Alle diese Dinge müssen durch die Wunschbefriedigungen entwickelt werden. *Erfahrung* ist das Gesetz des Lebens, es ist das Gesetz des Wachstums. Nur durch Erfahrungen aller Art, die er sammelt, lernt er, daß er in einer Welt *des Gesetzes* lebt. Zwei Wege hat das Gesetz, um sich dem Menschen einzuprägen: *Freude,* wenn das Gesetz befolgt wird, *Schmerz,* wenn ihm zuwidergehandelt wird. Wenn die Menschen auf dieser frühen Stufe nicht alle Arten von Erfahrungen machten, wie könnten sie das Vorhandensein des Gesetzes kennenlernen? Wie kann die Unterscheidung von Recht und Unrecht erstarken, wenn keine Erfahrung von Gut und Böse gemacht wurde? Nie kann ein Universum ohne Gegensätze zustande kommen, und auf einer bestimmten Stufe erscheinen diese im Bewußtsein als *Gut* und *Böse.* Sie können das Licht nicht ohne Finsternis kennen, Bewegung nicht ohne Ruhe, Lust nicht ohne Schmerz; so können Sie auch das Gute, welches die Harmonie mit dem Gesetze ist, nicht kennen, solange Ihnen das Übel der Disharmonie mit dem Gesetze unbekannt bleibt. Gut und Böse bilden ein Paar von Gegensätzen in des Menschen späterer Entwicklung, und er kann sich des Unterschiedes zwischen ihnen nur bewußt werden, wenn er beide erfahren hat.

Nun kommen wir zu dem Punkt, wo eine Veränderung eintritt. Der Mensch hat eine gewisse Unterscheidungskraft entwickelt. Vollständig sich selbst überlassen, würde er mit der Zeit merken, daß einige Dinge ihm weiterhelfen, ihn kräftigen, sein Leben intensiver machen und ebenso, daß andere Dinge ihn schwächen und sein Leben vermindern. Die Erfahrung würde ihn das alles lehren. *Nur* den Lehren der Erfahrung anheimgegeben, würde er lernen, Recht und Unrecht zu unterscheiden, würde er das Freudespendende das das Leben verstärkte, mit dem *Rechten* identifizieren, das Schmerzenverursachende aber, das das Leben herabminderte, mit dem *Unrechten,* und so würde er zu dem Schluß kommen, daß alles Glück und Wohlbefinden und alles Wachstum von dem Gehorsam gegen das Gesetz abhängt. Es würde aber für diese heraufdämmernde Vernunft eine sehr lange Zeit erfordern, die Erfahrungen von Lust und Leid miteinander zu vergleichen, dazu die verwirrenden Erfahrungen, bei denen das, was zuerst Vergnügen bereitete, durch Übermaß Schmerz verursachte, und dann aus diesen Erfahrungen das Prinzip des Gesetzes abzuleiten. Es würde eine sehr lange Zeit währen, bis er die unzähligen Erfahrungen zusammenfassen und daraus den Schluß ziehen könnte, daß dieses *recht* jenes *unrecht* sei. Aber es wurde ihm geholfen, diese Schlüsse zu ziehen. Es kommen Wesenheiten, aus früheren Welten stammend, die höher entwickelt sind als er; es treten Lehrer auf, die seiner Entwicklung nachhelfen, sein Wachstum fördern und ihm von der Existenz eines Gesetzes erzählen, welches bestimmt, was seine Entwicklung beschleunigt, sein Wohlbefinden erhöht, sein Wissen und seine Kraft vermehrt. Offenbarung aus dem Munde eines Lehrers beschleunigt die Evolution, und statt, daß der Mensch dem langsamen Fortschritt aus der Erfahrung allein überlassen bleibt, erfolgt die Verkündigung des Gesetzes aus dem Munde eines Höheren, um seinem Wachstum zu Hilfe zu kommen.

Der Lehrer kommt und spricht zu dieser erwachenden Intelligenz: „Tötest du diesen Menschen, so begehst du eine Tat, die ich kraft göttlicher Autorität verbiete. Diese Handlung ist *böse*: sie wird dir Elend bringen." Der Lehrer sagt: „Es ist etwas *Gutes*, dem Hungernden zu helfen, der Hungernde ist dein Bruder, teile mit ihm was du hast, laß ihn nicht verhungern. Diese Handlung ist *gut*, und wenn du dem Gesetz gehorchst, so wird es gut mit dir stehen." Es werden für die Taten Belohnungen versprochen, um der dämmernden Intelligenz das Gute anziehend zu machen, und Strafen und Drohungen, um ihn vor dem Unrecht zu warnen. „Irdisches" Wohlergehen wird als Folge des Gehorsams, „irdisches" Elend als Folge des Ungehorsams gegen das Gesetz hingestellt. Diese Ankündigung, daß dem, was das Gesetz verbietet, Elend folgt, und Glück dem, was das Gesetz befiehlt, stachelt die erwachende Intelligenz an. Sie mißachtet das Gesetz, die Strafe folgt, und sie leidet und sagt sich: „Ja, das hat der Lehrer mir schon vorausgesagt." Die Erinnerung an ein Gebot, das durch die Erfahrung bestätigt wird, macht auf das Bewußtsein einen weit schnelleren und tieferen Eindruck, als die Erfahrung allein *ohne* das geoffenbarte Gesetz es tun würde. Durch diese Darlegung dessen, was die Gelehrten die Grundprinzipien der Moral nennen, nämlich, daß gewisse Klassen von Handlungen die Entwicklung verzögern, andere Klassen von Handlungen sie aber beschleunigen, durch diese Darlegung wird die Intelligenz in hohem Maße angeregt.

Wenn der Mensch dem verkündeten Gesetz nicht gehorchen will, dann wird er der harten Lehre der Erfahrung überlassen. Wenn er sagt: „Ich will dies haben, obgleich das Gesetz es verbietet", dann wird er der ernsten Lehre des Schmerzes überantwortet, und die Geißel des Leidens lehrt ihn die Lektion, welche er von den Lippen der Liebe nicht lernen wollte.

Wie oft sich das jetzt doch ereignet! Wie oft will ein junger, streitsüchtiger und eingebildeter Mensch nicht auf das Gesetz hören, nicht auf die Erfahrenen hören, nicht achtgeben auf die Lehren der Vergangenheit. Die Begierde trägt den Sieg über die Vernunft davon.

Es bricht seinem Vater das Herz: „Mein Sohn ergibt sich dem Laster", sagt er, „mein Sohn geht dem Bösen nach. Ich habe ihn zu rechtem Verhalten erzogen, und siehe, er ist ein Lügner geworden; mein Herz ist mir über meinen Sohn gebrochen." Doch Isvara, der Vater, der mehr liebt, als alle irdischen Väter, hat Geduld. Denn er ist im Sohne ebenso sehr wie im Vater. Er ist in ihm und lehrt ihn eine Lektion in der einzigen Weise, in welcher diese Seele zu lernen willens ist. Er wollte weder durch Autorität, noch durch gegebenes Beispiel lernen. Um jeden Preis muß die Begierde nach dem Bösen, die seine Entwicklung zurückhält, aus seiner Natur mit der Wurzel ausgerottet werden. Wenn er nicht durch Güte hören will, so muß er durch Schmerzen lernen. Mag er durch Erfahrung lernen, mag er sich in Laster stürzen und die bittere Qual ernten, welche die Folge ist, wenn man das Gesetz mit Füßen tritt. Zeit genug ist da; er wird die Lektion sicher lernen, wenn auch unter Schmerzen. Gott ist in ihm, und doch läßt er ihn diesen Weg gehen; mehr als das, er öffnet ihm sogar den Weg, daß er ihn gehen könne; wenn er es verlangt, so ist Gottes Antwort: „Mein Kind, wenn du nicht hören willst, so wähle deinen eigenen Weg und lerne deine Lektion in dem Feuer deiner Qual und in der Bitterkeit deiner Erniedrigung."

Ich bin dennoch bei dir, wache über dich und deine Handlungen, ich, der Vollstrecker des Gesetzes und der Vater deines Lebens. Du sollst im Sumpfe der Erniedrigung jene Überwindung der Begierde lernen, welche du weder von der Weisheit, noch von der Liebe lernen wolltest." Deshalb sagt er auch in der Gîtâ: „Ich bin das Würfelspiel des Betrügers." Denn er arbeitet stets geduldig auf das herrliche Ziel hin, über rauhe Wege, wenn wir die glatten nicht gehen wollen. Wir, unvermögend, Seine unendliche Geduld zu verstehen, verkennen ihn; er aber wirkt fort und fort mit Ewigkeits-Geduld, auf daß die Gier ganz und gar ausgerottet werde und sein Sohn vollkommen werde, wie sein Vater im Himmel vollkommen ist.

Lassen sie uns nun zur nächsten Stufe schreiten. Es gibt gewisse große Lebensgesetze, die allgemeine Geltung haben. Wir haben gelernt, gewisse Dinge als recht und andere als unrecht zu betrachten. Jede Nation hat für die Moral ihren eigenen Maßstab. Nur wenige wissen, wie dieser Maßstab sich herausgebildet hat und wo er irrt. Für gewöhnliche Dinge reicht der Maßstab aus. Die Erfahrung der Rasse hat unter der Leitung des Gesetzes herausgefunden, daß gewisse Handlungen die Entwicklung zurückhalten, während andere sie vorwärts treiben. Das große Gesetz der ordnungsmäßigen Entwicklung, das auf die frühesten Zustände folgt, ist das Gesetz der vier aufeinanderfolgenden Stufen in des Menschen späterem Wachstum. Es tritt in Wirksamkeit, sobald der Mensch eine gewisse Stufe erreicht und die vorbereitende Schulung hinter sich gebracht hat. Man findet es in jeder Nation auf einer gewissen Entwicklungsstufe, aber im alten Indien wurde es als das bestimmte Gesetz des sich entwickelnden Lebens verkündet, als die folgerichtige Ordnung des Wachstums der Seele, als das zu Grunde liegende Prinzip, durch welches Dharma verstanden und befolgt werden kann. Erinnern Sie sich, daß Dharma zwei Dinge einschließt – die innere Natur auf dem erreichten Punkt und das Gesetz ihres Wachstums zur nächsten Stufe. Einem jeden muß sein Dharma klar gemacht werden.

Das erste Dharma ist das des *Dienens*. Gleichgültig, in welchem Lande die Seelen geboren werden; wenn sie die ersten Stufen durchgemacht haben, dann bedarf ihre innere Natur der Schulung durch das Dienen, durch Dienen müssen sie die Eigenschaften lernen, welche sie brauchen, um in die nächste Stufe hineinzuwachsen. Auf dieser Stufe ist die Kraft zu unabhängigem Handeln sehr begrenzt. Auf dieser verhältnismäßig niederen Stufe herrscht mehr die Neigung vor, äußeren Antrieben zu folgen, als daß sich ein gereiftes Urteil zeigte, welches von innen heraus eine bestimmte Richtschnur wählte. In dieser Klasse sehen wir alle diejenigen, welche dem dienenden Typus angehören. Denken Sie an die weisen Worte Bishmâs, wenn die charakteristischen Merkmale eines Brahmanen sich in einem Shudra finden, in einem Brahmanen sich aber nicht finden, dann sei der Brahmane kein Brahmane und der Shudra kein Shudra. Mit anderen Worten, die Charakteristik der inneren Natur kennzeichnet die Stufe des Wachstums dieser Seele und stempelt sie als zu der einen großen, naturgemäßen Abteilung oder zu einer anderen zugehörig. Wo der eigene innere Antrieb schwach ist, wo die Urteilskraft ungeschult, wo der Verstand schwach und wenig entwickelt ist, wo das Ich sich seiner hohen Bestimmung noch nicht bewußt ist, wo es hauptsächlich durch Begierde getrieben wird, wo es noch wachsen muß durch Befriedigung der meisten, wenn auch nicht aller Wünsche, das ist ein Mensch, dessen Dharma Dienst ist, und nur, indem er dieses Dharma ausführt, kann er dem Gesetz des Wachstums folgen, durch welches er seinerzeit Vollkommenheit erreichen wird. Und solch ein Mensch ist ein Shudra, welchen Namen er auch in den verschiedenen Ländern tragen mag. Im alten Indien wurden die Seelen, die das Charakteristikum dieses Typus' trugen, in die Klasse hineingeboren, in die sie paßten, denn Devas leiteten ihre Geburt. In dem jetzigen Zeitalter ist indessen Verwirrung hineingekommen.

Welches ist das Gesetz des Wachstums auf dieser Stufe? Gehorsam, Ergebenheit, Treue. Das ist das Gesetz des Wachstums für diese Stufe. Gehorsam, weil die Urteilskraft noch nicht entwickelt ist. Der, dessen Dharma Dienen ist, hat dem, dem er dient, blindlings zu gehorchen. Es ist nicht seine Sache, den Befehl seines Vorgesetzten anzuzweifeln, noch zu prüfen, ob der ihm erteilte Auftrag ein weiser ist. Er hat den Befehl bekommen, irgend etwas zu tun, und sein Dharma ist Gehorsam, nur dadurch wird es ihm möglich, zu lernen. Die Leute scheuen sich, diese Lehre anzunehmen; aber sie ist wahr. Ich will ein Beispiel anführen, das Sie sicher überzeugen wird – das einer Armee –, das Soldaten ohne Dienstgrad unter seinem Hauptmann. Wenn jeder gewöhnliche Soldat sich ein Urteil erlauben würde bezüglich der Befehle, die von dem General ausgehen, und wenn er sagen wollte: „Das ist nicht gut, meiner Meinung nach würde ich an jenem Platz nützlicher sein", was würde dann aus der Armee werden? Der Soldat wird erschossen, wenn er ungehorsam ist, denn seine Pflicht ist Gehorsam. Wenn Ihre Urteilskraft gering ist, wenn Sie, hauptsächlich durch äußere Impulse angetrieben werden, wenn Sie nicht glücklich sein können ohne Lärm und Geschwätz und Zänkerei um Sie herum, dann ist Ihr Dharma Dienst, wo Sie auch geboren sein mögen, und Sie dürfen glücklich sein, wenn Ihr Karma Sie in eine Stellung führt, in der Disziplin Sie erziehen wird.

So lernt der Mensch, sich für die nächste Stufe vorzubereiten. Und die Pflicht aller in autoritativer Stellung Befindlichen ist es, dessen eingedenk zu sein, daß das Karma eines Shudra erfüllt ist, wenn er seinem Herrn gehorsam und treu ist, und sie sollten, von einem, der auf dieser Stufe der Entwicklung steht, nicht erwarten, daß er höhere Tugenden aufweist. Von ihm Frohsinn im Leiden zu erwarten, Reinheit des Denkens und die Kraft, Beschwerden ohne Murren zu ertragen, heißt von ihm zu viel verlangen; denn wenn wir oft selbst dieser Eigenschaften ermangeln, wie können wir sie von denjenigen verlangen, die wir zu den unteren Klassen zählen? Die Pflicht des Höheren ist es, höhere Tugenden zu zeigen, doch hat er kein Recht, sie von seinen Untergebenen zu fordern. Wenn der Diener Treue und Gehorsam zeigt, so hat er seinem Dharma vollkommen genügt, und andere Fehler sollten nicht bestraft, sondern von seinem Herrn freundlich aufgezeigt werden, denn indem er so handelt, fördert er die jüngere Seele; eine Kinderseele sollte sanft den Weg entlang geleitet werden und ihr Wachstum nicht durch harte Behandlung gehemmt werden, wie wir es gewöhnlich tun.

Dann, nachdem die Seele diese Lehre viele Geburten hindurch gelernt hat, hat sie dem Gesetz des Wachstums Genüge getan, hat sie, ihrem Dharma folgend, sich der nächsten Stufe genähert, auf der sie die erste Anwendungsart eigener Kraft dadurch erlernen soll, daß sie Wohlstand erwirbt. Dann besteht das Dharma dieser Seele darin, alle die Eigenschaften zu entwickeln, welche jetzt für die Entwicklung bereit sind, und die nun durch eine solche Lebensführung, wie sie die innere Natur verlangt, herausgearbeitet werden, indem sie nämlich eine Beschäftigung ergreift, wie sie die nächste Stufe erfordert, die Stufe, wo Wohlstand zu erwerben ein Verdienst ist. Denn auf der ganzen Welt ist es das Dharma eines Vaishya, gewisse, bestimmte Fähigkeiten zu entwickeln. Der Sinn für Rechtlichkeit, redlicher Verkehr mit Menschen, Festhalten am Gewollten und nicht Nachgeben bei einer bloßen Gefühlseingebung, das Ausarbeiten der Eigenschaften Klugheit und Scharfsinn, die Fähigkeit, zwischen sich widerstreitenden Pflichten die richtige Entscheidung zu treffen, gutes Geld für gute Ware, Scharfblick, Mäßigkeit, Vermeidung von Verschwendung und Übertriebenheit, die Forderung von jedem Angestellten, daß er die Arbeit leiste, die er leisten soll, das Bezahlen von gerechtem Lohn, aber eben nur von gerechtem – das sind die charakteristischen Merkmale, die ihn für ein höheres Wachstum befähigen. Für den Vaishya ist es ein Verdienst, sparsam zu sein, sich zu verweigern, mehr zu bezahlen, als wozu er verpflichtet ist, auf einem gerechten und ehrlichen Tausch zu bestehen. Alle diese Dinge zeitigen Eigenschaften, die notwendig und für die zukünftige Vervollkommnung förderlich sind. In ihren ersten Stadien sind sie manchmal nicht liebenswert, aber vom höheren Standpunkt aus betrachtet bilden sie das Dharma des Betreffenden, und wenn es nicht erfüllt wird, dann bleibt eine Schwäche im Charakter zurück, die sich später zeigen und seiner Entwicklung schaden wird. Freigebigkeit ist freilich das Gesetz seines ferneren Wachstums, aber nicht die Freigebigkeit der Sorglosigkeit oder des Über-Bezahlens.

Er soll Reichtümer sammeln durch Sparsamkeit und Genauigkeit, um den Reichtum dann für edle Dinge zu verwenden und kundige Männer damit auszustatten, so daß diese würdige und wohl überlegte Zwecke des Gemeinwohls fördern können. Mit Energie und Klugheit erwerben und mit sorgfältiger Abwägung und Freigebigkeit ausgeben, das gehört zum Dharma eines Vaishya, es ist der Ausfluß seiner Natur und das Gesetz seines weiteren Wachstums.

Dies führt uns zur nächsten Stufe, die der Herrscher und Krieger, der

Schlachten und Kämpfe, wo die innere Natur streitbar, zum Angriff geneigt, kampfesmutig, auf eigenen Füßen stehend, und bereit ist, jedem in seinem Rechte beizustehen. Mut, Furchtlosigkeit, glänzender Großmut, bereitwillige Aufopferung des Lebens in der Verteidigung der Schwachen und in der Pflichterfüllung – das ist das Dharma des Kshattriya. Seine Pflicht ist es, das ihm Anvertraute gegen alle Angriffe von außen zu beschützen. Es mag ihm das Leben kosten; jedoch das darf ihn nicht bekümmern. Er muß seine Pflicht tun. Zu beschützen, zu hüten, das ist seine Aufgabe. Seine Stärke soll dem Schwachen eine Schutzwehr sein gegenüber dem Bedrücker, dem Hilflosen denen gegenüber, die ihn unter die Füße treten möchten. Es ist recht für ihn, in den Krieg zu ziehen und mit den wilden Tieren im Dickicht den Kampf aufzunehmen. Weil Sie das Wesen der Entwicklung nicht verstehen und nicht wissen, was es mit dem Gesetze des Wachstums für eine Bewandtnis hat, deshalb stehen Sie entsetzt vor den Schrecknissen des Krieges. Aber die großen Rishis, die diese Anordnung getroffen haben, wußten, daß eine schwache Seele niemals Vollkommenheit erlangen kann. Sie können keine Kraft erlangen ohne Mut und Festigkeit und Mut können nicht erlangt werden – ohne daß man lernt, Gefahren zu trotzen, und, wenn die Pflicht dies Opfer heischt, bereitwillig das Leben zu lassen.

Unser sentimentaler, weichlicher Pseudo-Moralist schreckt zurück vor dieser Lehre. Er vergißt aber, daß es in jeder Nation Seelen gibt, die diese Schulung nötig haben, und deren fernere Entwicklung von dem Erfolg darin abhängt. Ich berufe mich wieder auf Bhîshma, Inkarnation des Dharma, und erinnere an das, was er sagte: daß es die Pflicht der Kshattriya ist, Tausende von Feinden zu erschlagen, wenn seine Pflicht des Beschützens nach dieser Richtung liegt. Krieg ist schrecklich, Kämpfen ist entsetzlich, unsere Herzen empören sich dagegen, und wir schaudern zurück vor den Qualen verstümmelter und zerfetzter Leiber. Das kommt zum großen Teil daher, daß wir ganz und gar durch die Form irregeleitet werden. Der Zweck des Körpers ist nur der, dem Leben in ihm Entwicklung zu ermöglichen. In dem Augenblick aber, wo es alles, was dieser Leib ihm bieten kann, gelernt hat, mag der Körper ruhig zerbrechen, die Seele erlangt dadurch die Freiheit, einen anderen Leib in Besitz zu nehmen, der sie befähigen wird, höhere Kräfte zu entfalten. Wir können die Mâyâ des Herrn nicht durchdringen. Unsere Leiber mögen im Laufe der Zeiten wieder und wieder sterben, ein jeder Tod ist aber eine Auferstehung zu höherem Leben. Dieser Leib selbst ist lediglich ein Gewand, das die Seele angelegt hat, und kein Weiser würde wünschen, daß der Leib ewig dauere. Wir kleiden unser Kind in ein kurzes Kleid und vertauschen es, wenn das Kind wächst, mit einem größeren. Oder wollen Sie das Kleid aus Eisen machen und das Wachstum des Kindes dadurch hindern? So ist dieser Leib auch nur unser Kleid. Sollten wir wünschen, daß er aus Eisen sei, das nicht vergeht? Bedarf die Seele zum Weiterwachsen nicht eines neuen Leibes? So lassen Sie den Leib also fahren! Dies ist die schwere Lektion, die der Kshattriya lernt. So wirft er sein körperliches Leben weg und dadurch erlangt die Seele die Macht der Selbstaufopferung, lernt Ertragen, Stärke, Mut, Hingabe an ein Ideal, lernt sich zu helfen, lernt standhafte Treue für eine Sache, und er gibt den Leib gern für diese Dinge hin, während die unsterbliche Seele triumphierend aufwärts steigt und sich vorbereitet für ein edleres Leben.

Dann kommt die letzte Stufe, die des Lehrens. Das Dharma auf dieser Stufe ist, zu lehren. Die Seele muß alle niederen Erfahrungen verarbeitet und in sich aufgenommen haben, ehe sie lehren kann. Wenn sie nicht alle diese vorhergehenden Stufen durchgemacht hätte und nicht Weisheit durch Gehorsam, Anstrengung und Kampf erlangt hätte, wie könnte sie da ein Lehrer sein?

Sie hat die Stufe der Entwicklung erreicht, wo die wachsende Natur ihres Inneren danach verlangt, die unwissenden Brüder zu belehren. Diese Eigenschaften sind nichts Künstliches, sie sind in der Natur begründet und zeigen sich, wo immer sie existieren mögen. Ein Brahmane ist nicht Brahmane , wenn er seinem Dharma nach kein Lehrer ist. Er hat das Wissen und eine günstige Geburt erlangt, damit er ein Lehrer werde.

Das Gesetz seines Wachstums ist Wissen, Frömmigkeit, Vergebung, und ein Freund jeder Kreatur zu sein. Wie hat sich doch das Dharma verändert! Er könnte aber nicht der Freund jeder Kreatur sein, wenn er nicht gelernt hätte, sein Leben aufzuopfern, wenn die Pflicht es heischt; und gerade der Kampf erzog den Kshattriya dazu, auf einer späteren Stufe der Freund jeglicher Kreatur zu werden. Was ist das Gesetz für das Wachstum eines Brahmanen? Er darf sich nie beleidigt fühlen. Er darf nie über sich die Herrschaft verlieren, nie übereilt handeln. Er soll stets freundlich sein, sonst fällt er aus seinem Dharma. Er muß ganz rein sein, darf nie ein schlechtes Leben führen. Er soll sich von den weltlichen Dingen loslösen, wenn sie Macht über ihn haben. Ist dies ein unmögliches Ziel? Ich verkündige nur das Gesetz, wie die Großen es verkündigt haben, und meine Worte sind nur ein schwaches Echo der ihrigen. Das Gesetz hat das Ziel festgesetzt und wer wird wagen, es niedriger zu stellen? Wenn Shrî Krishna selbst dies als das Dharma des

Brahmanen bezeichnet hat, so muß es wohl das Gesetz seines Wachstums sein; das Ende seines Wachstums aber ist Befreiung. Sein Ziel ist Befreiung, doch er erreicht es nur, wenn er die Eigenschaften zeigt, welche von ihm verlangt werden, und wenn er dem hohen Ideale folgt, das sein Dharma ist. Dieses allein rechtfertigt den Namen Brahmane.

Dieses Ideal ist so herrlich, daß alle ernsten und nachdenkenden Leute es zu erreichen wünschen. Aber da kommt die Weisheit und sagt: „Ja, ihr sollt es haben, aber ihr müßt es verdienen. Ihr müßt wachsen, ihr müßt arbeiten; sicher ist es euer, doch nicht eher, als bis ihr den Preis bezahlt habt." Es ist wichtig für unser eigenes Wachstum und das der Nationen, daß diese Unterschiede der Dharmas verstanden werden als abhängig von der Entwicklungsstufe, und daß wir fähig sein sollten, unser eigenes Dharma an den charakteristischen Merkmalen, welche wir in unserer Natur finden, zu erkennen. Wenn wir einer unvorbereiteten Seele ein so hohes Ideal vorhalten, daß es sie nicht anregt, dann verzögern wir ihre Entwicklung. Wenn Sie einem Bauern das Ideal eines Brahmanen vorführen, so halten Sie ihm ein für ihn unmögliches Ideal vor, und das Resultat ist, daß er sich gar nicht bemüht. Wenn Sie einem Menschen etwas vorhalten, was zu hoch für ihn ist, so hält der Mensch dafür, daß Sie Unsinn gesprochen haben, denn Sie haben ihm empfohlen, etwas auszuführen, wozu er keine Kraft hat; Ihre Torheit hat ihm Motive vorgehalten, die ihn unberührt lassen. Aber die Lehrer der alten Zeit waren weise. Sie gaben den Kindern Süßigkeiten und später erst höhere Lehren. Wir jedoch sind so klug, daß wir an den primitivsten Sünder mit Motiven herantreten, die nur den höchsten Heiligen reizen können, und so hemmen wir seine Entwicklung, anstatt sie zu fördern. Setzen Sie Ihr Ideal so hoch, wie Sie können; doch suchen Sie Ihr Ideal nicht Ihrem Bruder aufzuzwingen, das Gesetz seines Wachstums mag ein ganz verschiedenes von dem Ihren sein. Lernen Sie die Toleranz, welche jedermann hilft, an seinem Platze zu tun, was gut für ihn ist, und was seine Natur ihn antreibt, zu tun. Lassen Sie ihn an seinem Platz und helfen Sie ihm. Lernen Sie die Duldsamkeit, welche von niemandem zurückgestoßen wird, sei er auch noch so sündig, welche in jedem Menschen ein Göttliches arbeiten sieht und welche an seiner Seite steht, um ihm zu helfen. Anstatt abseits zu stehen auf einem hochgeistigen Felsengipfel und eine Lehre der Selbstverleugnung zu predigen, welche ganz über den Horizont seines Verstandes geht, lehren Sie die junge Seele, die höhere Selbstsucht zu gebrauchen, um die niedere zu zerstören. Sagen Sie dem Bauern nicht, daß, wenn er lässig ist, er seinem Ideal nicht nachkomme, sondern sagen Sie diesem

Manne: „Da ist dein Weib, du liebst das Weib, es hungert. Arbeite. Beschaffe ihm Brot."
Durch diesen Beweggrund, welcher sicherlich selbstsüchtig ist, fördern Sie den Mann mehr, als wenn Sie ihm von Brahman, dem Unbeschränkten und Ungeoffenbarten, predigen. Lernen Sie, was Dharma bedeutet, und Sie werden der Welt von Nutzen sein.

Ich wünsche nicht, Ihr eigenes Ideal auch nur um das Geringste herabzusetzen. Sie können nicht zu hoch streben. Die Tatsache, daß Sie es fassen können, macht es zu dem Ihrigen, aber damit noch nicht zu dem Ihres weniger entwickelten jüngeren Bruders. Streben Sie nach dem Höchsten, das Sie fähig sind, sich vorzustellen und zu lieben. Aber, indem Sie streben, bedenken Sie sowohl die Mittel, wie das Ziel, Ihre Kräfte sowohl wie Ihre Strebensziele. Spannen Sie Ihre Aspirationen hoch, sie sind die Keime von Kräften in Ihrem nächsten Leben. Dadurch, daß Sie das Ideal immer hoch halten, werden Sie in dasselbe hineinwachsen, und wonach Sie sich heute sehnen, das werden Sie in den zukünftigen Tagen sein. Aber üben Sie die Toleranz des Wissens und die Geduld, welche göttlich ist. Jedes Ding ist an seinem eigenen Platz an der richtigen Stelle. Wenn die höhere Natur sich entwickelt, dann können Sie an die Eigenschaften der Selbstaufopferung, der Reinheit und der äußeren Hingabe und an den fest auf Gott gerichteten Willen appellieren. Das ist das Ideal, welches die Höchsten zu erfüllen haben. Lassen Sie uns schrittweise zu demselben hinanklimmen, sonst werden wir es ganz verfehlen.

3. Recht und Unrecht

Wir haben bisher unsere Aufmerksamkeit und unsere Gedanken auf das gerichtet, was ich zu einem großen Teile die theoretische Seite dieses verwickelten und schwierigen Problems nennen möchte. Wir haben zu verstehen gesucht, wie die Unterschiede in der Natur entstehen. Wir haben den erhabenen Gedanken zu erfassen gesucht, daß diese Welt dazu bestimmt ist, aus dem bloßen Lebenskeim, der von Gott ausgesandt wurde, zu einem Ebenbild dessen heranzuwachsen, der ihn ausgesandt hat. Die Vollkommenheit dieses Bildes kann, wie wir gesehen haben, nur mittels einer Vielheit endlicher Gegenstände erreicht werden, und die Vollkommenheit liegt in dieser Vielheit; aber eben in dieser Vielheit ist auch notwendig die Beschränkung jedes Gegenstandes eingeschlossen. Wir fanden sodann, daß dem Gesetz des Wachstums gemäß in dem Universum von der im Innern sich entwikkelnden Natur zu gleicher Zeit alle verschiedenen Stufen vorhanden sein müssen. Da diese Naturen auf verschiedenen Stufen der Entwicklung stehen, dürfen wir nicht an alle dieselben Anforderungen stellen, noch von allen die Erfüllung derselben Aufgaben erwarten. Die Moral muß in Bezug auf die Menschen, die sie ausüben sollen, studiert werden. Wenn wir die Richtschnur für Recht und Unrecht für einen einzelnen Menschen aufstellen, müssen wir in Betracht ziehen, zu welcher Stufe des Wachstums er gelangt ist. Das absolut Rechte existiert nur in Isvara; für uns ist Recht und Unrecht relativ und hängt für jeden von uns sehr von der Stufe der Entwicklung ab, die wir erreicht haben.

Ich werde jetzt versuchen, diese Theorie auf unsere Lebensführung anzuwenden. Wir müssen sehen, ob wir durch den Gang des Studiums, den wir verfolgt haben, eine vernünftige, wissenschaftliche Vorstellung von der Moral gewonnen haben, so daß wir aus der Verwirrung, die heutzutage herrscht, herauskommen. Sehen wir doch, daß auf der einen Seite Ideale aufgestellt werden, die im Leben verwirklicht werden sollen, auf der anderen Seite aber ein vollkommenes Fehlschlagen selbst in Hinsicht auf das Streben nach diesen Idealen; wir sehen also ein unglückliches Mißverhältnis zwischen Theorie und Praxis. Auch die Moral hat ihre Gesetze; wie alles andere im Weltall, dem Ausdruck des göttlichen Denkens, so hat auch die Moral ihre Bedingungen und ihre Schranken. Diese Betrachtungsweise zeigt uns den Weg, aus dem gegenwärtigen moralischen Chaos einen Kosmos zu gestalten und uns praktische Lehren über die Moral zu eigen zu machen, welche Indien befähigen werden, zu wachsen, sich zu entwickeln, wieder für die Welt ein Beispiel zu sein und seine alte Größe wieder zu erlangen, so daß es von neuem seine alte Geistigkeit kundtun kann.

Im Westen gibt es drei anerkannte Schulen der Moral. Wir dürfen nicht vergessen, daß die Gedanken des Westens Indien sehr stark beeinflussen, und besonders beherrschen sie die heranwachsende Generation, auf welcher die Hoffnung Indiens ruht. Darum ist es notwendig, daß wir etwas, von diesen westlichen Schulen der Moral, die in ihren Theorien und Lehren von einander abweichen, verstehen, sei es auch nur, um ihre Beschränkungen zu vermeiden und ihnen alles Gute, das sie bieten, zu entnehmen.

Eine von diesen Schulen sagt, daß die göttliche Offenbarung die Basis der Moral bilde. Der Einwand, der von Gegnern gegen diese Behauptung erhoben wird, ist der, daß es in dieser Welt viele Religionen gibt, und daß jede Religion ihre eigene Offenbarung hat. Wenn man die große Mannigfaltigkeit der religiösen Schriften betrachtet, dann kann man, so wird argumentiert, nur schwer behaupten, daß eine bestimmte Offenbarung als auf der höchsten Autorität basiert betrachtet werden muß. Daß jede Religion ihre eigene Offenbarung als die höchste ansehen wird, ist natürlich, aber wie soll der Schüler in diesem Wortgewirr eine Entscheidung treffen?

Dann wird wieder gesagt, daß dieser Theorie ein Grundfehler anhafte, der allen Maßstäben der Moral gemeinsam ist, die sich auf eine ein für allemal gegebener Offenbarung stützen. Wenn ein Schema für die Zeit, für welche es gegeben ist, nützlich sein soll, so muß es, seiner Natur nach zu der Zeit passen. Wenn eine Nation sich höher entwickelt und Jahrtausende über ein Volk dahingehen, finden wir, daß das, was für die Nation in ihrer Kindheit paßte, in ihrem Mannesalter nicht mehr für sie paßt; viele Vorschriften, die einstmals nützlich waren, sind heute unter den veränderten Umständen der Zeit nicht mehr nützlich. Diese Schwierigkeit wird in den Hindu-Schriften erkannt und es wird ihr begegnet; wir finden dort eine unendliche Mannigfaltigkeit moralischer Lehren, die für alle Grade der sich entwickelnden Seelen passen. Da gibt es Vorschriften, welche so einfach, so klar, so bestimmt, so entschieden sind, daß die jüngsten Seelen sie benutzen können. Aber wir finden auch, daß die Rishis wohl wußten, daß diese nicht für die

Zucht der höher entwickelten Seelen bestimmt waren. Wir finden in der altüberlieferten Weisheit, daß Lehren auch einigen wenigen vorgeschrittenen Seelen gegeben wurden, die der Masse zur Zeit ganz unverständlich waren. Diese Lehren wurden auf einen inneren Kreis von solchen beschränkt, welche die Reife der menschlichen Rasse erlangt hatten.

Im Hinduismus hat man stets verschiedene Schulen der Moral als für das Wachstum des Menschen notwendig erachtet. Wo immer sich aber in einer großen Religion diese Erkenntnis nicht findet, dann gibt es eine gewisse theoretische Moral, welche für die wachsenden Bedürfnisse des Volkes nicht geeignet ist, wodurch ein Gefühl des Mangels an Wirklichkeitssinn entsteht, ein Empfinden, daß es nicht vernünftig ist, jetzt noch zu erlauben, was der Menschheit in der Kindheit erlaubt war. Auf der anderen Seite finden wir da und dort in allen heiligen Büchern Vorschriften von so erhabener Natur, daß wenige auch nur danach streben können, ihnen zu gehorchen. Wenn ein Gebot, welches für einen Halbwilden paßt, zu einer universellen Verpflichtung gemacht wird und auf dieselbe Autorität hin denselben Menschen gegeben wird, wie das für einen Heiligen bestimmte Gebot, so schleicht sich das Gefühl ein, daß dies nicht der Wirklichkeit entspricht, und Verwirrung im Denken ist das Resultat.

Eine andere Schule ist entstanden, welche die Moral auf Intuition gründet – sie sagt, daß Gott zu jedem Menschen durch die Stimme des Gewissens rede. Sie gibt zu, daß einem Volk nach dem anderen Offenbarungen gemacht worden sind, erklärt aber, daß wir aber nicht an irgendein einzelnes Buch gebunden sind, das Gewissen sei der letzte Schiedsrichter. Die Einwendung, welche gegen diese Theorie gemacht wird, ist, daß das Gewissen des einen dieselbe Autorität habe, wie das des anderen. Wenn Ihr Gewissen von dem des anderen verschieden ist, wer soll dann zwischen Gewissen und Gewissen entscheiden, zwischen dem Gewissen eines unwissenden Landmannes und dem Gewissen eines erleuchteten Mystikers? Wenn Sie sagen, daß Sie das Prinzip der Entwicklung anerkennen, und daß Sie zu Ihrem Richter das höchste Gewissen der Rasse nehmen sollten, so versagt die Intuition als eine solide Basis der Moral, und gerade das Element der Mannigfaltigkeit zerstört den Felsen, auf den Sie bauen wollten. Das Gewissen ist die Stimme des inneren Menschen, der sich der Erfahrungen der Vergangenheit erinnert, und aus diesen undenklich langen Erfahrungen ergibt sich für das Verhalten von heute eine bestimmte Richtschnur. Diese sogenannte Intuition ist das Resultat von zahllosen Verkörperungen, und je nach der Zahl der Inkarnationen hat der Verstand sich entwickelt, und von ihm hängt die Beschaffenheit des Gewissens des gegenwärtigen Menschen ab; solche Intuition kann nicht schlechtweg als ein genügender Führer in der Moral angenommen werden. Wir bedürfen einer befehlenden Stimme, nicht eines wirren Durcheinanders von Stimmen. Wir brauchen die Autorität des Lehrers, nicht das konfuse Geschwätz der Menge.

Die dritte Schule der Moral ist die Schule des Utilitarismus. Der Gesichtspunkt dieser Schule ist, wie er gewöhnlich dargestellt wird, weder vernünftig noch befriedigend. Welches ist der Grundsatz dieser Schule? „Recht ist, was zum größten Glück der größten Zahl von Menschen führt. Unrecht ist, was nicht zum größten Glück der größten Zahl von Menschen führt.“ Dieser Grundsatz hält einer Analyse nicht stand. Beachten wir das Wort „das größte Glück der größten Zahl“. Eine solche Begrenzung bewirkt, daß die erleuchtete Vernunft diesen Grundsatz verwerfen muß. Wenn wir uns mit der Menschheit beschäftigen, fragen wir nicht nach der Mehrzahl. Ein Leben ist die Wurzel der Menschheit, ein Gott ihr Ziel; wir können die Glückseligkeit des einen nicht von der des anderen trennen. Wir können die feste Einheit nicht aufbrechen und, indem wir für die Majorität eintreten, die Minorität unbeachtet lassen. Diese Theorie anerkennt die unteilbare Einheit der menschlichen Rasse nicht und deshalb versagt ihr Grundsatz als eine Basis für die Moral. Er versagt, weil, infolge dieser Einheit, ein Mensch nicht vollkommen glücklich sein kann, so lange nicht alle Menschen vollkommen glücklich sind. Sein Glück kann nicht vollkommen sein, so lange auch nur ein einziger fehlt und unglücklich ist. Gott macht zwischen dem einzelnen und der Mehrheit keinen Unterschied, sondern gibt der Menschheit und allen Kreaturen *ein* Leben. Das Leben Gottes ist das einzige Leben im Universum, und die vollkommene Glückseligkeit dieses Lebens ist das Ziel des Universums.

Außerdem versagt dieser Grundsatz als ein antreibender Beweggrund, weil er sich nur an den entwickelten Verstand wendet, das will sagen, an die hochentwickelte Seele. Wenn Sie zu einem gewöhnlichen Weltmenschen gehen, einem Selbstsüchtigen, und zu ihm sagen: „Du mußt ein selbstverleugnendes, tugendhaftes und vollkommen moralisches Leben führen, selbst wenn ein solches dir das Leben kosten sollte,“ was glauben Sie, daß er antworten würde? Ein solcher würde sagen: „Warum sollte ich das für die menschliche Rasse tun, für zukünftige Menschen, die ich nie sehen werde?“ Wenn Sie dieses als die Richtschnur für Recht und Unrecht nehmen wollten, so ist der Märtyrer der größte Tor, den die Erde je hervorgebracht, denn er wirft die Möglichkeit des Glückes von sich und bekommt nichts an dessen Stelle. Sie können dieses Prinzip nur dann als maßgebend annehmen, wenn Sie jene beschränkte Zahl von Fällen im Auge haben, wo Sie es mit einer edlen, hochentwickelten Seele zu tun haben, die wenn auch noch nicht ganz geistig, doch die Möglichkeit einer dämmernden Geistigkeit besitzt. Es gibt Menschen, wie William Kingdon Clifford, unter deren Händen die Lehre des Utilitarismus von Erhabenheit erfüllt ist. Clifford appelliert in seinen Essays über Ethik an die höchsten Ideale und gibt die edelsten Lehren der Selbstverleugnung. An die Unsterblichkeit der Seele glaubte er nicht; als er seinem Tode nahe war, konnte er sich dennoch neben sein Grab stellen und, obwohl er glaubte, daß dieses von allem das Ende sei, predigen, daß die höchste Tugend das einzige sei, was der wahre Mensch ausüben könne, da er es einer Welt, die ihm alles gegeben habe, schuldig sei. Doch aus einer so düsteren Aussicht werden nur sehr wenige eine so edle Begeisterung schöpfen können, wir aber brauchen eine Anschauung von Recht und Unrecht, die alle begeistern soll, die für alle paßt, nicht bloß für die, welche dieses Impulses am wenigsten bedürfen.

Was ist bei allem diesem Streiten herausgekommen? Verwirrung und noch etwas Schlimmeres. Ein Lippenbekenntnis zu der Offenbarung bei einer praktischen Nichtbeachtung derselben. Wir haben in Wirklichkeit eine Offenbarung, welche durch die praktische Gewohnheit abgeändert ist. Das ist der Maßstab, der aus dieser Verwirrung herauskommt. Theoretisch wird die Offenbarung als Autorität anerkannt, in der Praxis wird sie aber nicht beachtet, weil sie oft als unvollkommen befunden wird. So haben wir denn den unvernünftigen Zustand, daß das, was als Autorität erklärt wird, im Leben verworfen wird, und es wird ein Leben ganz unlogischer Art geführt, auf gut Glück, ohne Sinn und Verstand, dem kein bestimmtes rationelles System zu Grunde liegt.

Können wir nun in unserem Dharma-Begriff eine befriedigendere Basis finden, eine Basis, auf welche der Lebenswandel mit Vernunft gegründet werden kann? Wie hoch oder wie tief die Stufe der Entwicklung auch sein mag, die ein Mensch einnimmt, der Begriff des Dharma gibt uns die Vorstellung von einer inneren Natur, welche sich zu weiterem Wachstum entfaltet; und wir haben gefunden, daß die Welt als Ganzes in Entwicklung begriffen ist – vom Unvollkommenen zum Vollkommenen, aus dem Keim zum Gottmenschen, Stufe auf Stufe, auf jeder Höhe des manifestierten Lebens. Diese Entwicklung geschieht durch den göttlichen Willen. Gott ist die bewegende Kraft, der leitende

Geist des Ganzen. Das ist die Art, wie er die Welt werden läßt. Das ist die Weise, derer er sich bedient, damit die Geister, welche seine Kinder sind, zum Ebenbild ihres Vaters werden. Deutet das allein nicht schon auf ein Gesetz hin? Das ist recht, was mit dem göttlichen Plan in der Entwicklung des Universums zusammenarbeitet und diese Entwicklung vom Unvollkommenen zum Vollkommenen fördert. Unrecht aber ist, was diesen göttlichen Plan hindert oder hemmt und darauf gerichtet ist, das Universum auf die Stufe, welche es zu überwinden im Begriff ist, zurückzustoßen. Es wächst vom Mineral zur Pflanze, von der Pflanze zum Tier, vom Tier zum Tier-Menschen und vom Tier-Menschen zum Gott-Menschen. Recht ist, was der Entwicklung zur Göttlichkeit hilft, Unrecht ist, was sie zurückhält, oder ihren Fortschritt hindert.

Wenn wir diese Definition einen Augenblick näher ins Auge fassen, werden wir vielleicht einen klaren Begriff von diesem Gesetz erhalten und uns bei dem relativen Charakter von Recht und Unrecht nicht länger unbehaglich fühlen. Setzen Sie eine Leiter auf eine Plattform und lassen Sie sie ein Stück über das Dach hinausragen. Denken Sie sich, daß einer von Ihnen fünf Stufen hinaufgeklettert sei, ein anderer zwei Stufen, während ein dritter noch auf der Plattform steht. Wollte sich der, welcher auf der fünften Sprosse steht, neben den auf der zweiten Sprosse stellen, so bedeutet dies für ihn ein Hinabsteigen; für den aber, der auf der Plattform stand, bedeutet das Stehen neben dem auf der zweiten Sprosse einen Aufstieg. Wenn wir uns vorstellen, daß jede der Sprossen der Leiter eine Handlung bedeutet, so würde jede moralisch und zugleich unmoralisch sein, je nach dem Gesichtspunkt, aus welchem wir sie betrachten. Die Handlung, die für einen Tiermenschen moralisch ist, würde für einen Menschen von höherer Kultur unmoralisch sein. Steigt ein Mensch von seiner hohen Sprosse auf eine tiefere herab, so geht er gegen die Entwicklung, und darum ist für ihn eine solche Handlung unmoralisch; aber für jemanden, der sich von einer niedrigeren Stufe auf diesen Standpunkt geschwungen hat, ist sie moralisch, weil sie in der Richtung seiner Entwicklung liegt. So können zwei Personen wohl auf derselben Höhe der Leiter stehen, aber, da der eine, um sie zu erreichen, aufwärts gestiegen ist, der andere aber abwärts, so ist die Handlung für den einen moralisch, für den anderen jedoch unmoralisch. Wenn ein jeder dies im Auge behält, dann wird er sein Gesetz finden.

Gesetzt, wir haben zwei Knaben: Der eine von ihnen sei ein intelligenter, geschickter Knabe, aber der Befriedigung seines Körpers sehr zugetan, gebe viel aufs Essen und auf alles, was ihm sinnliches

Vergnügen bereitet. Der andere zeige aufdämmernde Geistigkeit; sei heiter, lebhaft und verständig. Dazu wollen wir noch einen dritten Knaben nehmen, dessen geistige Natur schon beträchtlich entwickelt sei. Da haben wir also drei Knaben. Welche Beweggründe sollen wir ihnen nun vorhalten, um der Entwicklung eines jeden voranzuhelfen? Wir gehen zu dem einen jungen Menschen, der sinnliche Freuden sehr liebt. Wenn ich zu ihm sagen würde: „Mein Sohn, dein Leben sollte ein Leben von vollkommener Selbstlosigkeit sein, du solltest ein asketisches Leben führen", so würde er wohl die Achseln zucken und sich davon machen, und ich hätte ihm um keine einzige Sprosse hinaufgeholfen. Wenn ich ihm aber sage: „Mein Junge, diese deine Vergnügungen sind solche, die dir nur einen augenblicklichen Genuß verschaffen, sie werden deinen Körper aber ruinieren und deine Gesundheit erschüttern; sieh dir diesen vor der Zeit gealterten Mann an, der ein Leben voll sinnlicher Lust geführt hat; das wird auch dein Schicksal sein, wenn du so fortfährst; würde es nicht besser sein, wenn du einen Teil deiner Zeit dazu hergäbest, deinen Geist auszubilden, etwas zu lernen, so daß du imstande wärest, ein Buch zu schreiben oder ein Gedicht zu machen, oder dich an irgend einem nützlichen Werk in der Welt zu beteiligen? Du kannst dann Geld verdienen, gesund bleiben und berühmt werden, und dadurch deinen Ehrgeiz befriedigen; gib ab und zu eine Rupie aus, um ein Buch zu kaufen, statt für ein feines Essen." Wenn ich so mit ihm rede, stachele ich den Jüngling durch ehrgeizige Gedanken an; ich gebe zu: es ist selbstsüchtiger Ehrgeiz; aber auf einen Appell an Selbstverleugnung zu reagieren, ist hier noch keine Möglichkeit vorhanden. Das Motiv des Ehrgeizes ist ein selbstsüchtiges, doch es ist eine Selbstsucht höherer Art als die Befriedigung der Sinneslust, und da es seinen Verstand etwas kräftigt, so hebt es ihn über das Tierische hinaus, bringt ihn auf die Stufe eines Menschen, der seinen Verstand entwickelt, und hilft ihm, auf der Leiter der Entwicklung höher zu steigen; das ist eine weisere Lehre, als die für ihn unausführbare Selbstlosigkeit. Sie gibt ihm zwar kein vollkommenes Ideal, aber eines, das seiner Fähigkeit entspricht.

Wenn ich aber zu meinem verständigen Jüngling komme, der schon einen Schimmer von Geistigkeit hat, werde ich ihm das Ideal vorhalten, seinem Vaterland zu dienen, Indien zu dienen; ich werde ihm dieses Ziel vorhalten, das halb selbstsüchtig, halb selbstlos ist, wodurch ich seinen Ehrgeiz hebe und seine Entwicklung fördere. Und wenn ich zu dem Jüngling mit der geistigen Natur komme, dann lasse ich alle niederen Beweggründe fallen und appelliere direkt an das ewige Gesetz der Selbstverleugnung, an die Hingabe an das eine Leben, an die Verehrung Gottes und der Großen. Ich werde ihm Viveka und Vairagya lehren und so der geistigen Natur helfen, ihre unendlichen Fähigkeiten zu entfalten. Wenn wir so verstehen, daß die Moral etwas Relatives ist, sind wir imstande, erfolgreich zu arbeiten. Wenn es uns nicht gelingt, jeder Seele auf ihrer Stufe zu helfen, so liegt das daran, daß wir schlecht geschulte Lehrer sind.

In jeder Nation gibt es gewisse, bestimmte Dinge, die für Unrecht gelten, wie Mord, Diebstahl, Lügen, Gemeinheit. Alles dieses wird als Verbrechen erkannt. Das ist der allgemeine Gesichtspunkt. Aber in der Praxis wird dies nicht ganz durchgeführt. Wie weit werden diese Dinge in der Praxis als moralisch oder unmoralisch anerkannt? Warum werden sie als unrecht angesehen? Weil die Masse des Volkes eine gewisse Stufe der Entwicklung erreicht hat, weil die Mehrheit des Volkes ungefähr auf derselben Höhe des Wachstums steht; und auf dieser Ebene erkennen sie diese Dinge als böse, als dem Fortschritt hinderlich. Das Ergebnis davon ist, daß die Minderheit, die unter dieser Stufe steht, als aus „Verbrechern" zusammengesetzt betrachtet wird. Die Mehrheit hat eine höhere Stufe der Entwicklung erreicht und die Mehrheit macht das Gesetz; so werden diejenigen, welche sich noch nicht einmal auf die niedrigste Stufe der Mehrzahl schwingen können, zu Verbrechern gestempelt.

Zwei Typen von Verbrechern bieten sich unserem Blick dar. Einer, auf den man, wenn man an ihr Gefühl für Recht und Unrecht appelliert, keinen Eindruck machen kann. Von diesen spricht das unwissende Volk als von unverbesserlichen Verbrechern. Aber diese Ansicht ist eine irrtümliche und führt zu beklagenswerten Folgen. Es sind nur unwissende, junge Seelen, Kinderseelen, Kinder in der Schule des Lebens, und wir verhelfen ihnen nicht zum Wachstum, wenn wir sie mit Füßen treten und sie, weil sie sich noch kaum über das Tier erhoben haben, als solches behandeln. Wir sollten alle Mittel gebrauchen, die in unserer Macht stehen, alles was unsere Vernunft uns eingeben kann, diese Kinderseelen zu leiten und sie zu belehren, um sie zu einem besseren Leben zu erziehen; behandeln wir sie also nicht als unverbesserliche Verbrecher, sind sie doch nur Kinder in der Kinderstube.

Der andere Typus von Verbrechern besteht aus solchen, welche nach der Ausübung eines Verbrechens schon einige Gewissensbisse und einen gewissen Grad von Reue fühlen, und wissen, daß sie unrecht getan haben. Sie stehen auf einer höheren Stufe, und gerade durch das Leiden, welches ihnen nach menschlichem Gesetz auferlegt wird, kann ihnen dazu verholfen werden, in Zukunft dem Bösen zu widerstehen. Ich habe von der Notwendigkeit aller Erfahrungen gesprochen, damit die Seele zwischen Recht und Unrecht zu unterscheiden lernt. Wir brauchen die Erfahrung von gut und böse, bis wir das Gute vom Bösen unterscheiden können, *aber nicht länger*. Wenn Sie in dem Augenblick, wo die beiden Wege deutlich vor Ihnen liegen, und der eine Ihnen als recht, der andere als unrecht bekannt ist, den unrechten wählen, dann begehen Sie Sünde, Sie verstoßen gegen ein Gesetz, das Sie kennen und anerkennen. Wer auf dieser Stufe steht, begeht Sünde, weil seine Begierden stark sind und ihn dazu treiben, den unrechten Weg zu wählen. Er leidet, und es ist gut, daß er leidet, wenn er diesen Begierden nachgibt. In dem Augenblick, wo ihm das Bewußtsein des Unrechts gegenwärtig ist, erniedrigt er sich bewußt, indem er dem Antrieb folgt. Erfahrung im Bösen ist nur notwendig, bis das Unrecht als solches erkannt ist, und damit es erkannt werde. Wenn zwei Wege vor jemandem liegen, von denen sich für ihn keiner moralisch von dem anderen zu unterscheiden scheint, so wird er kein Unrecht begehen, mag er den einen oder den anderen wählen. In dem Augenblick aber, wo wir eine Sache als unrecht erkannt haben, üben wir Verrat an uns selbst, wenn wir dem Tier in uns erlauben, den Gott in uns zu überwältigen. Das ist es, was wirklich Sünde ist. Das ist heute der Zustand der meisten, wenn auch nicht aller Übeltäter.

Und nun lassen sie uns dazu übergehen, einige besondere Arten von Schuld etwas näher zu betrachten.

Nehmen wir den Mord: Da finden wir, daß der natürliche Menschenverstand der Gemeinschaft zwischen Töten und Töten einen Unterschied macht. Wenn jemand im Zorn ein Messer ergreift und seinen Feind ersticht, so nennt das Gesetz ihn „Mörder" und verurteilt ihn zum Tode. Wenn tausend Männer Schwerter nehmen und tausend Männer erschlagen, dann wird das Töten Krieg genannt. Ehre und keine Strafe erwartet den, der so tötet. Dieselbe Menge, die über den Mörder eines Feindes Wehe schreit, jauchzt denen zu, die zehntausend Feinde getötet haben. Woher diese sonderbare Verschiedenheit der Auffassung? Wie können wir dies erklären? Liegt da etwas zu Grunde, was dieses Urteil der Gemeinschaft rechtfertigt? Ist zwischen den beiden Handlungen ein Unterschied vorhanden, der die Verschiedenheit der Behandlung rechtfertigt? Ja, es besteht ein solcher. Der Krieg ist zwar etwas, wogegen das Gewissen der Öffentlichkeit mehr und mehr protestiert, und wir werden uns gleich mit diesem Wachsen des öffentlichen Gewissens zu befassen haben. Aber wenn wir auch alles daran setzen sollten, den Krieg zu verhindern, Frieden zu verbreiten, und unsere Kinder in der Liebe zum Frieden zu erziehen, so besteht zwischen dem Töten aus persönlichem Haß und dem Töten im Kriege dennoch ein wirklicher Unterschied. Dieser Unterschied ist so weitgehend, daß ich etwas bei ihm verweilen werde.

Im einen Falle wird einem persönlichen Groll Rechnung getragen und eine persönliche Befriedigung erlangt, im anderen befriedigt der, der einen anderen tötet, kein persönliches Gefühl, dient keinem persönlichen Zweck und sucht auch keinen persönlichen Gewinn. Die Menschen töten einander im Gehorsam gegen den Befehl ihrer Vorgesetzten, die die Verantwortung für die Berechtigung des Krieges zu tragen haben. Mein Leben lang habe ich Frieden gepredigt und danach gestrebt, auf die Übel des Krieges hinzuweisen. Aber dessen ungeachtet erkenne ich an, daß es in der Disziplin der militärischen Macht vieles gibt, was für die dieser Schulung Unterworfenen von lebenswichtiger Bedeutung ist. Was lernt der Soldat? Er lernt, Befehlen zu gehorchen, Reinlichkeit, Schnelligkeit, Genauigkeit, Entschlossenheit und Willigkeit, körperliche Beschwerden ohne Klagen und Murren zu ertragen. Er lernt, sein Leben zu wagen und es für eine ideale Sache hinzugeben. Ist das nicht eine Schulung, welche in der Entwicklung der Seele ihren Platz hat? Zieht die Seele nicht Nutzen aus dieser Schulung? Wenn das Ideal des Vaterlandes die Herzen anfeuert, wenn das Leben willig für dasselbe geopfert wird von rohen, gewöhnlichen, ungebildeten Männern, mögen sie auch rauh, gewalttätig, betrunken sein –, dann machen sie doch eine Schulung durch, welche sie in künftigen Leben zu besseren, edleren Menschen machen wird. Das ist es, was, von der Öffentlichkeit nur dunkel erfaßt, den Unterschied zwischen Mord und Krieg kennzeichnet. Denn die Triebfeder des einen ist eine persönliche, die des anderen gehört einem umfassenderen Selbst an, dem Selbst der Nation.

Bei der Behandlung solcher Fragen der Moral geraten wir in der Praxis oft unter diesen Gesichtspunkt. Es gibt viele Fälle des Stehlens, des Lügens, des Tötens, die das menschliche Gesetz nicht bestraft, das Karmagesetz merkt sie sich aber und schenkt sie dem Täter nicht. Manche diebische Tat verkleidet sich als Handel, mancher Betrug wird unter der Maske des Geschäfts ausgeübt; manches feine Lügengewebe wird als Diplomatie bezeichnet. Das Verbrechen tritt in überraschender Gestalt, maskiert und verhüllt immer von neuem auf, und die Menschen müssen die Selbstläuterung Leben auf Leben erlernen.

Dazu haben wir, ehe wir zum Wesen der Sünde kommen, noch etwas anderes in Betracht zu ziehen – was ich nicht ganz übergehen darf –, Denken und Handeln. Es gibt gewisse Handlungen, die ein Mensch begeht, welche unvermeidlich sind. Sie wissen nicht, was Sie tun, wenn Sie sich einen unrechten Gedankengang erlauben. Sie begehren in Gedanken das Gold eines anderen; Sie greifen mit den Händen Ihres Geistes jeden Augenblick nach dem, was nicht Ihnen gehört . Hiermit bilden Sie das Dharma des Diebes. Das innere Wesen, unsere verborgene Natur ist Dharma, und wenn Sie diese innere Natur mit bösen Gedanken ausgestalten, werden sie mit dem Dharma, das Sie zu lasterhaften Handlungen führen wird, wiedergeboren werden. Diese Handlungen werden dann ohne Nachdenken vollzogen werden. Haben Sie eine Vorstellung davon, wie viele Gedanken in Ihnen schon darauf hingewirkt haben, daß sie zur Tat werden? Sie können wohl Wasser aufstauen und es verhindern, durch einen Kanal zu fließen, aber in dem Augenblick, wo in den Damm ein Loch gemacht wird, wird das aufgestaute Wasser durch das Loch dringen und den Damm wegfegen. So ist es auch mit dem Denken und Handeln. Langsam wächst der Gedanke hinter dem Damm, des Mangels an Gelegenheit. Während Sie denken und denken, wird der Strom der Gedanken hinter der Brustwehr der Umstände voller und voller. In einem späteren Leben gibt diese Brustwehr der Umstände nach, und die Tat ist geschehen, ehe noch ein neuer Gedanke hinzugekommen ist. Das sind die unvermeidlichen Verbrechen, welche zuweilen eine große Karriere verderben, wenn das Denken der Vergangenheit in der Gegenwart seine Frucht trägt, und das Karma der angehäuften Gedanken als Tat zutage tritt. Wenn sich Ihnen die Gelegenheit bietet, und Sie Zeit zum Überlegen haben, Zeit zu sagen: „Soll ich es tun?" dann ist die Tat für Sie nicht unvermeidlich. Die Pause zum Nachdenken bedeutet, daß Sie den Gedanken umwandeln und so die Brustwehr kräftigen können. Für eine Handlung, die Sie als unrecht erkannt haben, gibt es keine Entschuldigung. Unvermeidlich sind nur solche Handlungen, die Sie ohne Überlegung tun, wo das zugehörige Denken der Vergangenheit, und nur die Tat der Gegenwart angehört.

Wir kommen nun zu der großen Frage der Sonderheit: – hier liegt in jeder Tat das Wesen des Unrechts. In der Vergangenheit war die Sonderheit das Richtige. Der große göttliche Lebensstrom teilte sich in eine Vielheit, es war notwendig, individuelle Bewußtseinszentren zu bilden. So lange ein Zentrum Kräftigung braucht, liegt die Sonderheit auf der Seite des Fortschrittes. In einer gewissen Periode müssen die Seelen selbstsüchtig sein; ohne Selbstsucht kommen sie auf den niederen Stufen des Wachstums nicht voran. Jetzt aber ist für die Fortgeschrittenen das Herauswachsen aus der Sonderheit und das Streben, die Einheit zu verwirklichen, das Gesetz des fortschreitenden Lebens. Wir befinden uns jetzt auf dem Pfade zur Einheit; wir nähern uns einander immer mehr. Jetzt müssen wir uns vereinigen, um weiter zu wachsen. Die Zielrichtung ist dieselbe, wenn die Methode der Entwicklung sich auch im Laufe des Zeitalters geändert hat. Das öffentliche Gewissen beginnt zu erkennen, daß das wahre Wachstum einer Nation nicht auf der Absonderung, sondern auf der Einigung beruht. Wir suchen an die Stelle der Kriege Schiedsgerichte zu setzen, Zusammenschluß anstatt Konkurrenz, Schutz der Schwachen statt ihrer Unterdrückung, und alles dies, weil die Richtung unserer Entwicklung jetzt der Einigung zutreibt und nicht der Absonderung. Absonderung ist das Kennzeichen des Herabsteigens in die Materie, das Streben nach Einheit aber das des Aufschwungs zum Geiste. Die Welt befindet sich auf der aufsteigenden Linie, mögen auch Tausende von Seelen nachhinken. Unser Ideal ist jetzt Frieden, Zusammenwirken, Schutz, Brüderlichkeit und Hilfsbereitschaft; Absonderung ist heute das Wesen der Sünde.

Doch dieser Gedanke führt uns noch zu einem weiteren Maßstab für die Prüfung unseres Verhaltens. Ist die Handlung, die wir verrichten, derart, daß wir unseren eigenen Gewinn suchen, oder derart, daß wir damit dem allgemeinen Wohle dienen? Ist unser Leben ein selbstsüchtiges, unnützes Leben, oder hilft es der Menschheit? Wenn es selbstisch ist, so ist es verkehrt, böse, dem Wachstum der Welt entgegen. Wenn Sie zu denen gehören, die die Schönheit des Einheitsideals erfaßt und die Vollkommenheit des Gottmenschentums, die wir suchen, erkannt haben, dann sollten Sie die Ketzerei der Sonderheit aus Ihrem Inneren ausrotten.

Wenn wir manche Lehren der Vergangenheit betrachten und den Wandel so mancher Weisen sehen, so erheben sich gewisse Fragen hinsichtlich der Moral, die wir schwer zu beantworten finden. Ich erörtere dies hier, um Sie auf einen Gedankengang hinzuweisen, mittels dessen Sie die Shâstras gegen alle zerpflückende Kritik verteidigen und von ihren Lehren, ohne verwirrt zu werden, Nutzen ziehen können. Ein großer Weiser bietet in seinem Wandel nicht immer ein Beispiel, dem ein gewöhnlicher Mensch zu folgen versuchen sollte. Wenn ich jetzt von einem großen Weisen spreche, so meine ich einen, in dem jeder persönliche Wunsch erstorben ist, der von nichts in der Welt angezogen wird, dessen ganzes Leben im Gehorsam gegen den göttlichen Willen besteht, der sich als Kanal für jene göttlichen Kräfte darbietet, die die

Welt vorwärts bringen sollen. Er übt die Funktionen eines Gottes aus und die Funktionen der Götter unterscheiden sich sehr von denen der Menschen. Die Welt ist voll von vielerlei Katastrophen – von Kriegen, Erdbeben, Hungersnöten, Pestilenzen und Seuchen. Wer ist der Urheber davon? Es gibt in Gottes Universum keinen anderen Urheber als Gott selbst, und diese scheinbar so schrecklichen, so erschütternden, so schmerzlichen Dinge sind seine Mittel und Wege, uns zu lehren, wenn wir unrechte Wege wandeln. Eine Seuche rafft Tausende einer Nation dahin. Ein furchtbarer Krieg wirft Tausende von Toten auf das Schlachtfeld. Warum? Weil diese Nation das göttliche Gesetz ihres Wachstums mißachtet hatte und nun die Lektion durch Leiden lernen muß, nachdem sie sie durch Vernunft nicht hat lernen wollen. Seuchen sind die Folge von Mißachtung der Gesetze von Gesundheit und reinem Lebenswandel. Gott ist zu gütig, um zu gestatten, daß durch die Grillen, Einbildungen und Gefühle des sich nur langsam entwickelnden Menschen ein Gesetz verletzt wird, ohne daß er darauf aufmerksam macht. Diese Katastrophen werden von den Göttern herbeigeführt, den Beauftragten Isvaras, welche unsichtbar allüberall das göttliche Gesetz so verwalten, wie die Beamten des Staates das weltliche Gesetz. Eben weil sie Handhaber des Gesetzes sind und unpersönlich handeln, ist ihr Tun für uns ebensowenig vorbildlich, wie die Handlung des Richters, der einen Verbrecher zu Gefängnis verurteilt, nicht als ein Beispiel betrachtet werden kann, daß ein gewöhnlicher Mensch an seinem Feinde Rache nehmen darf. Nehmen Sie z. B. den großen Weisen Nârada. Wir sehen ihn einen Krieg erregen, wo zwei Völker einen Punkt erreicht haben, wo das höhere Gut eines jeden nur durch das Ringen des Krieges und durch den Sieg des einen über das andere gewonnen werden kann. Wohl werden Körper erschlagen, für die aber, welche so im Kriege fallen, ist es die beste Hilfe, daß ihre Körper vernichtet werden, da sie in neuen Körpern zum Wachsen größere Möglichkeit erlangen. Götter sind es, die die Schlachten zu Wege bringen, in denen Tausende erschlagen werden. Für uns würde es etwas Böses bedeuten, ihnen nachzueifern, denn Krieg zu erregen, um zu erobern, oder wegen Gewinn oder Ehrgeiz oder für eine Sache, bei der die Persönlichkeit in Betracht kommt, ist sündhaft. Aber in Nâradas Fall ist es nicht so, denn die Devarshis, wie er einer war, helfen der Welt auf ihrem Entwicklungswege, indem sie Hindernisse hinwegräumen. Sie werden von des Weltalls Wundern und Geheimnissen etwas mehr verstehen, wenn Sie lernen, daß Dinge, die von der Seite der Form aus betrachtet, böse erscheinen, von der Seite des Lebens betrachtet gut sind; alles was geschieht, wirkt zum Besten. „Es *gibt* eine Gottheit, die unsere Ziele bestimmt, mögen wir sie uns auch noch so sehr zu gestalten suchen." Die Religion hat recht, wenn sie sagt, daß Götter die Welt regieren und die Völker führen und sie leiten, und sie sogar, wenn sie auf Abwege geraten sind, mit der Geißel auf den rechten Weg zurücktreiben.

Ein Mensch, der voll persönlicher Interessen, durch die Dinge des Verlangens angelockt, ganz Begierde ist, begeht, durch dieses Kâma angestiftet, oft Verbrechen; dieselbe Handlung ist aber eine gute, wenn eine befreite Seele sie vollführt, eine, die von jedem Verlangen frei, mit der Handlung einen göttlichen Befehl vollstreckt. Bei dem völligen Unglauben an das Wirken der Götter, in den die Menschen verfallen sind, mögen diese Worte freilich seltsam klingen, doch in der Natur gibt es keine Energie, die nicht im Einklang mit dem Willen des Höchsten die physische Offenbarung eines Gottes wäre. Das ist die wahre Anschauung von der Natur. Wir sehen nur die Seite der Form und, durch Mâyâ geblendet, nennen wir sie Übel; wenn aber die Götter Formen zerbrechen, so räumen sie jedes Hindernis hinweg, das der Entwicklung den Weg versperrt.

Damit finden wir auch die Antwort auf einige von jenen anderen Fragen, die uns oft von denen, die die Dinge nur oberflächlich betrachten, entgegengeschleudert werden. Nehmen wir den Fall, daß jemand, der eine Sünde begehen will, daran nur durch den Druck der Verhältnisse gehindert wird; gesetzt, sein Verlangen werde aber stärker und stärker, was ist da das Beste für ihn? Eine Gelegenheit zu finden, sein Verlangen zur Tat werden zu lassen. Wie? Ein Verbrechen zu begehen? Jawohl, selbst ein Verbrechen schadet der Seele weniger, als das fortgesetzte Darüberbrüten, was zu einem Krebsschaden wird, der am Herzen des Lebens zehrt. Eine einmal geschehene Tat ist tot und das Leiden, das daraus folgt, lehrt die notwendige Lektion, aber der Gedanke lebt und zeugt weiter.*) Ist Ihnen das klar? Wenn ja, dann werden Sie auch verstehen, warum wir in den Schriften einen Gott finden, der dem Menschen zu einer Sünde Gelegenheit bietet, die zu begehen er sich sehnt und die er in seinem Herzen faktisch begeht. Wohl wird er für seine Sünde leiden müssen, doch durch das Leiden, das auf den Übeltäter kommt, wird er lernen. Wäre der böse Gedanke im Herzen weiterem Wachsen überlassen geblieben, so hätte er immer mehr überhand genommen und allmählich die ganze moralische Natur des Betreffenden untergraben. Denn er ist einem Krebs vergleichbar; wenn dieser nicht schleunigst beseitigt wird, vergiftet er den ganzen Leib. Es ist viel gnädiger, einen solchen in Sünde fallen und Schmerzen leiden zu lassen, als daß er zu sündigen verlangt, nur durch Mangel an Gelegenheit davon zurückgehalten wird und dadurch eine Erniedrigung für fernere Leben unvermeidlich macht.

So auch, wenn jemand rasche Fortschritte macht, aber ihm noch eine verborgene Schwäche anhaftet, ein früheres Karma noch nicht erschöpft oder eine böse Tat noch nicht gesühnt ist, so kann er nicht frei werden, so lange dieses Karma noch unerschöpft, so lange noch eine Schuld unbezahlt ist. Was ist da das Barmherzigste, das ihm werden kann? Ihm zu helfen, seine Schuld in Schmerz und Erniedrigung abzutragen, so daß das dem Fehltritt folgende Elend das Karma der Vergangenheit erschöpfen kann. Das bedeutet, daß ein seiner Befreiung im Wege stehendes Hindernis hinweggeräumt wird; Gott legt ihm die Versuchung in den Weg, um die letzte Schranke niederzubrechen. Es fehlt mir an Zeit, um diesen äußerst wichtigen Gedankengang im einzelnen zu verfolgen, ich empfehle Ihnen aber, ihn für sich selbst weiter auszuspinnen, zu sehen, was er bedeutet und wie er die dunklen Probleme des Wachstums, die Sündenfälle der Heiligen, beleuchtet.

Haben Sie sich das zu eigen gemacht und lesen Sie nun ein Buch, wie das Mahâbhârata, dann werden Sie das Wirken der Götter in den Angelegenheiten der Menschen verstehen; dann werden Sie die Götter im Sturm und im Sonnenschein, im Frieden und im Kriege wirken sehen und erkennen, daß es mit dem Menschen und mit dem ganzen Volk wohlsteht, was auch geschehen mag; denn edelste Weisheit und zarteste Liebe leitet sie zu dem ihnen bestimmten Ziel .

Und nun noch ein letztes Wort, ein Wort, welches ich vor Ihnen nur deshalb auszusprechen wage, weil Sie mir bei diesem schwierigen Thema so geduldig zugehört haben. Es gibt eine noch höhere Botschaft: es gibt ein höchstes Ziel und auf den letzten Stufen des Pfades zu diesem Ziel kann uns Dharma nicht länger ein Führer sein. Lassen Sie uns einige wundervolle Worte des großen Lehrers Srî Krishna betrachten und sehen, wie er in seinen letzten Lehren von etwas spricht, was erhabener ist als alles, was wir bisher zu berühren gewagt haben. Dies ist seine Friedensbotschaft:

„Höre auf meine höchsten Worte, die geheimsten von allen: Du bist geliebt von mir, und du bist im Herzen fest entschlossen, darum will ich dir zu deinem Besten raten: Tauche dein Manas in mich, bete mich an, opfere mir, wirf dich in Demut vor mir nieder, so wirst du zu mir emporgelangen. Verlaß alle Dharmas und suche nur bei mir Schutz; laß allen Kummer fahren, so will ich von allen Sünden dich befreien." (Bhagavad Gîtâ XVIII, 64-66.)

Meine letzten Worte wenden sich nur an die, welche hier das Leben eines höchsten Verlangens führen, sich zu opfern; sie haben ein Anrecht auf diese letzten Worte der Hoffnung und des Friedens. Dann ist das Ziel des Dharmas erreicht. Nach nichts anderem verlangt der Mensch dann, als nach dem Herrn. Wenn die Seele diese Stufe der Entwicklung erreicht hat , wo sie nach nichts von der Welt mehr fragt, sondern sich ganz Gott hingibt, wo sie allen Antrieben des Begehrens entwachsen ist, wo das Herz durch Liebe frei geworden ist, wo das ganze Wesen sich dem Herrn zu Füßen legt – dann verlassen alle Dharmas Sie.

Nichts haben Sie mehr mit ihnen zu schaffen, kein Gesetz des Wachsens gibt es mehr für Sie, kein Abwägen mehr der Pflicht, kein genaues Prüfen mehr in Ihrem Wandel. Sie haben sich dem Herrn ergeben. Nichts ist in Ihnen mehr, was nicht göttlich wäre. Welches Dharma kann Ihnen dann noch bleiben, sind Sie doch, mit Ihm vereint, kein getrenntes Selbst mehr. Ihr Leben ist in ihm geborgen, sein Leben ist das Ihrige; wohl können Sie noch in der Welt leben, doch sind sie nur sein Werkzeug. Sie gehören ganz ihm. Ihr Leben gehört Isvara, und Dharma hat kein Anrecht mehr an Sie. Ihre Hingabe hat sie erlöst, denn Ihr Leben ist geborgen in Gott. So lautet das Wort des Lehrers, und dies sei auch der letzte Gedanke, den ich Ihnen zurücklassen möchte.

Und nun, meine Brüder, leben Sie wohl. Unsere gemeinsame Arbeit ist getan. Nach dieser unvollkommenen Darstellung eines gewaltigen Gegenstandes möchte ich Sie bitten: achten Sie auf den Gedanken in der Botschaft, nicht aber auf die Sprecherin, die nur sein Bote ist; öffnen Sie dem Gedanken Ihre Herzen und vergessen die Unvollkommenheit der Lippen, die ihn ausgesprochen haben. Bedenken Sie, daß wir, wenn wir zu Gott emporstreben, versuchen müssen, unseren Brüdern eine wenn auch noch so schwache Ahnung von dem Leben zu vermitteln, um das wir uns bemühen. Vergessen Sie darum die Sprecherin, doch merken Sie sich die Lehre. Vergessen Sie die Unvollkommenheiten, die der Botin, nicht aber der Botschaft anhaften. Ehren Sie Gott, dessen Lehre wir zu ergründen gesucht haben, der Dienerin aber, die ihr Ausdruck verliehen hat, vergeben Sie nachsichtig ihre Mängel.

Frieden sei allen Wesen!

*) Anmerkung der Verfasserin. Darunter ist nicht zu verstehen, daß der Mensch lieber eine Sünde begehen sollte, als gegen dieselbe anzukämpfen. Solange er kämpft, steht es gut mit ihm, sammelt er Kräfte. Der Fall, von dem die Rede war, ist ein solcher, wo kein Kampf vorhanden ist, sondern wo der Betreffende sich danach sehnt, die Tat zu begehen und ihm nur die Gelegenheit dazu fehlt. In solchem Falle, sagte ich, je eher die Gelegenheit dazu gegeben, desto besser für ihn; das aufgestaute Verlangen bricht durch, der erfüllte Wunsch bringt Leid, der Mensch lernt eine notwendige Lehre und ist von einem immer wachsenden moralischen Gift befreit.

I–III 63141

85,– €